Die EPOCHEN der KUNST

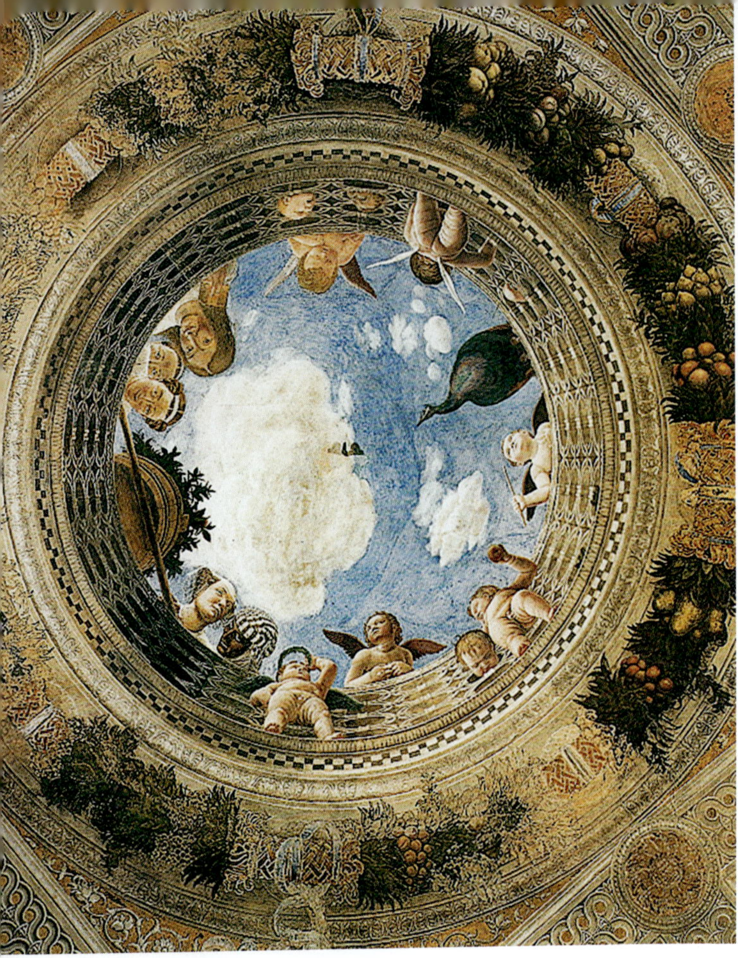

Isabel Kuhl, 1976 in Köln geboren, studierte Kunstgeschichte in Freiburg und Köln und promovierte zu einem Thema aus der italienischen Kunst. Heute arbeitet sie als freischaffende Autorin und Texterin und widmete sich besonders der populären Kunstvermittlung an Kinder und Erwachsene.

ISABEL KUHL

Die EPOCHEN der KUNST

Ein Überblick von der Antike bis zur Neuzeit

DUMONT

Die Antike

Die Kultur des griechischen und römischen Altertums ist für Architektur, Bildhauerei und Malerei bis heute von fundamentaler Bedeutung. Dabei entstanden die meisten Werke in der Antike für den täglichen Gebrauch und nicht als Kunstwerke. Die Zeit des griechischen Altertums begann im 2. Jahrtausend v. Chr. in Hellas, dem antiken Griechenland, das sich bis in die Mitte des 1. Jahrtausends v. Chr. nach Kleinasien, Nordafrika und Westeuropa ausdehnte. Mit dem Aufstieg Roms ab dem 3. Jahrhundert v. Chr. begann der Niedergang Griechenlands, das schließlich Teil des römischen Weltreichs wurde. Der Sieg des Christentums, die Zeit der Völkerwanderungen und der Zerfall des römischen Weltreichs am Ende des 5. Jahrhunderts n. Chr. markieren das Ende der Antike.

Obwohl der größte Teil der antiken Bauwerke und Skulpturen, der Malereien und kunsthandwerklichen Arbeiten verloren ist, meint das Ende des Altertums keinesfalls ein Ende ihres Einflusses. Die Beschäftigung mit den erhaltenen antiken Werken, aber auch mit den schriftlichen Quellen zur Kunst hat nie aufgehört. Das römische Recht hat sich als Grundlage vieler europäischer Rechtssysteme bis in heutige Zeiten gehalten, die antike Literatur wurde im Mittelalter wie in der Neuzeit geschätzt. Künstler und Kunsttheoretiker der italienischen Renaissance unternahmen erste Ausgrabungen und legten Antikensammlungen an. Die Werke des Altertums galten ihnen als »klassisch« im Sinne von vorbildlich. Den Widerspruch, unter einem klassischen Werk etwas zeitlos Musterhaftes zu verstehen, und es zugleich in seinen historischen Kontext einzuordnen, beleuchten die Autoren Doering und Schulz. Sie stellen auch heraus, dass sich hinter der Klassik kein programmatischer Ansatz verbirgt, sondern ein Urteil über Kunst (*Klassik*, München 2003). Im 19. Jahrhundert, der Zeit des Klassizismus, galten die Werke des römischen und griechischen Altertums erneut als nachahmenswert. Die Architekten der Postmoderne bedienten sich im späten 20. Jahrhundert ebenfalls am antiken Formenschatz.

Griechische Kunst (11.–1. Jahrhundert v. Chr.)
Zahlreiche Volksstämme lebten während der Bronzezeit (um 1700–800 v. Chr.) auf dem griechischen Festland, im westlichen Kleinasien und auf den Inseln im Ägäischen Meer. Das reiche Kreta war Zentrum der minoischen Kultur, benannt nach seinem legendären König Minos. Handelsverbindungen der Minoer bestanden vor allem nach Ägypten und in den kleinasiatischen Raum. Erhaltene Zeugnisse der Baukunst, aber auch Schmuck und Keramik zeugen vom hohen handwerklichen Kenntnisstand der Minoer. Etwa gleichzeitig siedelten die Mykener auf dem griechischen Festland. Ihre burgähnlichen Paläste, Waffen und Tonwaren lassen ebenfalls große technische Fertigkeiten erkennen. Um 1200 v. Chr. fand die minoisch-mykenische Zeit ein Ende, nur wenige Zeugnisse aus der Bronzezeit sind erhalten. Die auf sie folgende Zeit bezeichnen Forscher wegen des kulturellen Niedergangs als »dunkle Jahrhunderte«. Die Bevölkerungszahl ging stark zurück, und Errungenschaften wie die Schrift gerieten in Vergessenheit.

Geometrische Kunst
Ab etwa 1000 v. Chr. entstanden in Griechenland Töpferwaren mit schlichten geometrischen Mustern. Raute, Kreis, Dreieck und Hakenkreuze sind häufig verwendete Formen, ebenso der Mäander, ein Ornamentband, das rechtwinklig oder in Spiralen gebrochen ist. Seine Bezeichnung verdankt das Motiv dem windungsreichen gleichnamigen Fluss in Klein-

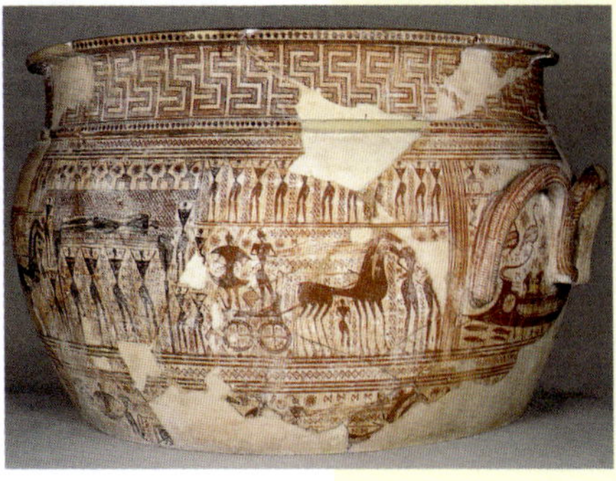

Attischer, spätgeometrischer Krater, um 750 v. Chr., Höhe 58 cm. Als Mischkrüge oder Krater werden die Ton- oder Metallgefäße mit weiter Öffnung bezeichnet, die zum Mischen von Wein und Wasser dienten.

asien. Diese verschiedenen Formen werden in waagerechten Bändern auf Tongefäßen angeordnet. Die abgebildete Vase, um 750 v. Chr. im Stadtstaat Attika hergestellt, ist ein spätes Beispiel für diesen Stil, zu den Ornamenten ist bereits die menschliche Gestalt hinzugekommen. Ein solches Gefäß wurde am Ort des Begräbnisses aufgestellt, um an den Verstorbenen zu erinnern. Oft nahm die bildliche Gestaltung dieser Vasen auf dessen Leben und Bestattung Bezug. Wegen der Vorliebe für geometrische Ornamente spricht man für die Zeit um 900 bis 700 v. Chr. vom Geometrischen Stil.

Die Archaik

Mit dem 7. Jahrhundert setzte sich Stein als neues Baumaterial durch, zuvor waren vor allem Holz und Lehm verwendet worden. Tempelbauten entstanden meist auf einem rechteckigen Grundriss, um einen lang gestreckten Innenraum, die Cella, wurde ein Säulenumgang angelegt. Die sich nach oben verjüngenden

Die Westfront des Parthenon auf der Akropolis in Athen, 449–438 v. Chr. Allein das Giebelfeld des Parthenons maß fast 29 Meter, dargestellt war darauf die Geburt Athenas und ihr Einzug in Athen. Der Göttin und ihrer Stadt war das umfangreiche Skulpturenprogramm des Tempels gewidmet. Den größten Teil der Skulpturen entfernte Lord Elgin Anfang des 19. Jahrhunderts und verkaufte sie dem British Museum in London.

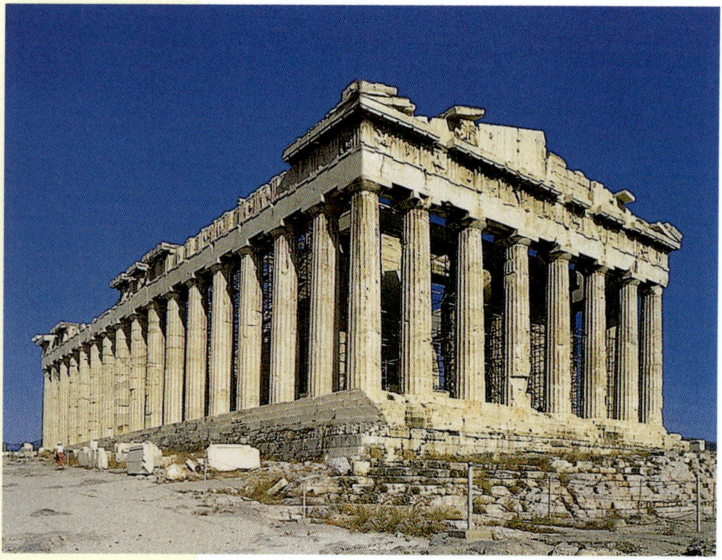

Säulen waren gedrungen und trugen ein schweres Gebälk. Mit der Architektur verbundene Plastik, also Skulpturen oder Friese mit Reliefs, fand keine Verwendung, die Tempel waren schlicht und zweckmäßig. Vertikale und Horizontale wurden betont durch Säulen und Balken, die in ausgewogenen, harmonischen Proportionen zueinander standen. Die Festlegung dieser Proportionen war von großer Bedeutung für griechische Bauten. Wie der Parthenon wurden viele Tempel in dorischer Ordnung erbaut, benannt nach dem Stamm der Dorer, der im 12. Jahrhundert nach Mittelgriechenland, auf die Peloponnes, nach Kreta und andere Inseln einwanderte. Nach dem 3. Jahrhundert v. Chr. wurde die dorische Säulenordnung abgelöst von der ionischen Ordnung, deren Säulen schlanker waren und deren oberer Abschluss (Kapitell) schneckenförmige Ausläufer (Voluten) hatte. Die Tempel und ihr bildhauerischer Schmuck waren meist bemalt. In Tempeln wurden Götterbilder verwahrt, sie waren der Raum für die Kultausübung, aber oft auch städtische Denkmäler.

Ein weiteres Novum in der später als Archaik (griech. *archáios*, »alt«) bezeichneten Zeit war die Wiedergabe der Verkürzung in bildlichen Darstellungen. Zwar ist von der Wand- und Tafelmalerei der griechischen Antike nicht viel erhalten, und man ist diesbezüglich auf Schilderungen antiker Autoren angewiesen, aber die Zeugnisse der Gebrauchskunst sind aussagekräftig. Dass ein von vorne betrachteter Gegenstand kürzer erscheint als von der Seite gesehen, fand Eingang in die Malerei auf Tongefäßen für Öl oder Wein. Um 500 v. Chr. begannen Maler, frontal Betrachtetes verkürzt wiederzugeben, ließen also ihre Perspektive mit einfließen in die Werke.

Die griechischen Bildhauer orientierten sich zunächst an altägyptischen Vorbildern, was die Grabstatue des Kroisos zeigt. Die in der Nähe von Athen gefundene Skulptur entstand um 530 v. Chr. Die Figur

Grabstatue des Kroisos, um 530 v. Chr.

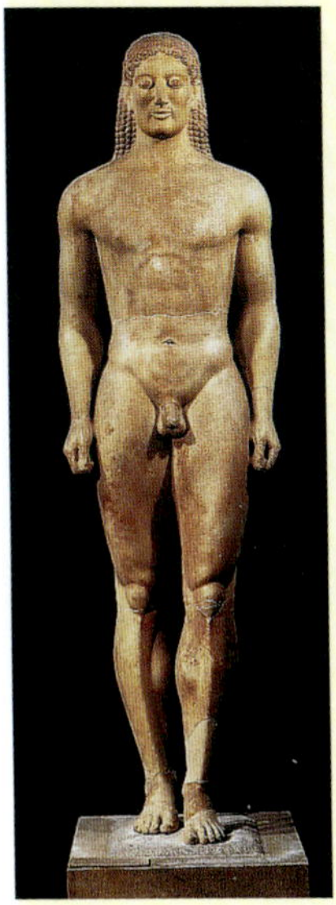

des jungen Mannes ist frontal ausgerichtet und schreitend dargestellt. Die männlichen Figuren, Kuroi genannt, wurden nackt, die weiblichen, Koren, reich gewandet abgebildet, der statische Gesamteindruck ist beiden gemeinsam. Es handelt sich dabei nicht um Abbilder lebender Menschen, sondern um idealisierte Darstellungen, den damaligen Schönheitsvorstellungen entsprechend.

Die Klassik
Der männliche Akt blieb das Hauptthema der griechischen Skulptur und Plastik, wurde aber zunehmend in freierer Haltung und mit größerem Ausdrucksvermögen wiedergegeben, wie der *Speerträger* des Bildhauers Polyklet erkennen lässt. Wie viele griechische Skulpturen ist er nur in römischen Kopien überliefert. Selbst von den bronzenen Standbildern der Griechen sind nur wenige erhalten, viele wurden eingeschmolzen, das Material anderweitig verwendet. Beeindruckend ist nicht nur die große anatomische Genauigkeit in der Darstellung von Körpern, bis hin zur Wiedergabe der kleinen Abweichungen zwischen rechter und linker Körperhälfte; auch Bewegung und Funktion der Gliedmaßen wurden von den Bildhauern erfasst. Die plastische Wiedergabe des menschlichen Körpers in der Skulptur ist eine Errungenschaft der griechischen Bildhauerei. Während der griechischen Klassik wurde für die figürliche Plastik das Gestaltungsprinzip des Kontraposts entwickelt: Das

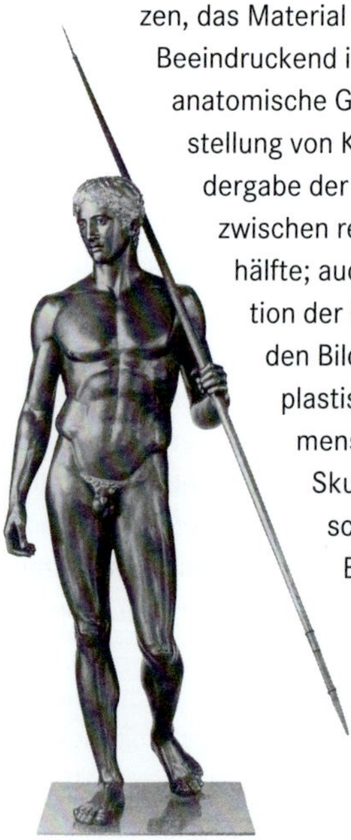

Georg Roemer nach Polyklet von Argos, Rekonstruktion des Doryphoros von 1921 auf der Basis von römischen Kopien nach dem Original aus der Zeit um 440 v. Chr., Bronze, Höhe 212 cm. Polyklet war einer der führenden Bildhauer im Griechenland des 5. Jahrhunderts. Er entwickelte ein ideales Maßsystem für die Darstellung des menschlichen Körpers, dessen Schönheit seines Erachtens auf der Symmetrie seiner Teile beruhte. Seinen Speerträger zeigte er im Kontrapost: Ruhe und Bewegung des Körpers sind durch die Unterscheidung von Stand- und Spielbein dargestellt.

Gewicht verteilt sich auf Stand- und Spielbein, wodurch die Körperachsen so verschoben werden, dass Bewegung und Gegenbewegung sichtbar sind und eine entspannte Haltung möglich wurde.

Sparta und der Stadtstaat Athen, zu dem das Gebiet der Halbinsel Attika gehörte, entwickelten sich zu den größten Staatsgebilden Griechenlands. Für sie stellten die Perser, Herrscher über Kleinasien, im frühen 5. Jahrhundert eine permanente Bedrohung dar, nachdem die Athener die ionischen Griechen beim (erfolglosen) Aufstand gegen die Perser unterstützt hatten. 480 v. Chr. zerstörten die Perser Athen mitsamt seiner Tempel auf der Akropolis, dem heiligen Felsen der Stadt. Erst Jahrzehnte später fanden die Perserkriege ein Ende, einem offiziellen Friedensschluss wurde im Jahr 449 v. Chr. zugestimmt. Zwar entstand durch die Konkurrenz zu Sparta ein neuer Konfliktherd, doch kehrte zunächst Ruhe ein, bald gefolgt von Wohlstand. In den Jahrzehnten zwischen 450 und 400 v. Chr. blühte Athen unter Führung des Perikles auf, weshalb man vom perikleischen Zeitalter spricht.

Politisch geschah Bedeutendes: Der Stadtstaat Athen wandelte sich zu einer Demokratie, in der große Teile der Bevölkerung Einfluss auf das öffentliche Leben nahmen, wenngleich die politische Mitbestimmung von der Größe des Besitzes abhing. Die Ablösung des Tauschhandels von einem einheitlichen Münzsystem um 500 v. Chr. hatte den Handel zwischen den griechischen Stadtstaaten erleichtert. Athen war ein wichtiges Handelszentrum der Antike, das über ein großes Netz von Handelsverbindungen verfügte, die es von seiner großen Seeflotte schützen konnte. Die Verbindung der Stadt zum Hafen wurde durch den Festungsanlagenbau der »Langen Mauern« 460 v. Chr. gesichert.

Die zweite Hälfte des 5. Jahrhunderts v. Chr. gilt auch als die Zeit der griechischen Hochklassik. Unter Perikles entfaltete sich ein reiches kulturelles Leben in

Athen, Dichtung und bildende Kunst wurden gefördert, städtebaulich viele Weichen gestellt, etwa das Athener Hafenviertel Piräus rechtwinklig angelegt. Perikles trieb die Wiedererrichtung der Akropolistempel voran. Wiederaufbau und Erweiterung des Parthenontempels als Eingangsbau des Tempelbezirks waren um 477 v. Chr. abgeschlossen. Perikles beauftragte den Bildhauer Phidias mit der bildlichen Ausschmückung der neuen Tempel. Den Parthenon zierte ein 160 Meter langer Fries mit Reliefs von Schlachtendarstellungen und Skulpturengruppen in den Giebeln.

Der dorische Baustil, wie er für den Parthenon kennzeichnend ist, und der ionische mit seinen schlanken Säulen und Volutenkapitellen wurden von den Baumeistern in der Generation nach Phidias – in Einzelformen bereits am Parthenon zu erkennen – parallel eingesetzt. Eine weitere wichtige Bauaufgabe neben Tempeln waren steinerne Theaterbauten, oft angelegt unter Einbeziehung eines Berghangs für die Sitzreihen. Die Theater dienten der Aufführung von Schauspielen, aber auch als Versammlungsstätten für andere Anlässe.

Doch nicht nur in den Bereichen der Architektur und Bildhauerei entstanden in der Zeit der griechischen Klassik Meisterwerke. Die griechischen Philosophen legten den Grundstein zur abendländischen Philosophie. Sokrates' Schüler Platon gründete 387 v. Chr. die Akademie in Athen. An dieser ersten Universität Europas wurden Philosophie, Mathematik, Astronomie und Naturwissenschaften gelehrt. Platon begründete die philosophische Grundrichtung des Idealismus, in der nur die reinen Ideen zählen, von denen sich in der Welt nur unvollkommene Abbilder befinden. Die Idealisierung erstreckte sich bei aller Lebensnähe der Skulpturen ebenso auf die Bildhauerei.

Parallel zu den großen staatlichen Aufträgen entwickelte sich auch die Gebrauchskunst weiter. Auf Vasen fanden Darstellungen aus dem Alltag Platz: Sklaven und Ausländer, die von der Volksherrschaft ausgeschlossen waren, wurden abgebildet, Trinkgelage oder erotische Szenen. Tongefäße waren eine wichtige Handelsware und stellen die größte überlieferte Gruppe kunsthandwerklicher Erzeugnisse dar. Die meisten dieser Vasen dienten als Grabbeigaben.

Nach dem geometrischen Stil wurde eine neue Technik entwickelt. Nun erschienen die Motive schwarz auf dem roten Ton, dieser schwarzfigurige Stil wechselte dann über in den rotfigurigen, bei dem die Figuren auf schwarzem Grund stehen. Als Vorbilder für die Vasenmalerei dienten oft Schlachtenbilder oder gemalte mythologische Szenen. Von den bemalten Vasen lassen sich so Rückschlüsse auf die Malerei der griechischen Klassik ziehen.

Kunst und Handwerk in der Antike
Nur wenige Künstler aus der Antike sind uns namentlich bekannt. Das liegt vor allem daran, dass sie nicht als Künstler betrachtet wurden, sondern als Handwerker, die Dinge des alltäglichen Bedarfs herstellen. Entsprechend haben die Griechen auch das Wort Bildhauer oder Künstler nicht verwendet, sie bezeichneten Handwerker nach dem Material, mit dem sie arbeiteten. Wenige Ausnahmen sind ab etwa 400 v. Chr. zu finden: Phidias, Praxiteles, Polyklet, deren Namen überliefert sind, obwohl etwa im Fall des Praxiteles höchstens ein Werk von seiner Hand erhalten ist. Auch Phidias' berühmteste Werke, die 11 Meter hohe Statue der Pallas Athene, religiöses Kultbild und Symbol des Wohlstands in Athen, und die des thronenden Zeus in Olympia, beide aus Gold und Elfenbein über einem Holzkern, sind nur aus schriftlichen Überlieferungen bekannt. Berühmte Werke machten bereits in der antiken Welt Furore, Biografen hielten Lebensgeschichten von Künstlern fest, Bildhauer und Maler kopierten und verkauften berühmte Werke an Sammler.

Der Hellenismus

Bereits der Aufstieg Makedoniens unter Philipp II. setzte der griechischen Klassik ein Ende. Er nutzte die Zerstrittenheit der griechischen Stadtstaaten geschickt für seine Zwecke aus. Nach seiner Ermordung wurde sein Sohn Alexander gekrönt, der sein Reich nach Per-

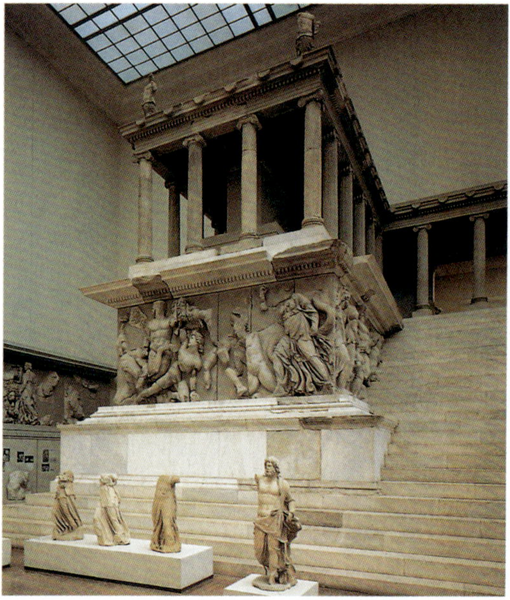

Nördlicher Risalit des Zeusaltars von Pergamon, um 160 v. Chr.

sien, Zentralasien und Ägypten ausdehnte. Mit der Regierungszeit Alexanders des Großen begann 336 v. Chr. die Zeit des Hellenismus, der Verbreitung der griechischen Kultur im Zuge der Kolonisation. Das Griechentum breitete sich gen Osten aus, verschiedene regionale Kulturen Vorderasiens verschmolzen in der Zeit des Hellenismus zu einer griechischen Weltkultur.

Wichtige Städte im Weltreich Alexanders des Großen waren Alexandria in Ägypten, Antiochia in Syrien und Pergamon in Kleinasien. Dort boten sich große Bauaufgaben: Märkte, Tempel, Bibliotheken, Theater, Paläste und Privathäuser entstanden. Auf dem Burgberg von Pergamon wurde um 160 v. Chr. in Anlehnung an den Parthenon auf der Akropolis ein riesiger Tempel errichtet. Den Zeus geweihten Altar schmückte ein 120 Meter langer Fries. Sein Bildprogramm zeigt den Kampf der Götter gegen die Giganten, nach zeitgenössischer Lesart damit sinnbildlich den der Pergamener gegen die Gallier. Das Sockelgeschoss präsentiert Szenen des Kampfes zwischen Göttern und Titanen, die Figuren sind überlebensgroß dargestellt. Die Wirkung der Bewegung wird dadurch verstärkt, dass die Figuren fast vollplastisch aus der Wandfläche heraustreten. Nicht nur prachtvolle Bauten entstanden in der Zeit des Hellenismus, auch Kolossalstatuen waren repräsentative Kunstwerke der neuen hellenistischen Staaten. Von Werken wie dem Koloss von Rhodos ist jedoch nichts erhalten.

Die Kunst des Porträts erlebte im Hellenismus eine Blütezeit. Die individuellen Züge eines Menschen darzustellen war der idealisierenden Kunst der griechischen Stadtstaaten kein Anliegen. Deren Zeit ist jedoch mit der Niederlage der Griechen gegen die Makedonier vorbei. Die griechischen Künstler am Ende des 4. Jahrhunderts erfassten nun die Charakteristika eines Gesichts, statt einen Typus darzustellen. Lysippos, der Hofbildhauer Alexanders des Großen, schuf zahlreiche Bildnisse des Königs, wenngleich über die tatsächliche Ähnlichkeit heute nicht mehr entschie-

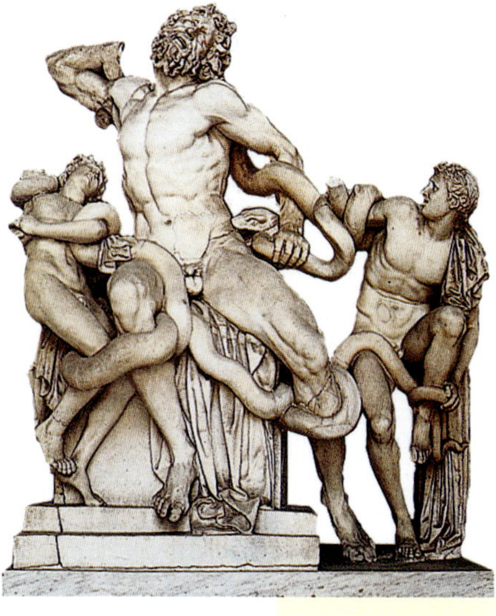

Athanadorus, Hagesandrus und Polydorus von Rhodos, Laokoon und seine Söhne, Marmor, Höhe 242 cm. Die kunsthistorische Einordnung der *Laokoongruppe* ist umstritten: Einige Forscher plädieren für das Entstehen der Skulpturengruppe in späthellenistischer Zeit und halten sie für ein originales Werk, andere sehen darin eine römische Kopie nach einer im 2. Jahrhundert v. Chr. entstandenen Bronze oder nach einem pompejanischen Wandgemälde aus dem 4. Jahrhundert v. Chr.

den werden kann. Mit den Alexanderporträts ist ein über Jahrhunderte vorbildlicher Typus des Herrscherbildnisses entstanden. Auch die Prägung des Herrscherbildes auf Münzen wurde in hellenistischer Zeit eingeführt.

Aus der Zeit des Hellenismus stammt auch ein Skulpturenensemble, das die nachkommenden Künstler über Jahrhunderte hinweg begeisterte: die *Laokoongruppe*. Sie zeigt einen Mythos, der von mehreren antiken Autoren überliefert ist. Der trojanische Priester Laokoon warnte seine Landsleute vor dem vermeintlichen Geschenk der Griechen, einem großen hölzernen Pferd, das sie in der Stadt aufstellen wollten. Um ihren Plan von der Zerstörung Trojas besorgt, schickten die Götter Schlangen aus dem Meer, die den Priester und seine beiden Söhne erwürgen sollten. Die Darstellung der drei Männer in ihrem aussichtslosen Kampf gegen die Schlangen galt schon antiken Schriftstellern als Inbegriff der Bildhauerei. Nachdem die Skulpturengruppe 1506 in einem Weinberg nahe der römischen Titusthermen wiederentdeckt worden war, setzte sich ihr Einfluss auf Künstler und Kunstschriftsteller fort.

Über die Werke griechischer Maler der Antike informieren heute nur noch die antiken Schriftsteller. Die einzigen greifbaren bildlichen Quellen sind einige Wandmalereien und Mosaiken, zusammengesetzt aus kleinen Stein- oder Glaswürfeln, vor allem in Pompeji und Umgebung. Dort wurden bekannte Werke griechischer Künstler kopiert. Wenngleich nur wenig überkommen ist von der hellenistischen Malerei, lässt sich festhalten, dass ihre Themen vielseitig waren: Porträt, mythologische und literarische Stoffe, Historien, Landschaften und genrehafte Szenen oder Stillleben. Eine Vorstellung von der späthellenistischen Malerei zum Ende des 1. Jahrhunderts v. Chr. geben die Fresken in der Mysterienvilla in Pompeji.

Römische Kunst (1.–5. Jahrhundert n. Chr.)
Italien war von zahlreichen Kulturen besiedelt, als um 500 v. Chr. der Aufstieg Roms begann. Im Süden des Landes befanden sich griechische Koloniestädte, in Mittelitalien lebten die Etrusker, die eine hoch entwickelte Metallverarbeitung sowie ausgereifte landwirtschaftliche Techniken pflegten. Roms Eroberungen beschränkten sich zunächst auf Italien. Zur Zeit des Kaisers Trajan, der von 98 bis 117 n. Chr. regierte, erlebte das Römische Reich seine größte territoriale Ausdehnung und erstreckte sich von Nordafrika bis nach Britannien, von der Iberischen Halbinsel bis nach Kleinasien. Rom verbündete sich, führte Kriege, unterwarf, immer mit dem Ziel, wie der Historiker Walter Eder formulierte, Eintracht *(concordia)* herzustellen: »Jeder besiegte Gegner mußte ›integriert‹ werden, durch Unterwerfung, Annexion oder Vertrag. Ein Außen, das unkalkulierbar war, mit dem nicht dauerhaft stabile Beziehungen hergestellt werden konnten, bedeutete für die Römer immer eine Bedrängnis. (...)

Ein Beispiel für die Leistungen der römischen Ingenieurskunst ist das Aquädukt von Tarragona in Spanien. Es überbrückt mit seinen zwei übereinanderstehenden Bogenreihen ein 200 Meter breites Tal – die römische Architektur machte sich die Natur untertan.

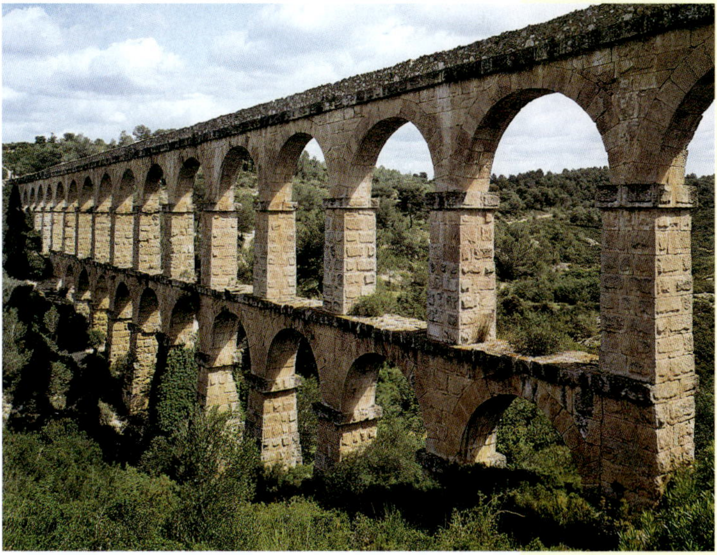

deshalb war auch der römische ›Imperialismus‹ prinzipiell grenzenlos.« Die Verwaltung wuchs mit, ebenso die Ingenieurskunst mit Landvermessung und Straßenbau, das Rechtswesen entwickelte sich. Bauaufgaben waren ab dem 4. Jahrhundert v. Chr. neben Tempeln vor allem solche praktischer Natur: gepflasterte Straßen, Brücken, Hafenanlagen, Kanäle, Speicher- und Markthallen, Zisternen und Wasserleitungen. Amphitheater zählten ab dem 1. Jahrhundert n. Chr. zum Bautenbestand in römischen Städten. Weitere Bauaufgaben waren Basiliken, mehrschiffige Hallen, die vor allem Marktzwecken dienten, aber auch für öffentliche Rede und als Gerichtshallen genutzt wurden. Zirkusanlagen wurden errichtet für Prozessionen, Triumphzüge, Tierhetzen und Wagenrennen, ebenso Thermen, große öffentliche Badeanlagen.

Viele Werke aus dem griechischen Kulturkreis gelangten in das Gebiet des römischen Imperiums. Die Werke griechischer Dichter und Historiker wurden gelesen, griechische Kunst gesammelt, die meisten in Rom tätigen Künstler waren Griechen. Ihre Werke galten als Maßstab künstlerischen Schaffens. Skulpturen und Reliefs aus Griechenland nach Italien zu bringen war ein Weg, sich die als vorbildhaft empfundene Kunst vor Augen zu führen, ein anderer das Herstellen von Kopien, auch von freieren Übernahmen griechischer Arbeiten, was keineswegs gering geschätzt wurde. Es entstanden außerdem Werke, bei denen Teile aus verschiedenen Skulpturen in einer neuen Variante zusammenfanden. Nicht nur an ihrem Schaffen, sondern an den Künstlern selbst bestand großes Interesse.

Die Tendenz zur Nachahmung erstreckte sich auch auf die römische Götterwelt. Den doppelköpfigen Janus etwa übernahmen die Römer von den Etruskern, dem römischen Gott Jupiter entsprach der griechische Göttervater Zeus, der Göttin Venus die Aphrodite der griechischen Götterwelt.

Griechische Kunst in Rom
In seinem Essay *Nachahmen als kulturelles Schicksal* hält der Historiker Paul Zanker fest: »Die ständigen Verweise auf klassische Kultur und Bildung durchdrangen alle Lebensbereiche, und es wurde offensichtlich als höchst befriedigend empfunden, sich in allen nur denkbaren Situationen Mythos, Denken und Kunst der Griechen zu vergegenwärtigen und sich damit zu identifizieren, bei der gepflegten Unterhaltung nicht anders als in Literatur und Bilderwelt. (...) Man übernahm die griechische Bilderwelt in ihrer Gesamtheit als ein geschlossenes und paradigmatisches Bildungsgut und brachte sie in neue Funktions- und Wirkungszusammenhänge, die dem vitalen politischen und gesellschaftlichen Veränderungsprozesse weitgehend entrückt waren: in den Bereich des *otium* – das war ursprünglich die Zeit politischen Ferien – und in den Bereich der *publica magnificentia* (der öffentlichen Repräsentationsbauten). Man übernahm die griechischen Bildwerke der klassischen Zeit als vollkommene, nicht mehr zu überbietende Kunst, isolierte sie aber nicht in Museen, sondern setzte sie zur genussreichen festlichen Überhöhung der Lebenswelt ein. (...) Nach dem klassischen Kulturverständnis gab es keine Alternative zur ständigen Weiterführung des Nachahmens. Jedes Abgehen von den großen Vorbildern hätte Verfall angezeigt.«

Die Übernahme der griechischen Kultur und die hochstehende Ingenieurkunst haben mitunter dazu geführt, dass die römische Kunst der Antike als zweitrangig betrachtet wurde. Jedoch entstanden auch beeindruckende Darstellungen der eigenen Lebenswelt. Unter Kaiser Augustus (27 v. Chr.–14 n. Chr.) erreichte die römische Kunst einen eigenständigen Ausdruck. Je größer die Entfernung zum Kerngebiet des Imperiums war, desto stärker mischten sich verschiedene lokale Formentraditionen mit den römischen. Wie bei den erhaltenen griechischen Werken fehlen auch der römischen Architektur und Plastik heute die farbigen Fassungen.

Die Blüte der Kunst im 1. Jahrhundert n. Chr.
Mit der Regentschaft des Augustus begann eine längere Friedensperiode, die zu wirtschaftlicher Prosperi-

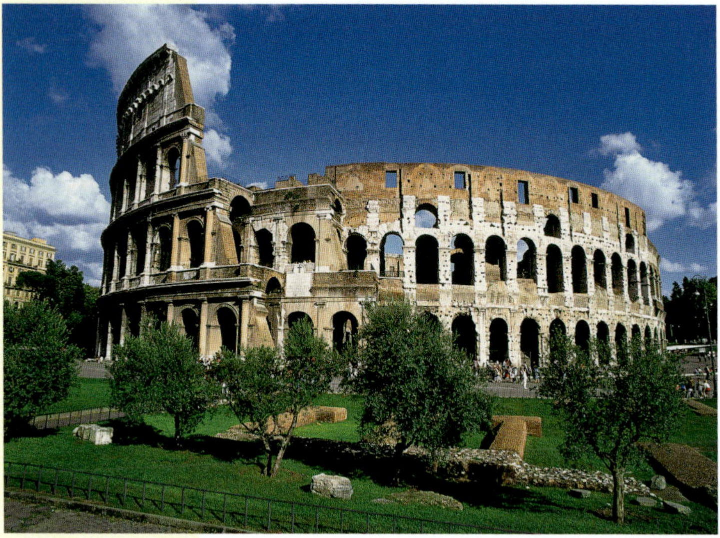

Kolosseum, Rom, geweiht 80 n. Chr.

tät führte. Das von Augustus proklamierte Goldene Zeitalter war von reger künstlerischer Produktion geprägt, vor allem zum Zweck der Überhöhung seiner Herrschaft. Der Kaiser sollte sich als zentrales Motiv der Kunst etablieren, der Prunkentfaltung waren keine Grenzen mehr gesetzt. Eine Blüte der Künste fand in der zweiten Hälfte des 1. Jahrhunderts n. Chr. statt. Da die Epochen des römischen Altertums nach Herrschern unterschieden werden, bezeichnet man sie auch als neronisch-flavische Epoche.

Ab dem 2. Jahrhundert v. Chr. wandelte sich das Bild der römischen Architektur vollständig. Die Übernahme der drei griechischen Säulenordnungen zeigt sich etwa am Kolosseum in Rom, dem größten der römischen Amphitheater. Eingeweiht wurde der Bau im Zentrum der Stadt 80 n. Chr. Auf ovalem Grundriss sind vier Stockwerke übereinander aufgetürmt, etwa 50 000 Personen fanden hier Platz. Die drei Bogenreihen, die die Stockwerke umspannen, zeigen die drei verschiedenen griechischen Säulenordnungen: im Untergeschoss die dorische, in der Mitte die ionische, im dritten Geschoss die korinthische Ordnung. Sie war in der Handelsstadt Korinth als Weiterentwicklung des ionischen Kapitells entstanden, dessen schneckenartige Formen nun zusätzlich von Blattwerk ergänzt wurden. Das Kolosseum sollte Schule machen: Mit seinen griechischen Formen wurde es zum Vorbild für alle folgenden Amphitheater, wie sie fast jede größere Stadt im römischen Imperium erbaute.

Die Konstruktion von Bögen gelang dank der Entwicklung des Gussmörtels. Er ließ sich in flüssiger Form verarbeiten und härtete schnell aus, dem heutigen Zement ähnlich. Die Erfindung dieser Zementgusstechnik, des *opus caementicium*, erweiterte das Spektrum des baulich Machbaren beispielsweise um Kuppeln, Gewölbe und Nischen.

Auch für die im gesamten römischen Weltreich, in Europa, Nordafrika und Asien, errichteten Triumphbögen wurde diese Technik genutzt. Die imposanten Bauwerke erfüllten keinen konstruktiven Zweck, sondern wurden zur Ehrung von Kaisern, aber auch von Privatpersonen errichtet. Sie bestanden aus einem oder drei

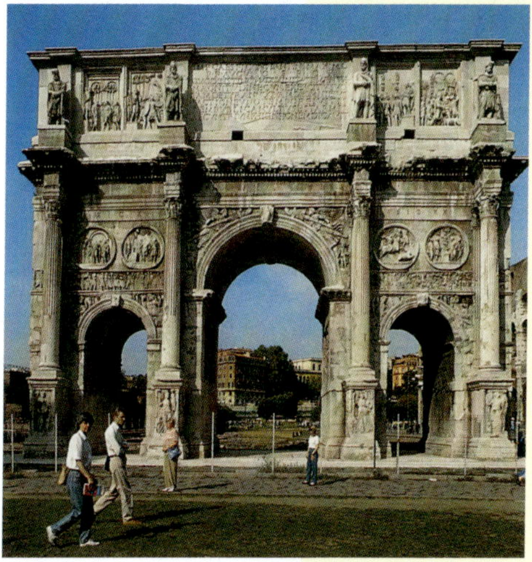

Konstantinsbogen, Rom, 315 n. Chr., Südseite. Die meisten Reliefs dieses Triumphbogens stammten von anderen Bauten und waren nicht eigens für den Konstantinsbogen geschaffen worden. Die Darstellungen in den Durchgängen entstanden etwa 200 Jahre zuvor unter Trajan, die Rundbilder oberhalb der Durchgänge sind aus hadrianischer Zeit, die Reliefs in der Attikazone darüber aus der Marc Aurels.

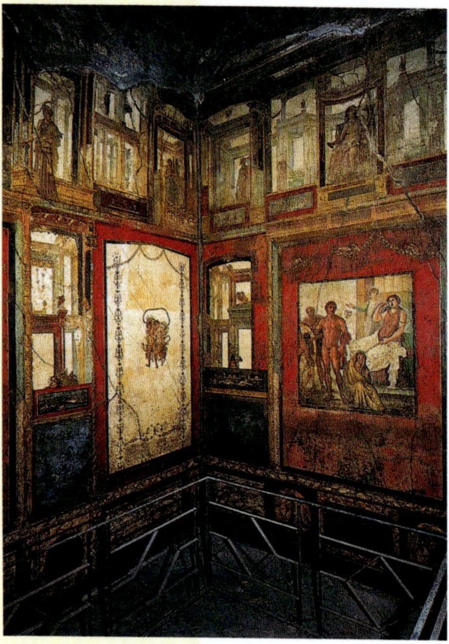

Raum mit Szenen aus dem Leben des Ixion, 63–79 n. Chr. Wandmalerei aus der Villa dei Misteri in Pompeji.

Toren. In letzterem Fall unterschieden sich die drei Bögen in der Größe. Der mittlere, die Durchfahrt für Wagen, war höher und breiter als die beiden seitlichen Durchgänge. Reliefdarstellungen, oft von Schlachtenszenen, bildeten einen wichtigen Teil der Architektur. Sie waren als Friese oder im Giebelfeld angebracht.

Wie die römische Plastik stand auch die Malerei im Dienst der Architektur. Erhalten ist nur wenig, die besten Zeugnisse römischer Wandmalereien finden sich in Pompeji. Die römische Provinzstadt südlich von Neapel wurde bei einem Ausbruch des Vesuvs 79 n. Chr. komplett verschüttet und damit konserviert. Wandgemälde schmückten die städtischen Privathäuser. Diese Bilder wurden in Freskotechnik (ital. *fresco*, »frisch«) ausgeführt, das heißt auf den noch feuchten Kalkputz gemalt. Die Farbpigmente sind dadurch nach dem Trocknen unlöslich mit dem Putz verbunden. Beliebte Bildthemen in den pompejanischen Villen waren Gärten, gemalte Architektur, sei sie illusionistisch oder tatsächliche Gegebenheiten nachahmend, und auch Porträts. Für einige der pompejanischen Fresken konnte festgestellt werden, dass sie griechische Werke kopierten. Das abgebildete Mosaik aus der Villa dei Misteri in Pompeji ist ein Beispiel für das Aufgreifen griechischer Vorlagen durch römische Künstler. Der Raum mit Szenen aus dem Leben des Ixion befindet sich im Haus der reichen Vettier. In die gemalte Architektur sind Szenen unglücklicher

Liebe eingefügt, etwa die Ixions zu Hera, deren Gatte Zeus den Ixion im Hades zur Strafe auf ein sich ewig drehendes Rad binden lässt. Über die Darstellung von Licht und Schatten wurde eine räumliche und plastische Wirkung erzeugt.

Ebenfalls für Wanddekorationen, vor allem aber für Fußböden, wurden in römischer Zeit Mosaike genutzt.

Das 2. Jahrhundert n. Chr.

Siegessäulen stehen in vielen Städten des Römischen Reichs. Ihr Reliefschmuck zeigt detailreich die Geschichten erfolgreicher Eroberungen durch die Römer und die der jeweiligen Gegner. An der Trajanssäule, die 113 n. Chr. geweiht wurde und auf dem Trajansforum in Rom steht, ist von unten nach oben das Geschehen der von Trajan geführten Kriege gegen die Daker wiedergegeben. Die Säule ist zugleich das Grabmal der Kaisers. Wie ein langes Band umgeben die Reliefs spiralförmig die Säule. Die dargestellten Figuren sind plastisch flach herausgearbeitet, was als typisch gilt für den nüchternen Stil der trajanischen Zeit.

Wie solche Reliefs dienten auch Statuen vor allem der Dekoration von Architektur am Innen- wie am Außenbau. In großer Zahl entstanden ab dem 1. Jahrhundert v. Chr. Porträtskulpturen, mit denen der - seltener die - Dargestellte geehrt wurde oder die an seinem Grab Aufstellung fanden. Kaiserstatuen wurden auch an den Außenposten des Römischen Reichs platziert und vermittelten dort eine Vorstellung von antiker Bildhauerkunst. Kompliziert drapierte Gewänder und

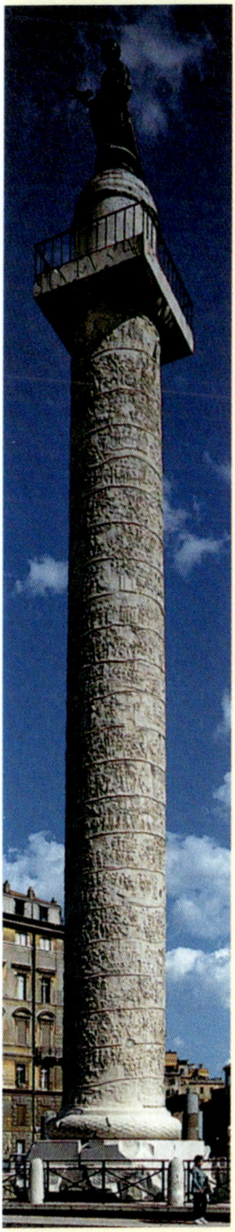

Trajanssäule, Rom, um 114 n. Chr. Über die gesamte Höhe von 33 Metern zieht sich ein in Stein gehauenes Bildband. Auf den Reliefs werden die Dakerkriege mit dem Erfolg der Errichtung der Provinz Dakien 107 n. Chr. geschildert, wodurch sich das Römische Reich auch nach Osteuropa, in das Gebiet des heutigen Rumänien, ausdehnte.

bewegte Figuren wurden mit Licht- und Schattenpartien modelliert. Die Büste des Kaisers Hadrian veranschaulicht die Unterschiede zur griechischen Skulptur: Römische Porträtbüsten (ital. *busto*, »Brustbild«) zeigen lebensechte, selten idealisierte Gesichter, wie sie aus der griechischen Kunst bekannt waren. Solche Porträtbüsten existierten in großer Zahl; sie waren dem Persönlichkeitskult der Römer geschuldet und wurden oft auch dem jeweiligen Verwendungs- bzw. Darstellungszweck angepasst.

Unter Trajans Nachfolger im Kaiseramt, Hadrian, entstand in kurzer Bauzeit einer der Höhepunkte römischer Baukunst: das Pantheon in Rom. Zunächst allen Göttern geweiht (lat. *Pantheum*, »Allgöttertum«), wurde der 118/119 n. Chr. errichtete Tempel später zur christlichen Kirche, in der Renaissance zur Grablege bedeu-

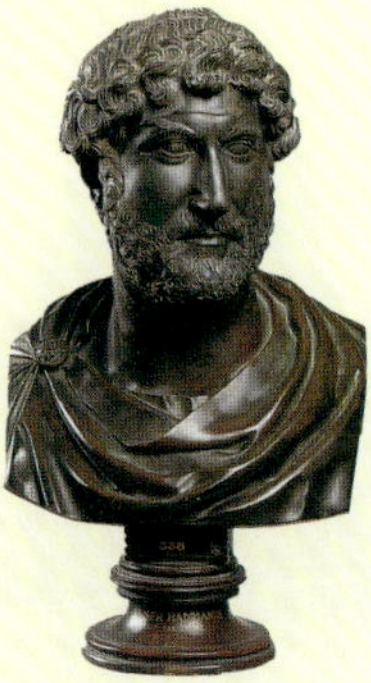

Porträtbüste des Kaisers Hadrian, 120–130 n. Chr. Dunkelgrüner Basalt, Höhe 51 cm.

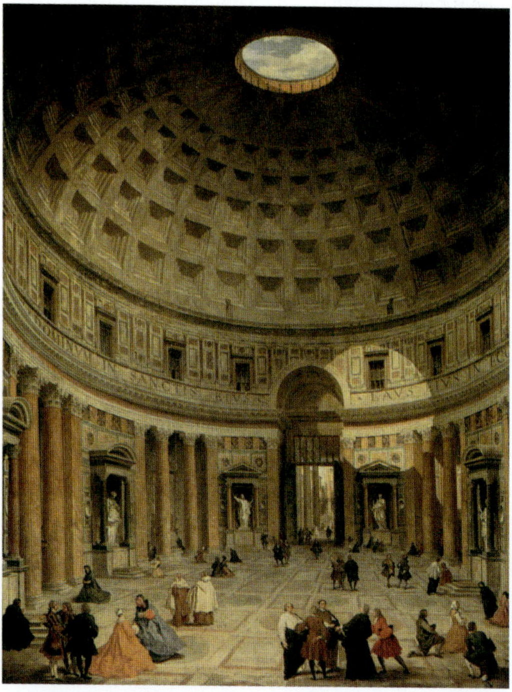

Giovanni Paolo Panini (1691–1765), *Das Innere des Pantheons,* um 1740, Öl auf Leinwand, 128 x 99 cm. Als größter Zentralbau der Antike gilt das Pantheon. Wegen seiner imposanten Kuppel wurde das Bauwerk von den Zeitgenossen zu den Wundern Roms gezählt.

Mimesis – die Nachahmung der Natur
Die Nachahmung der Natur genoss in der antiken Kunst einen hohen Stellenwert. In der *Historia naturalis*, einem naturwissenschaftlichen Kompendium von Plinius dem Älteren finden sich dazu einige Anekdoten. In einer von ihnen berichtet der Schriftsteller von einem Wettstreit der Maler Parrhasios und Zeuxis. Letzterer hatte Weintrauben gemalt, die so echt aussahen, dass Vögel an ihnen pickten. Parrhasios' Beitrag befand sich im Atelier noch hinter einem Vorhang. Er bat Zeuxis, diesen zurückzuschieben und sich das Bild anzusehen. Doch der Vorhang war gemalt, und so musste Zeuxis die Überlegenheit des Konkurrenten anerkennen.

tender Künstler. Einige der Grabmäler sind in Paninis Gemälde zu sehen. Der Durchmesser des Rundbaus beträgt 43 Meter, dasselbe Maß hat die Wandhöhe vom Boden bis zur Scheitelöffnung der Kuppel. Durch eine runde Öffnung in der Kuppel erhält der Innenraum Licht. Das konstruktive System der Kuppel ist innen mit einer Kassettendecke verkleidet, wodurch die Harmonie des Raums gesteigert wird. Der größte Kuppelbau des Altertums ist einer der am besten erhaltenen Tempel Roms.

Ende des Römischen Reiches – Beginn des Christentums
Das Christentum war zunächst eine vom römischen Staat verfolgte Sekte, wie es im großen Imperium viele gab. Insbesondere der Monotheismus stand der römischen Staatsreligion und dem Kaiserkult im Wege. Doch ließ sich die hierarchische Organisation des Christentums mit Bischöfen, dem Klerus und dem Papst an der Spitze mit der im Zerfall begriffenen gesellschaftlichen Ordnung des Römischen Reichs verbinden. 313 erkannte Kaiser Konstantin das Christentum an. 330 verlegte er die Hauptstadt des Römischen Reichs nach Byzanz. Diese Dezentralisierung trug dem Vielvölkerreich Rechnung. 395 wurde das Römische Reich zweigeteilt. Das Weströmische Reich wurde von

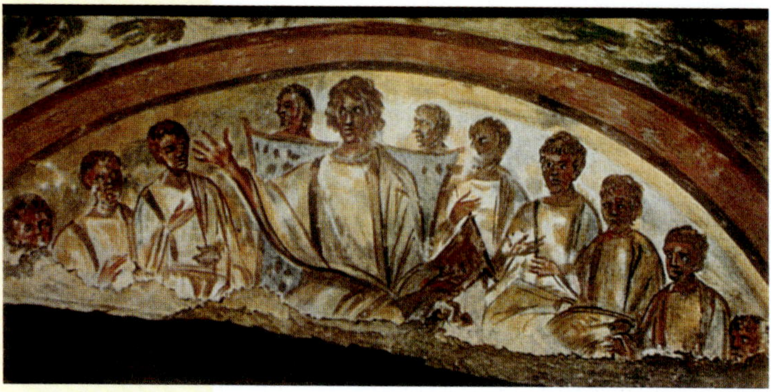

Christus als Lehrer unter den Aposteln, um 350 n. Chr., Fresko aus der Domitilla-Katakombe, Rom.

Stämmen der Westgoten und Vandalen heimgesucht, Rom wurde geplündert und verlor seine Bedeutung. Mailand, später Ravenna, war Hauptstadt des Weströmischen Reichs, das 476 n. Chr. ein Ende fand. Das Christentum hatte sich in der Zwischenzeit im gesamten Imperium Romanum verbreitet, nachdem Theodosius I. es zur alleinigen Staatsreligion erklärt hatte. Mit der neuen Macht im Staat nahmen die Christenverfolgungen ein Ende, stattdessen wurden nun die Heiden verfolgt.

Während der Christenverfolgungen waren viele der kleinen Hauskirchen zerstört worden. Nach der Anerkennung der christlichen Religion durch Kaiser Konstantin wurden Neubauten in Angriff genommen, um Raum für öffentliche Versammlungen zu schaffen. Der Kaiser selbst stiftete die Kirche San Giovanni in Laterano. Als bauliche Vorbilder dienten der Lateranbasilika oder auch Alt St. Peter die antiken Versammlungsgebäude, Basiliken genannt.

Über die bildliche Ausstattung der ersten Kirchen waren die Zeitgenossen geteilter Meinung. Das biblische Gebot, sich kein Bildnis Gottes zu machen, bezogen viele nicht nur auf Statuen, die wegen ihrer Ähnlichkeit mit heidnischen Götzenbildern verworfen wurden, sondern auch auf Malereien und Mosaiken. In diesem Punkt schieden sich jedoch die Geister. Papst

Gregor der Große setzte sich mit seiner Auffassung durch, Bilder religiöser Thematik seien insbesondere für Nicht-Lesekundige wichtig. Ende des 6. Jahrhunderts fanden deshalb Malereien zunehmend Platz in Kirchen. Jedoch ging es nun vor allem darum, biblisches Geschehen für die Laien verständlich und überzeugend darzustellen.

Es fehlte den Christen jedoch nicht nur an Versammlungsräumen für Messen, sondern auch an Begräbnisstätten. Zu diesem Zweck wurden unterirdische Kammern und Gänge angelegt, die seit dem Mittelalter als Katakomben bezeichnet werden. Die Toten wurden in Wandfachgräbern bestattet. Ausgedehnte unterirdische Friedhöfe entstanden, vor allem in Rom, aber auch in Neapel und außerhalb Italiens. Je nach den finanziellen Möglichkeiten des Verstorbenen wurden die Gräber mit Malereien zu alt- oder neutestamentlichen Themen geschmückt. Zunächst gliederten geometrische Formen Wände und Gewölbe, später kamen szenische Darstellungen hinzu, wie das Fresko aus der Domitillakatakombe in Rom zeigt. Im 16. Jahrhundert wurden die über 70 römischen Katakomben wiederentdeckt und erforscht.

Im Laufe des 4. Jahrhunderts ging man dazu über, auch steinerne Särge bildlich mit Reliefs zu schmücken, die Darstellungen christlicher Themen breiteten

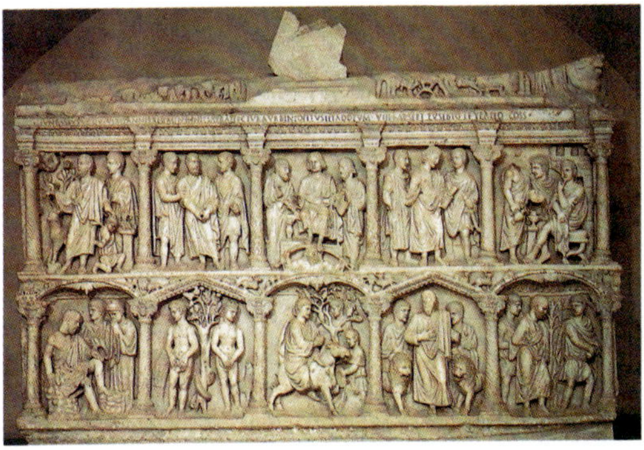

Junius-Bassus-Sarkophag, um 359, Marmor, Gesamtmaß 2,43 x 1,41 m. Auf diesem Steinsarkophag findet sich eine der frühesten Christusdarstellungen. Gezeigt wird die *traditio legis*: Christus überreicht den Aposteln Petrus und Paulus die Gesetzesrolle, wodurch die Vorherrschaft der römischen Kirche begründet wird.

sich aus. Auf dem Sarkophag des Stadtpräfekten Junius Bassus sind in zwei Bildstreifen mit jeweils fünf Feldern verschiedene Szenen aus dem Alten und Neuen Testament zu sehen. Die mittlere Szene im oberen Bildfries zeigt die Übergabe des Gesetzes durch Christus an Petrus und Paulus. Christus stützt seine Füße auf das Himmelstuch, das der heidnische Himmelsgott Caelius hält.

Byzantinische Kunst (um 500–1500 n. Chr.)
Im Osten des Römischen Reichs gründete Kaiser Konstantin 324 n. Chr. an der Meerenge des Bosporus im altgriechischen Stadtstaat Byzanz eine neue Hauptstadt: Konstantinopel, das heutige Istanbul. Zahlreiche griechische Denkmäler gelangten dorthin, hinsichtlich Stadtanlage und Architektur war Rom das Vorbild. Mit der Reichsteilung 395 in das West- und das Oströmische Reich verlagerte sich die frühchristliche Kunst nach Konstantinopel. Nach dem Niedergang des Weströmischen Reichs war die Stadt nicht nur Sitz des kaiserlichen Hofs und der Regierung, sondern auch ein neues kulturelles Zentrum. Ohne Unterbrechungen, wie sie der Westen während der Völkerwanderungen erlebte, setzten sich dort die römische Staats-, Gesellschafts- und Rechtsordnung durch und ebenso entwickelte sich die christliche Kunst der Spätantike weiter. 1054 trennten sich römisch-katholische und griechisch-orthodoxe Kirche, die Kirche Ostroms war endgültig unabhängig vom römischen Papsttum. Im vierten Kreuzzug 1204 wurde Konstantinopel erobert und geplündert. Die byzantinische Kunst blühte jedoch im 14. Jahrhundert noch einmal auf, bis mit der Eroberung Konstantinopels durch die osmanischen Türken 1453 das Byzantinische Reich sein Ende fand.

Der Bilderstreit
Byzantinische Kunst ist vor allem religiöse Kunst. Der Bedarf an Kirchenbauten war auch im Oströmischen

Reich groß. In der Hauptstadt Konstantinopel ließ Kaiser Justinian in nur fünf Jahren Bauzeit die Hauptkirche des Byzantinischen Reichs und die seinerzeit größte Kirche der Christenheit, die Hagia Sophia (Kirche der Heiligen Weisheit), bauen. 537 wurde sie geweiht. Der Bau war von einer flachen, gut 30 Meter überspannenden Kuppel überhöht, die jedoch schon ein Jahr später einstürzte und durch eine Kuppel mit noch größerer Spannweite ersetzt wurde. Im byzantinischen Kulturbereich sollte sich der Kuppelbau durchsetzen, im Verein mit dem kreuzförmigen Grundriss. Die Wände der Hagia Sophia sind in Arkaden und Fenster aufgelöst, die übrigen Wandteile und Gewölbe sind mit goldenen Mosaiken, Marmortafeln und -dekor verkleidet, dabei jedoch bildlos.

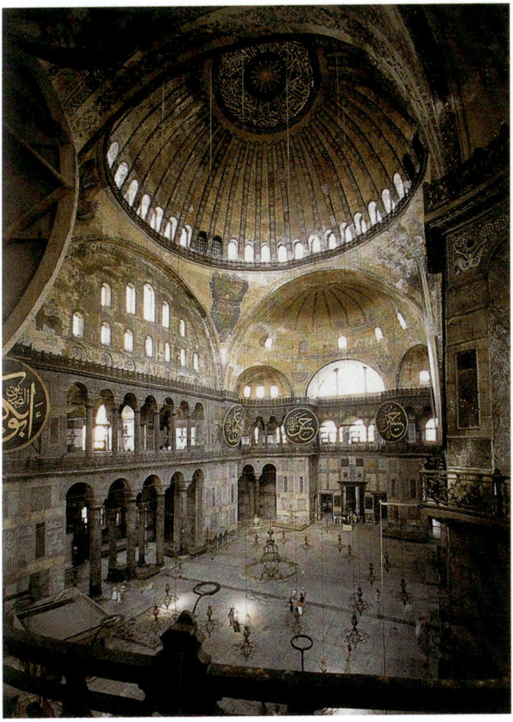

Die Hagia Sophia war das Zentrum des östlich-orthodoxen Christentums. Seit der Eroberung Konstantinopels durch die Osmanen 1453 wird sie als Moschee genutzt, weshalb vier Minarette angebaut wurden. Seit 1934 beherbergt der Bau ein Museum.

Schon bald wurde die Ausstattung der Kirchen im Oströmischen Reich ein Streitthema. Im 8. Jahrhundert gewannen die Gegner der bildlichen Ausstattung die Oberhand in der Ostkirche. Diese Bilderstürmer (Ikonoklasten) verboten jede religiöse Kunst und zerstörten die bereits vorhandene. Einhundert Jahre später wendete sich das Blatt, die Bildverehrung war wieder zugelassen. Die Entstehung von christlicher (Buch-) Malerei, Reliefs, Elfenbein- und Emaillekunst wurde durch Kirche und Kaiser gefördert, der ohnehin weltlicher und geistlicher Herrscher zugleich war (Cäsaropapismus). Die einzig erlaubte Form des religiösen Tafelbildes war im Byzantinischen Reich die Ikone, das oft auf Goldgrund ausgeführte Heiligenbild. Es schmückte meist nicht den Altar, sondern die Ikonostasis, die Trennschranke zwischen Gebet- und Altarraum in der Kirche.

Byzanz im Westen

Die byzantinische Kunst beschränkte sich nicht auf das Gebiet des Oströmischen Reichs. Viele Werke gelangten ins Europa des Früh- und Hochmittelalters, zahlreiche byzantinische Künstler waren etwa in Osteuropa, auf Sizilien, aber auch in Oberitalien tätig. In Venedig schlug sich der Einfluss von Byzanz in der Tafelbildmalerei nieder, an der venezianischen Markuskirche arbeiteten byzantinische Künstler.

540 eroberten die Byzantiner unter Justinian, der versuchte, Italien zurückzugewinnen, das oberitalienische Ravenna. Dort sind bedeutende Zeugnisse ihrer Kunst erhalten. In die 200 Jahre unter byzantinischer Herrschaft fiel Ravennas letzte kulturelle Blüte. Die Kirche San Vitale wurde 548 vollendet. Der überkuppelte Zentralbau steht auf achteckigem Grundriss, eine Form, die auch häufig für Taufhäuser und Mausoleen gewählt wurde. Die Mosaikausstattung der Kirche beginnt über einem hohen Marmorsockel. Die Wandmosaiken von San Vitale mit der Gegenüberstellung

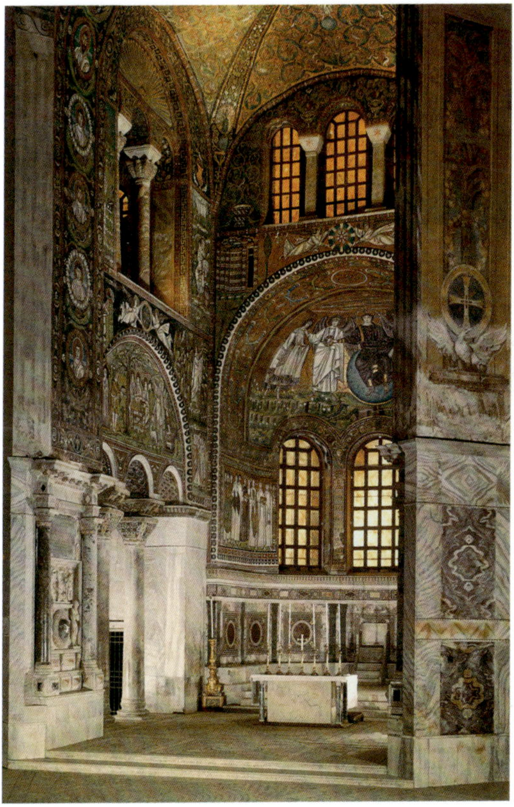

Altarraum von San Vitale, Ravenna, Mosaiken um 547/548. Byzantinische Werke kennzeichnet ein strenger Aufbau, der die Lesbarkeit des Dargestellten erleichtern sollte. Naturalistische Details wurden nur gezielt eingesetzt, meist wurde das gezeigte Geschehen auf Hauptinhalte reduziert. Figuren wurden frontal oder in Dreiviertelansicht präsentiert, ihre Gestik sollte deutlich erkennbar sein.

von alt- und neutestamentlichen Szenen stellen eines der wenigen erhaltenen Beispiele für die frühbyzantinische Kunst an der Schwelle der Spätantike dar. Im halbrunden Abschluss des Altarraums, der Apsis, thront Christus zwischen Heiligen und Erzengeln.

Die Bildprogramme von Mosaiken oder Fresken waren genau festgelegt und sorgten dafür, dass die byzantinische Kunst über Jahrhunderte verhältnismäßig einheitlich blieb.

Das Mittelalter

Das Mittelalter war in der christlichen Vorstellung der Zeitraum zwischen dem Zeitalter vor der Geburt Christi und dem Jüngsten Gericht. Die Gelehrten der Renaissance behielten diese Dreiteilung bei, sahen im Mittelalter aber den Zeitraum zwischen der Antike und ihrer eigenen Zeit.

Auf den Zerfall des Weströmischen Reichs und die frühchristliche Zeit folgte mit der Völkerwanderung der vor allem germanischen Stämme im 4. bis 6. Jahrhundert ein Niedergang der bildenden Kunst. Die zahlreichen Bevölkerungsbewegungen hatten unterschiedliche Gründe und stellten keinen einheitlichen Vorgang dar. In einigen Winkeln des ehemaligen Römischen Reichs blieb die Kultur der Antike auch in dieser Zeit lebendig, beispielsweise wurde in den Schreibstuben der Klöster das literarische Erbe der Antike überliefert. Kunst entstand im Mittelalter in christlichem Kontext, Träger der kulturellen Entwicklung waren vor allem Klöster, aber auch Fürstenhöfe.

Die umfangreichste Bauaufgabe in der Zeit der Romanik und der Gotik, in die das Mittelalter eingeteilt wird, war der Kirchenbau. Kathedralen (lat. *cathedra*, »Bischofssitz«), Klöster und Pfarrkirchen entstanden, bei deren Bau auf antike Vorbilder zurückgegriffen wurde. Baumeister, Steinbildhauer, Mosaikkünstler, Maler, Goldschmiede – die Handwerker zogen von Baustelle zu Baustelle. Namen kennen wir nur von wenigen, aber auch in der Zeit der Romanik finden sich schon einige Signaturen. Plastik und Architektur, Innenräume und Portale der Kirchen waren farbig gefasst. Dadurch traten einzelne Bauglieder optisch hervor und ließen Raumgliederungen entstehen, ein Eindruck, der sich heute nur noch selten bietet. Malerei in und für Kirchen sowie Buchmalerei waren große Betätigungsfelder mittelalterlicher Künstler.

Die Wirtschafts- und Sozialordnung der Zeit war das Lehnswesen. An der Spitze der mittelalterlichen Gesellschaft stand der König. Er vergab Land und Ämter an Lehnsleute, die ihm Dienst und Gehorsam schuldeten und bei Bedarf seinen Schutz beanspruchen konnten. Unfreie Bauern und Knechte bildeten die breite Basis der Feudalgesellschaft (lat. *feudum*, »geliehenes Gut«).

Frühes Mittelalter (5. Jahrhundert–um 1000)

Für die Kunst der Antike und des hohen und späten Mittelalters lassen sich räumliche und zeitliche Zusammenhänge ausmachen, in gewissem Umfang auch gemeinsame Stilmerkmale feststellen. Der Zeitraum des frühen Mittelalters im europäischen Raum ist vergleichsweise schlecht dokumentiert und stellt keine stilgeschichtliche Einheit dar. Im Osten entwickelte sich die byzantinische Kultur, im Westen rissen kulturelle Traditionen zunächst ab. Vor allem germanische Stämme, die Langobarden, Goten, Vandalen, Angelsachsen, Dänen und Wikinger zogen im 4. bis 6. Jahrhundert nach Süd- und Westeuropa. Von ihren Bauwerken, von Schmuck, Waffen und Schnitzwerk, zum Teil ornamental verziert, ist nur wenig erhalten, da Kriege und Plünderungen an der Tagesordnung waren. Im Anschluss an die Völkerwanderungen bildete sich in Westeuropa das fränkische Reich heraus, das nach den herrschenden Familien der Merowinger, Karolinger und später Ottonen unterschieden wird.

Die Buchmalerei

Im frühen Mittelalter stellte die Buchmalerei ein großes Betätigungsfeld dar. Die Papyrusrolle wurde vom Kodex abgelöst, der aus Lagen von Pergamentblättern besteht. Als Untergrund für Malereien war Pergament, hergestellt aus Tierhaut, besser geeignet als Papyrus. Außerdem wurden Bild und Schrift in den Kodizes weniger strapaziert als in den Papyrusrollen. Schreiber und Miniatoren führten Text und Malerei mit einer Feder aus, Deckfarben, Blattgold und Silber fanden Verwendung. Viele Formen von Ornamenten wurden

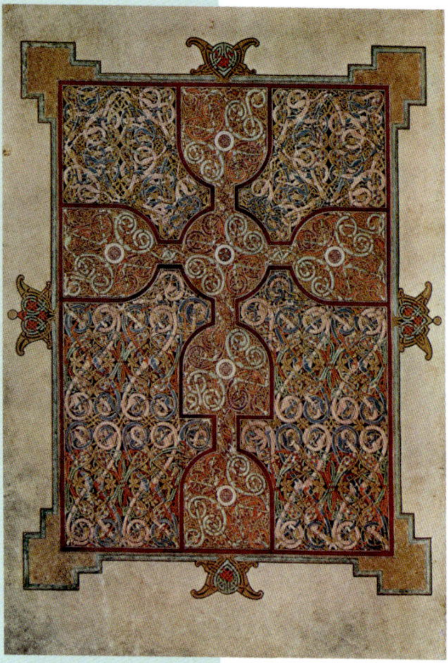

Lindisfarne-Evangeliar, Anfangsseite des Matthäus-Evangeliums (folio 26 v.), kurz vor 700, Malerei auf Pergament, 34 x 24 cm. Evangeliare enthalten den kompletten Text aller vier Evangelien. Sie stellen die größte Gruppe illuminierter Bibelhandschriften dar. Vollbibeln mit dem vollständigen Text der Heiligen Schrift sind im Mittelalter die Ausnahme.

aus der Metallverzierung für die Buchmalerei übernommen.

Geschmückte Initialen, ornamentale und figürliche Dekoration der Seitenränder (Bordüren) sowie bildmäßige Miniaturen sind die Grundelemente der Buchmalerei oder Illumination. Sie entwickelte sich vor allem unter irisch-angelsächsischen Einflüssen und konnte sich in Klöstern und Abteien abseits der Plünderungsrouten entfalten. Davon zeugen illuminierte Handschriften wie das *Book of Kells* vom Ende des 8. Jahrhunderts oder das reich verzierte *Lindisfarne-Evangeliar*. Benannt ist die zwischen 698 und 721 entstandene Handschrift nach ihrem Entstehungsort, einem Kloster auf der nordenglischen Insel Lindisfarne. Die sogenannten Teppichseiten des Evangeliars sind aus verschiedenfarbigen Ranken und Wirbeln gebildet. Auf der dem Matthäus-Evangelium gegenüberliegenden Seite setzen sich die Ranken zu einem Kreuz zusammen, das Teppichmuster umfasst die Kreuzform. Tierformen, etwa Vogelköpfe, bereichern die Ornamentik. Beide Elemente der Teppichseite sind kennzeichnend für den reichen Dekorationsstil der insularen Buchmalerei in England und Irland. Auch spätantike Einflüsse lassen sich im *Lindisfarne-Evangeliar* erkennen, wie die Evangelistenbilder, die jeweils zu Beginn der Evangelien stehen.

Das Frankenreich

Erster König der nach Gallien eingewanderten Franken und Begründer der merowingischen Dynastie sowie des Frankenreichs war Chlodwig I. Im Jahr 508 wählte er Paris als Hauptstadt seines Reichs. Unter den Merowingerkönigen wurde vom 5. Jahrhundert bis Mitte des 8. Jahrhunderts die antike Kultur in West- und Mitteleuropa überliefert. Nach Chlodwigs Übertritt zum Christentum wurden ehemalige römische Städte zu Bischofssitzen ausgebaut. Die antiken Verwaltungsstrukturen nutzten die Merowinger weiter, die von den Römern gegründeten Städte Trier und Köln blieben auch im fränkischen Reich wichtige kulturelle und politische Zentren.

Eine Vorstellung von fränkischer Kunst gewinnen wir weniger aus der Architektur, die aufgrund der häufigen Verwendung von Holz kaum erhalten ist, als vielmehr durch Metallarbeiten und Grabbeigaben verschiedenster Art. In Anlehnung an irisch-angelsächsische Vorbilder entwickelte sich die Tierornamentik. Typisch für die merowingische Buchmalerei ist die piktografische Schrift mit ihren in Tierform gebildeten Buchstaben, oft Fischen und Vögeln. Im 7. Jahrhundert verloren die Merowinger an Macht. Erster fränkischer König aus dem Geschlecht der Karolinger war Pippin III., der Jüngere. Er gründete die Pfalz (lat. *palatium*, »Palast«) in Aachen, die sein Sohn Karl der Große ausbaute.

Die karolingische Renaissance

Karl der Große weitete das Frankenreich in erheblichem Maß aus, eroberte Nord- und Mittelitalien, das heutige Österreich und Sachsen, aber auch die Pyrenäen. Sein Reich umfasste weite Teile West- und Mitteleuropas. Im Hinblick auf Wirtschaft, Verwaltung, Kunst und Kultur orientierte er sich an antiken Vorbildern. Römische Kaiserurkunden und literarische Werke von antiken Autoren ließ er bewahren, Dichtung, Schrift und Buchmalerei seiner Zeit knüpften an die Antike an. Seine politische Erneuerung des Römischen Reichs, die Renovatio Imperii Romani, schlug sich auch in der Architektur nieder.

Im Jahr 800 ließ sich Karl von Papst Leo III. in Rom zum Kaiser krönen. Krone und römische Kirche standen auf einer Seite, Byzanz auf der anderen. Unter Karl dem Großen erlangte das ehemalige Weströmische Reich gegenüber Byzanz kulturell wieder an Bedeutung. Europa konsolidierte sich. Nach Karls Tod wurde sein Reich dreigeteilt. Im 9. Jahrhundert wurde das fränkische Reich wiederholt von Normannen, später von Ungarn überfallen, innere Unruhen kamen hinzu. Im westfränkischen Reich übernahmen in romanischer Zeit die Kapetinger die Macht.

Die Aachener Pfalz

Karolingische Kirchen folgten im Grundriss und Aufbau römischen Bauten. Teile römischer Bauwerke wurden an den Neubauten mitunter wiederverwendet, man bezeichnet sie dann als Spolien. Abgesehen von Kirchen waren die königlichen Pfalzen im Früh- und Hochmittelalter wichtige Bauaufgaben. Der König zog permanent durch sein großes Reich, die Pfalzen waren Zentren der Herrschaftsausübung, dienten wie Klöster und Bischofssitze aber auch der Befestigung des Reichs. Die Bischofs- und Pfalzorte waren politische und kulturelle Zentren des Reiches, hier konzentrierte sich auch die handwerkliche Produktion.

Die Aachener Pfalz im Osten des Reichs war die wichtigste in karolingischer Zeit. Eine Pfalz bestand aus einem Versammlungsraum, einer Kapelle, dem Wohnbereich, einem Wirtschaftshof und der Befestigung. Den Zentralraum der Aachener Pfalzkapelle bildet ein zweigeschossiges Achteck. Er öffnet sich in Arkaden zum überwölbten sechzehneckigen Umgang. Im oberen Geschoss öffnen sich die Arkadenbögen mit je zwei Säulen zu den dahinterliegenden Emporen. Einige der Säulen und Kapitelle sind Spolien, also wiederverwendete Bauteile, aus spätantiker Zeit. In der Emporenzone etwa befinden sich Säulen aus dem Palast des byzantinischen Herrschers von Ravenna.

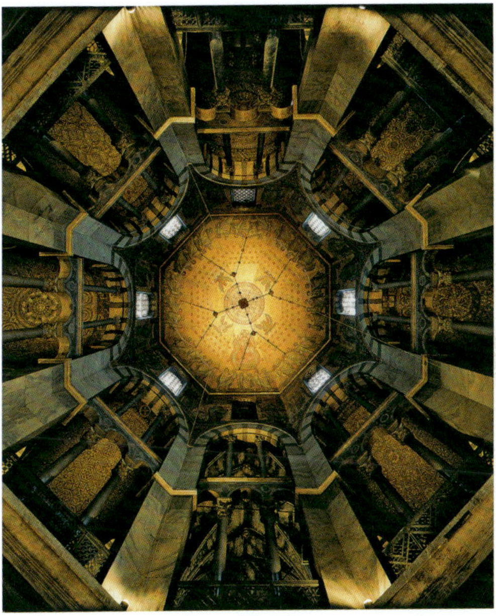

Oktogon der Aachener Pfalzkapelle. Entstanden zwischen 790–806, ist das Gebäude die am besten erhaltene Pfalz aus karolingischer Zeit. Ihr bauliches Vorbild wird in San Vitale in Ravenna vermutet. Sie ist der Kern des heutigen Aachener Münsters.

Sie betonen zusätzlich die Vorrangstellung des oberen Raums, in dem Karls Thron stand, gegenüber dem Untergeschoss. Im Osten schloss sich der Chor an.

Von der Aachener Pfalzkapelle abgesehen, setzte sich der Typus der Basilika durch, in karolingischer Zeit meist dreischiffig. Krypten wurden als Stätten des Reliquienkults üblich. Meist wurden sie unter der Ostapsis eingerichtet, Vorbild dafür war das römische Petrusgrab in den Katakomben unter der Kirche St. Peter.

Malerei und Skulptur

Von den liturgischen Geräten wie Kelchen, Reliquiaren und Kreuzen ist nur wenig erhalten. Das gilt in noch stärkerem Maße für die Wandmalerei und die Mosaikkunst aus karolingischer Zeit. Bessere Kenntnis haben wir von der karolingischen Buchmalerei, die zahlreiche antike Motive aufgreift. So wurde die antike Minuskelschrift, Vorbild der heutigen Antiqua, wieder aufgegriffen, deren Kleinbuchstaben die Vereinheitlichung des abendländischen Schriftbildes einleiteten. In Karls Plänen zur Reformation der Kirche spielte die Bildung der Geistlichkeit eine wesentliche Rolle. Der Kaiser gab eine ganze Reihe von Bilderhandschriften in Auftrag, die von den schriftkundigen Mönchen in klösterlichen Schreibstuben, den Skriptorien, angefertigt wurden. Ihre Ausstattung mit Goldschrift, Illuminationen oder Purpurpergament war oft prachtvoll. Aus solchen Handschriften wurde während der Messe die Schrift gelesen, entsprechend groß ist meist auch ihr Format und prunkvoll ihr Einband.

Weniger großfigurige Bildhauerarbeiten als Reliefs stellten die Hauptaufgabe der karolingischen Bildhauerei dar. Geschnitzte Elfenbeintafeln wurden als Buchdeckel für liturgische Schriften hergestellt, so auch für das *Lorscher Evangeliar*. Bald nach seiner Entstehung um 810 landete der Prachtband in der Bibliothek des Reichsklosters Lorsch, nach der er heute bezeichnet wird. Auf der mittleren Elfenbeintafel des Vorderdeckels thront Maria mit dem Christuskind unter einer Arkade, zu ihren Seiten sind vermutlich Johannes der Täufer und sein Vater Zacharias im Priestergewand dargestellt. Das waagerechte untere Bildfeld zeigt Christi Geburt und die Verkündigung an die Hirten, im oberen halten Engel einen Kranz, in dem der segnende Christus erscheint. Die Aufteilung des Bildraums in fünf Felder mit einem erzählenden Bildstreifen wird auf spätantike Vorbilder zurückgeführt – Beispiel für die von Karl geförderte Renovatio der Antike.

Vorderdeckel des Lorscher Evangeliars, um 810, Elfenbeinarbeit, ca. 37 x 27 cm.

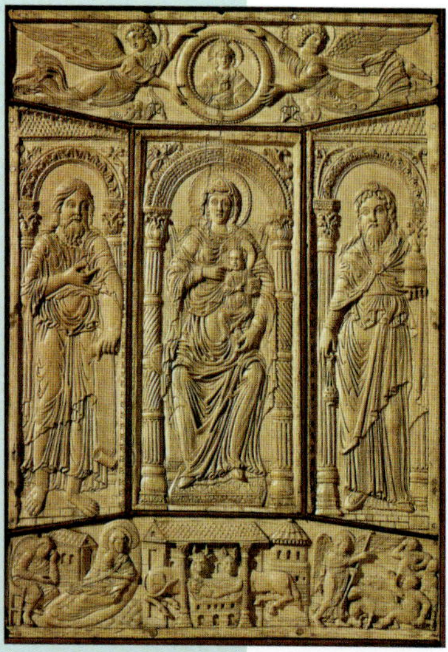

Das große Skriptorium des Klosters von Lorsch war eine wichtige Stätte für den Stil der Hofschule

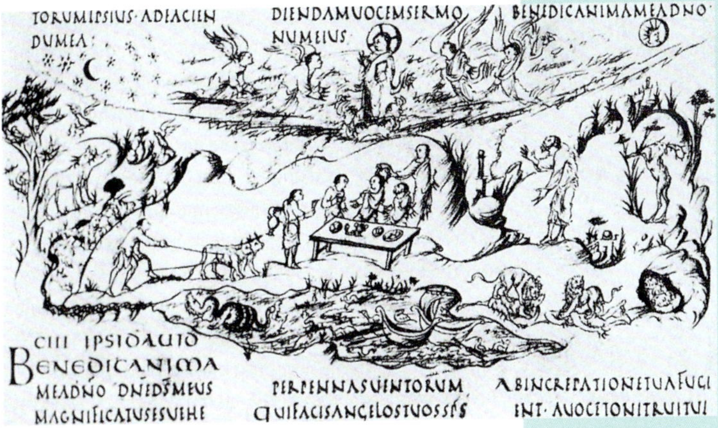

Utrecht-Psalter, um 830, Federzeichnungen. Mit seinen Wortillustrationen stellt der in Reims entstandene Psalter eine Ausnahme dar. Da die Psalmen keinen erzählenden Charakter haben, begründen sie eigentlich keine wörtliche Illustration, sondern eher die Form des Gleichnisses.

Karls des Großen, womit weniger die Ausbildung der dort um 800 tätigen Mönche gemeint ist als Gemeinsamkeiten in ihren Werken. Eine zweite wichtige Buchmalerschule etablierte sich etwa zeitgleich in Reims. Dort entstand zwischen 816 und 835 der *Utrecht-Psalter*. Psalterien enthalten die 150 Psalmen des Alten Testaments und avancierten im späten Mittelalter zum am häufigsten gebrauchten privaten Gebetbuch. Benannt wurde das Exemplar nach seinem heutigen Aufbewahrungsort Utrecht. Eine Besonderheit des *Utrecht-Psalters* ist die fortlaufende Illustration der Psalmen mit ungerahmten und dem Text unmittelbar zugeordneten Bildern. Die Zeichnungen vor Landschaftshintergrund geben jeweils einen oder zwei Verse wieder. Oft sind die kleinen Figuren in heftiger Bewegung und die Szenen symmetrisch angeordnet zu einer kreisförmigen Komposition aus Menschengruppen. Die Größenverhältnisse sind eher der Bedeutungsperspektive entsprechend gewählt, wichtige Figuren größer dargestellt als Nebenfiguren.

Die Ottonen

Aus dem ostfränkischen Gebiet ging 911 unter den Ottonen das Heilige Römische Reich hervor, zu dem neben Deutschland Lothringen und Teile Italiens gehörten. Das Zentrum des Reichs lag nicht mehr am Rhein, sondern in Sachsen, zwischen Elbe und Westfalen. Dort befand sich das Stammland des Herrschergeschlechts der Liudolfinger, die gerade erst von den Karolingern unterworfen und christianisiert worden waren. Als Ottonen bezeichnete man die Dynastie erst rückblickend, da drei ihrer Könige den Namen Otto trugen. Eine Blüte der Künste erlebte das Reich in der zweiten Hälfte des 10. Jahrhunderts unter Otto III. und unter dem letzten Sachsenkaiser Heinrich II. Deutschland war für einige Jahrzehnte künstlerisch führend in Europa, was Architektur, Goldschmiedekunst, Buchmalerei und Skulptur anging. Die ottonische Kunst war überwiegend sakral, was keineswegs ausschloss, dass sie gleichzeitig die kaiserliche Macht vor Augen führte und legitimierte.

Die Architektur der Ottonen

Die ottonische Architektur durchlief keine einheitliche Entwicklung. Die baulichen Formen wurden auch von verschiedenen Adelsgeschlechtern bestimmt, was große regionale Unterschiede nach sich zog. Entsprechend bezeichnet das Wort ottonisch weniger einen Stil als einen Zeitraum. Die Benediktinerklosterkirche von St. Michael in Hildesheim (entstanden 1010–33) ist ein bedeutendes Bauwerk aus spätottonischer Zeit. An das dreischiffige Langhaus schließen an beiden Seiten Querhäuser an. Im Westen wurden daran drei Apsiden angesetzt. Der Ostchor hat größere Dimensionen und wurde für den Reliquienkult genutzt. Unter dem Westchor der Kirche befindet sich eine Krypta, die als Grablege des Bauherrn Bischof Bernward diente. Der Raum, in dem sich Lang- und Querhaus kreuzen, die Vierung, wird außen durch Türme betont. In Hildesheim steht die Vierung auf einem quadratischem Grundriss, ein Merkmal ottonischer Baukunst. Dafür musste sich das Querhaus in Breite und Höhe dem

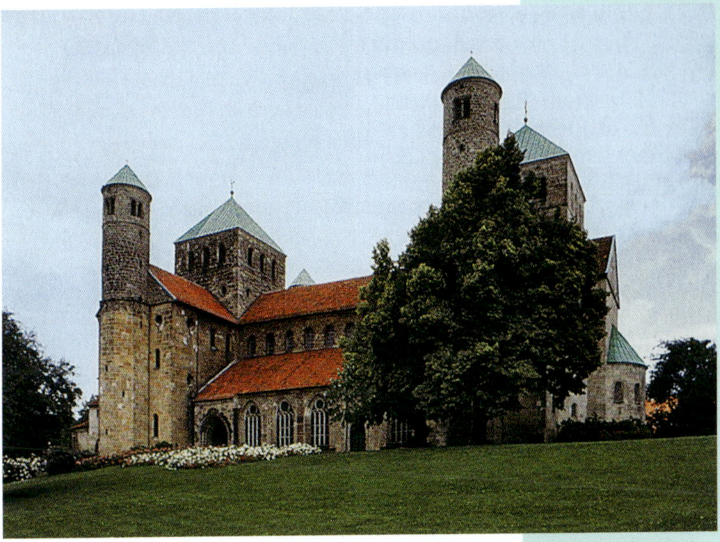

St. Michael in Hildesheim, 1010–33. Die ottonische Basilika hat zwei Choranlagen, eine im Osten und eine im Westen. Dadurch wird die Symmetrie des Baukörpers betont, ein Eindruck, den die quadratischen Vierungstürme noch verstärken.

Langhaus anpassen, die Vierungsbögen mussten gleich hoch sein. Das Langhaus trägt eine hölzerne Flachdecke und ist durch einen Wechsel von je zwei Säulen zwischen Pfeilern gekennzeichnet (sächsischer Stützenwechsel).

Die Grundformen der zukünftigen romanischen Architektur sind bei den ottonischen Bauten bereits entwickelt. Als Bautyp für Bischofsdome, Kloster- und Stiftskirchen hat sich die Basilika durchgesetzt: Sie ist drei- oder fünfschiffig, wobei das Mittelschiff höher ist als die Seitenschiffe und durch Fenster belichtet wird. Wie in Hildesheim werden die Westseiten der Kirchen betont, die nach außen durch einen oder zwei Türme über dem Querriegel hervortreten. Die Gliederung des Außenbaus in einzelne Baukörper ist deutlich. Die großen Wandflächen der Mittelschiffe boten Raum für Wandmalereien, von denen jedoch kaum etwas erhalten ist.

Da das Heilige Römische Reich riesig war, hielten sich die deutschen Könige und Kaiser nicht in einer zentralen Residenz auf, sondern zogen, wie schon die karolingischen Herrscher, von Pfalz zu Pfalz. Von den ottonischen Pfalzen geben heute nur noch Ausgrabungspläne eine Vorstellung von ihrem ursprünglichen Zustand, erst aus staufischer Zeit sind wieder Pfalzen erhalten. Sie verlieren im 13. Jahrhundert mit der Entwicklung der Städte an Bedeutung.

Die Klosterwerkstätten

Für den sakralen Gebrauch entstanden Kruzifixe und reich verzierte Schreine, Emaille- und Goldschmiedearbeiten, hölzerne oder bronzene Kirchentüren mit biblischen Erzählungen in Bildfeldern. Szenen aus dem Leben Christi und die bereits in der frühchristlichen Zeit beliebte Gegenüberstellung von Altem und Neuem Testament waren häufige Themen.

Die byzantinische Kunst wurde in Mitteleuropa wieder aufgegriffen, nachdem Otto II. die Nichte des byzantinischen Kaisers, Theophanu, geheiratet hatte.

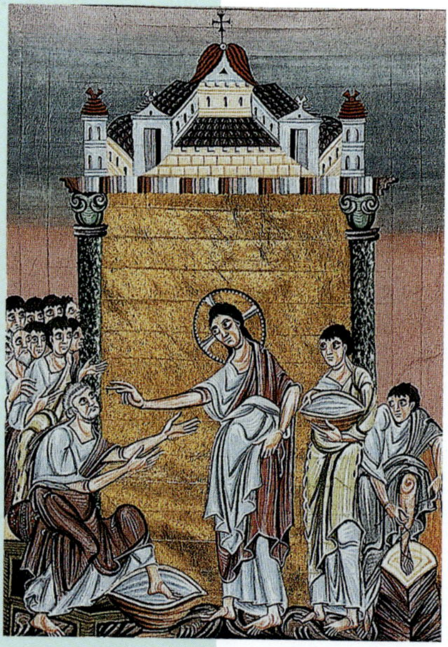

Die Fußwaschung, fol. 237r. aus dem Evangeliar Ottos III., Insel Reichenau nach 997.

Entlang des Rheins, der Maas und auf der Bodenseeinsel Reichenau entstanden Zentren der Buchmalerei, bis um 1200 waren Klosterwerkstätten in ganz Europa führend in der Herstellung illuminierter Handschriften. Das Benediktinerkloster auf der Insel Reichenau etablierte sich im frühen Mittelalter als bedeutendste Abtei im südwestdeutschen Raum. Da es abseits der Plünderungsrouten von Wikingern und anderen Stämmen lag, konnte es sich im 9. und 10. Jahrhundert fast ungehindert entfalten und sich einer Klosterbibliothek mit angesehener Schreibstube rühmen.

Dort entstand in kaiserlichem Auftrag um das Jahr 1000 das *Evangeliar Ottos III.*, in das 29 ganzseitige Miniaturen eingefügt sind. Die Seite mit der Darstellung der Fußwaschung ist Teil des Johannes-Evangeliums. Vor einer Architekturkulisse steht Christus und ist im Begriff, dem vor ihm sitzenden Petrus die Füße zu waschen. Die Konturen von Körpern und Gewändern sind durch schwarze oder weiße Linien betont, die Gesten der Dargestellten deutlich ausgeprägt, ebenso ihre Physiognomien. Christus ist als zentrale Figur des Geschehens größer gemalt als die übrigen Gestalten.

Auf der Insel Reichenau entstand auch, bereits in karolingischer Zeit, ein einzigartiges zeichnerisches Dokument. Der *St. Galler Klosterplan*, entstanden um 820, zeigt den Idealplan einer Klosteranlage. Die Zeichnung wurde dem Abt von St. Gallen übersandt, der den Bau einer neuen Klosterkirche plante. Struktur und Funktionen der Gebäude sind darin wiedergegeben: An die Kirche grenzen ein Kreuzgang sowie die Zellen der Mönche, die Wirtschaftstrakte sind darum gruppiert. Auch wenn es sich um keine eigentliche Architekturzeichnung, sondern um eine Idealkonzeption handelt, ist der *St. Galler Klosterplan* eine Besonderheit, denn Baupläne sind erst ab der Spätgotik in Gebrauch.

In den 1020er-Jahren beginnt mit den salischen Domgroßbauten in Speyer und Limburg an der Haardt die Romanik. In anderen Gattungen, etwa in der Buchmalerei, Goldschmiedekunst und Elfenbeinskulptur, ist ein stilistischer Wandel erst nach der Mitte des 11. Jahrhunderts erkennbar – der Übergang zur Romanik geschieht fließend und erstreckt sich über mehrere Jahrzehnte.

Romanik (11.–Mitte 13. Jahrhundert)

Erstmals nach der Jahrtausendwende traten in Frankreich, Spanien, Italien, Deutschland und England trotz regionaler Unterschiede deutliche Gemeinsamkeiten in der künstlerischen Produktion auf. Noch heute ist die romanische Kunst in vielen Ländern gegenwärtig. Betrachtet man ihre Werke eingehend, wird deutlich, dass von einer zeitgleichen Stilentwicklung keine Rede sein kann. Im Süden und Norden Europas kamen romanische Formen, wenn auch in zahlreichen Variationen, noch in der zweiten Hälfte des 12. Jahrhunderts vor, als in Nordfrankreich bereits erste gotische Kirchen entstanden.

Doch lassen sich bei aller Verschiedenheit länderübergreifende Gemeinsamkeiten ausmachen, darunter die Basilika als häufigster sakraler Bautyp, die Überwölbung zunächst der Seitenschiffe, dann auch der Mittelschiffe der Sakralbauten sowie die Verwendung des Rundbogens. Auch eine vor allem an die Architektur gebundene Plastik zeichnet romanische Bauwerke aus: Portale und Fassaden erfuhren eine reiche plastische und ornamentale Gestaltung. Bauaufgaben der Romanik waren Kirchen und Klöster, die mit ihren Hospitälern, Lehrstätten oder Unterkünften für Reisende zunehmend weitere Aufgaben des weltlichen Lebens übernahmen. Im Bereich des Profanbaus entstanden Pfalzen, später auch Burgen.

Der Begriff Romanik ist eine Schöpfung des 19. Jahrhunderts, mit ihm sollte der Rückgriff auf römisch-antike Bauformen in der vorgotischen Architektur zum Ausdruck gebracht werden. Da diese Vorbildhaftigkeit antiker Formen nur eingeschränkt zutrifft, erfuhr die Epochenbezeichnung Kritik, setzte sich aber als Oberbegriff für die Kunst des 11. bis zur Mitte des 13. Jahrhunderts durch.

Der Reliquienkult

Die Bedeutung des Reliquienkults als eine Form der Heiligenverehrung kann für die Zeit des Mittelalters kaum überschätzt werden. Schon im frühen Mittelalter waren die Gebeine von Heiligen zwingend Teil des

Altars. Mit dem Aufschwung der Bautätigkeit in der Romanik wurden Reliquien in großer Zahl benötigt. Das erklärt, weshalb sich schließlich die Auffassung durchsetzte, dass bereits ein kleiner Knochen oder eine Sekundärreliquie, etwas, das mit dem Heiligen in Berührung gekommen war, einen Schutz durch den Heiligen versprach. Um die enorme Nachfrage zu befriedigen, kam es häufig zu Fälschungen und sogar zum Raub von Reliquien. Behältnisse wurden entworfen, die dem hohen Wert der Reliquie angemessen sein mussten. Ein monumentales Reliquiar schuf der Lothringer Goldschmied Nikolaus von Verdun für die Gebeine der Heiligen Drei Könige. Der Kölner Erzbischof Rainald von Dassel hatte die Dreikönigsreliquien 1164 aus Mailand nach Köln überführt. Der gut 1,5 Meter hohe Schrein ist mit figürlichen Darstellungen in Architekturen geschmückt. Edelsteine und Emaillearbeiten wechseln sich auf dem Goldgrund ab.

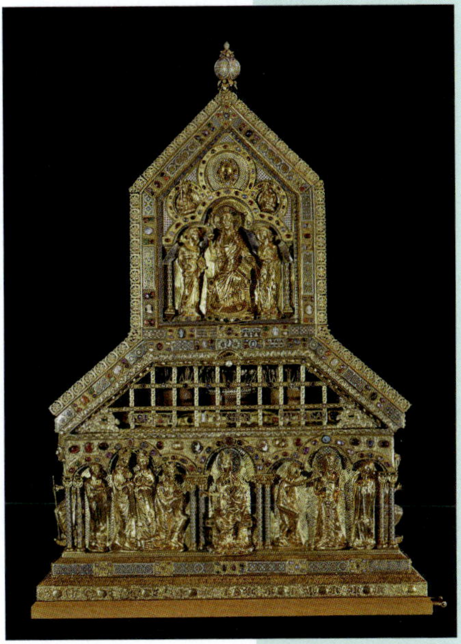

Nikolaus von Verdun (nach erhaltenen Signaturen tätig etwa 1181–1205), Schrein der Heiligen Drei Könige, um 1181–1230, Gold, Silber, Emaille und Edelsteine über Holzkern, 155 x 110 x 220 cm. Wie eine gotische Kathedrale mit zwei Seitenschiffen und hohem Mittelschiff ist das Reliquiar aufgebaut. Die Gebeine der Heiligen Drei Könige befinden sich in einem Eichenholzkasten, der ummantelt ist mit Metallplatten, Figuren, Emaille und Edelsteinen.

Dort, wo Reliquien gefunden wurden, entstanden Kirchen: St. Peter in Rom etwa wurde über dem Grab des heiligen Petrus errichtet; die mehrmals umgebaute und erweiterte Kathedrale von Santiago de Compostela nach der Auffindung der Gebeine des heiligen Jakobus begonnen. Je größer die Bedeutung der Reliquien, desto größer war auch die Zahl der Pilger, die sich von ihnen Heilswirkungen erhofften. Da sie über den Umfang der Pilgerströme entschieden, erlangten Reliquien darüber hinaus als Wirtschaftsfaktor eine

Bedeutung. Neubauten und Erweiterungen von Kirchen zeugen oft von dem Versuch, der Pilgerströme Herr zu werden, etwa der spätgotische Chor an der Aachener Pfalzkapelle oder der 1248 in riesigen Dimensionen begonnene Kölner Dom. Die Pilgerströme machten monumentale Baumaße nötig, die Kathedrale von Santiago de Compostela etwa erstreckte sich über eine Länge von 97 Metern.

Mit den Gläubigen verbreitete sich auch die Kunst des Mittelalters auf den großen Pilgerwegen. Das wichtigste Ziel christlicher Pilger war neben dem Grabmal des Apostel Petrus in Rom und dem Wallfahrtsort Santiago de Compostela in Spanien die Grabeskirche in Jerusalem. Entlang der Pilgerwege in Südfrankreich und Nordspanien entstanden Klöster und Kirchen. Diese Entwicklung trug zur Entfaltung der romanischen Formen entscheidend bei, die sich von Westeuropa nach Osten und Südosten ausbreiteten. Wegweisend für die romanische Formensprache waren vor allem die französischen Bauschulen.

Kirchen und Klöster

Die Kirchen- und Klosterarchitektur der Romanik griff auf einen Bautypus aus der Zeit vor den Völkerwanderungen zurück: die Basilika mit Mittelschiff, zwei Seitenschiffen sowie halbrunder Apsis. Ein Querschiff konnte noch hinzukommen, um dem Grundriss des Gebäudes die Form eines Kreuzes zu verleihen. Schon an der ottonischen Kirche St. Michael in Hildesheim war ein Grundgedanke romanischer Baukunst zu erkennen: Von außen gesehen wirkt der Bau wie aus einzelnen Körpern zusammengesetzt. Trotz dieser Vielgliedrigkeit zeigen die Innenräume große Geschlossenheit. Ein weiteres Merkmal romanischer Architektur ist der Rundbogen. Die bereits in der römischen Baukunst angewandte Bogenkonstruktion erfuhr in der Romanik eine Wiederaufnahme. Im Innern der Kirche wurden keine geraden Abschlüsse mehr gewählt, sondern

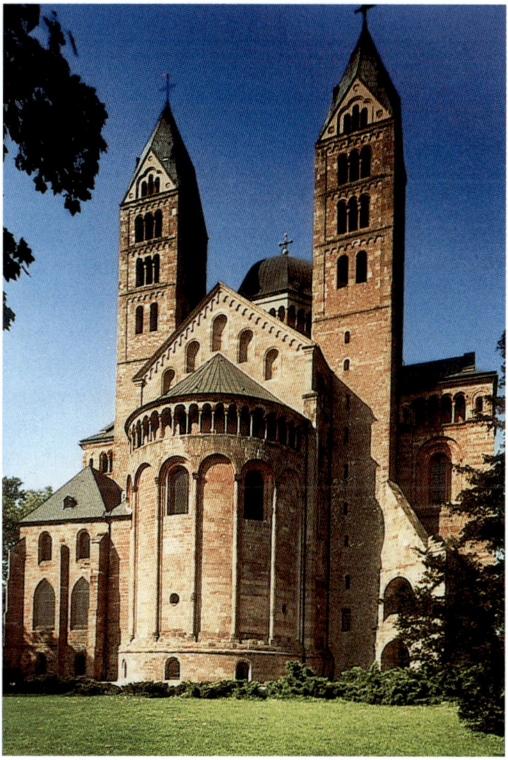

Dom zu Speyer, 11. Jahrhundert. Die Ostansicht des Kaiserdoms in Speyer zeigt den ab 1095 umgebauten Chor mit Apsis, hinter der sich ein Giebel und zwei Glockentürme erheben.

Rundbogen auf Säulen und Pfeiler gesetzt. Die Konstruktion steinerner Dächer wurde nun ebenfalls in Angriff genommen, da Holzdächer feuergefährdet und weniger haltbar waren.

In Speyer - neben Worms ein Zentrum der Salierherrschaft - wagte man sich an die Einwölbung des Mittelschiffs. Der Dom zu Speyer, zur Grablege der Salierkaiser bestimmt, zeugt von ihrer Bedeutung. 1027 hatte Konrad II. als erster salischer Kaiser den Thron bestiegen, bereits um 1030 begannen die Arbeiten an seinem Kirchenbau. Ende des 11. Jahrhunderts wurden zunächst die Seitenschiffe, später auch das Mittelschiff der Kirche eingewölbt. Damit ist der Dom von Speyer eines der frühesten Beispiele für ein überwölbtes Mittelschiff. Die Wände des Mittelschiffs wurden in Arkaden und eine durchfensterte Obergadenzone gegliedert. Die Wandflächen sind weitgehend massiv, kleine Fenster lassen Licht in den Innenraum. Um steinerne Dachkonstruktionen tragen zu können, wurden gemauerte Bögen, sogenannte Gurtbögen, zwischen den Mittelschiffwänden gespannt, die auf Stützen ruhen. Um den Schub abzufangen, der vom Gewölbe ausgeht, entwickelten die Baumeister unterschiedliche Lösungen: Schlichte Tonnengewölbe waren eine Variante; die im Mittelschiff von Speyer angewendete Lösung besteht aus zwei rechtwinklig gekreuzten Tonnengewölben. Sie bilden ein Kreuzgratgewölbe. Die diagonal verlaufenden Schnittlinien der Gewölbeflächen, die Grate, gliedern das Gewölbe in vier Gewölbekappen, die eine gleichmäßige Verteilung des Gewölbedrucks gewährleisten. Die Gewölbe ruhen auf massiven Pfeilern. Mit der Einwölbung der Kirchenschiffe vollzog sich eine der großen Neuerungen der Romanik.

Die Salierherrschaft dauerte ein Jahrhundert, dann begann der Aufstieg der staufischen Herzöge von Schwaben. Der Stauferkaiser Heinrich VI. ließ den Chor des Speyrer Doms umbauen. Oberhalb der hohen vorgeblendeten Arkaden wurde die Wandfläche durch einen Laufgang aufgelockert. Diese sogenannte Zwerggalerie fand in vielen Kirchen des Rheinlands Verwendung, so in einigen der zahlreichen, damals neu entstehenden Kirchenbauten der Stadt Köln.

Jeder Bauteil einer Kirche oder eines Klosters hat eine bestimmte Bedeutung in der christlichen Vorstellung. Traktate, die sich der Bedeutung der Baukörper widmen, finden sich schon im Mittelalter. Die Westfassade mit dem Haupteingang, dem Eintritt in das Gottesreich der Kirche, wird mit einem oder zwei Türmen, oft auch mit einem Vorbau betont. In Deutschland war zudem die Doppelchörigkeit beliebt, wie sie in St. Michael in Hildesheim auftritt. Ausgerichtet sind die Kirchen nach Osten, in Richtung des Heiligen Landes. Wie die Kirche auf dem Felsen Christi ruht, sollten die Bauten auf ihrem steinernen Fundament ruhen.

In Italien blieben antike Formen präsent, aber auch andere, nicht weniger starke Einflüsse fanden Eingang in die Architektursprache: Byzantinische, arabische und normannische Stilelemente wirkten bei Bauten auf Sizilien lange nach. In Venedig sind byzantinische Einflüsse bis ins späte Mittelalter zu erkennen, etwa an der 1094 geweihten Kreuzkuppelkirche von San Marco. Zur Zeit der Romanik war das Land politisch zersplittert, was sich auch in unterschiedlichen architektonischen Sprachen niederschlug. In Mittelitalien wurde der Baudekor der romanischen Sakralbauten üppig, Stein und Ziegelmauerwerk wechselten sich häufig ab. In Norditalien wurden Kirche und Glockenturm, italienisch *campanile*, räumlich voneinander getrennt. In der Toskana fand das Vorbild Pisa schnell Nachfolger: Auf dem dortigen Campo dei Miracoli steht der Glockenturm neben dem Dom Santa Maria Assunta, einer fünfschiffigen Basilika mit Vierungskuppel und dreischiffigem Querhaus. Im Westen schließt sich daran eine Taufkirche auf achteckigem Grundriss an, die ebenfalls überkuppelt ist. Der Campanile erarbeitete sich seinen Beinamen »schiefer Turm« schon während der Bauphase, als er sich, auf Schwemmland

Baptisterium, Campanile und Dom auf dem Campo dei Miracoli, Pisa, ab 1063. Fast alle Gebäude der Stadt sind leicht geneigt, der Schiefe Turm von Pisa mit etwa 4,5 Metern allerdings am stärksten. Trotz einer langen Bauzeit von über zwei Jahrhunderten wirkt das Gebäudeensemble mit seinem reichen Fassadenschmuck aus Marmorinkrustationen einheitlich.

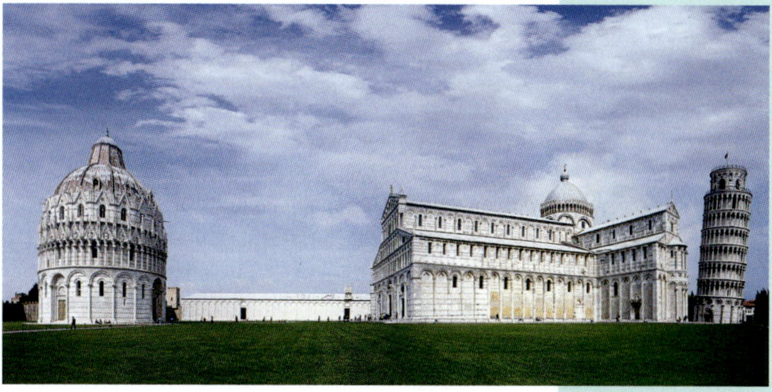

errichtet, zu neigen begann. Der weiße Carraramarmor, der für alle Gebäude in Pisas Heiligem Bezirk verwendet wurde, und die rings um die Bauten angebrachten Rundbogenarkaden auf schlanken Säulen verleihen der gesamten Baugruppe einen einheitlichen Ausdruck. Dieses romanische Dekorationssystem findet in Pisa Verwendung im Verein mit Übernahmen aus der byzantinischen und islamischen Architektur, die sich vor allem im Innenraum zeigen. Als mit dem Dombezirk 1063 begonnen wurde, zählte Pisa zu den führenden Seemächten des Mittelmeers, das Handelsnetz der Stadt reichte bis an die Küsten Kleinasiens.

Die klösterliche Lebensform war im Mittelalter von großer Bedeutung. Als Begründer des abendländischen Mönchtums gilt Benedikt von Nursia, der 529 das Kloster Montecassino bei Neapel gründete. Über die Orden mit ihren Tochterklöstern fand auch ein Künstleraustausch statt, Handwerker zogen von Bauplatz zu Bauplatz. Ein Meisterwerk der französischen Romanik war das Benediktinerkloster Cluny im Burgund. Die Abtei bildete das Zentrum einer Reformbewegung, die sich streng an die Regeln des heiligen Benedikt hielt, der von den Mönchen vor allem Gehorsam, Schweigen und Demut gefordert hatte. Allein zum Mutterkloster Cluny, gegründet 910, gehörten zur Bütezeit des Ordens über 1000 Klöster. Alle wollten ausgestattet sein, weshalb man in den klösterlichen Skriptorien zunehmend auch Laien beschäftigte. Die allmähliche Ablösung monastischer Malschulen durch professionelle Künstlerwerkstätten nahm bereits im 12. Jahrhundert ihren Anfang. Der überregionale Austausch weitete sich aus, da die Skriptorien nun nicht mehr an Klöster oder Herrscherhäuser gebunden waren.

Die Baugeschichte des Klosters von Cluny ist komplex, insgesamt drei Kirchen wurden im Laufe von drei Jahrhunderten nacheinander errichtet. Von Cluny III, im 11. Jahrhundert begonnen, sind nur noch der Südarm des Querschiffs und Chorkapitelle erhalten, das Klos-

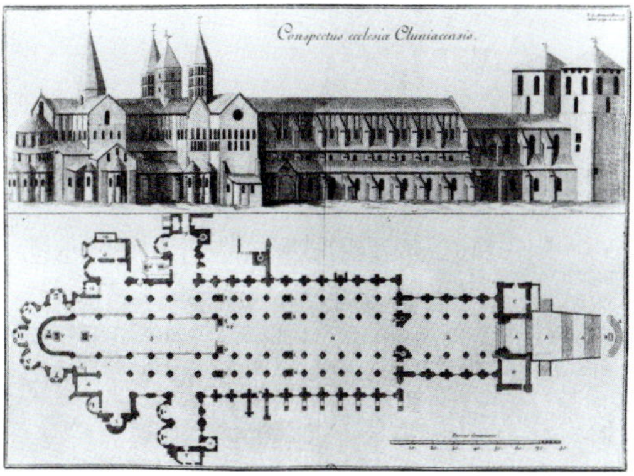

Grundriss und Ansicht von Cluny III. Druck aus dem 18. Jahrhundert.

ter wurde nach der Französischen Revolution weitgehend zerstört. Die Gestalt des dritten Baus, eine fünfschiffige Basilika mit zwei Querhäusern, die jeweils Ostapsiden besitzen, dokumentiert ein Druck aus dem 18. Jahrhundert. Der Chor war von einem Kapellenkranz mit weiteren fünf Apsiden umgeben. Im Westen schloss sich ein gewaltiger Vorbau mit Zweiturmfront an, die Länge der Kirche betrug nach dessen Errichtung 187 Meter. Trotz der imposanten Höhe des Mittelschiffs von 30 Metern wurde die Decke gewölbt. Um die Last auf die Seitenschiffe nicht zusätzlich durch Emporen zu erhöhen, wurden diese durch eine Fensterzone ersetzt, die am Außenbau als mittleres von drei Geschossen auftrat. Die gewaltigen Dimensionen des Baus unterstrichen die Bedeutung des Mutterhauses der Cluniazenser: Sie verdeutlichten zum einen die wirtschaftliche Potenz des Ordens, zum anderen spiegelte die Größe der Abtei die Macht des Papsttums zur Zeit des Investiturstreits wider. Viele Klöster orientierten sich in der Folge an Cluny, dessen Stil nur einen von vielen regionalen Stilen der französischen Romanik darstellt. Das künstlerische Schaffen in der Normandie etwa zeugt von engem Kontakt mit England.

Die Prachtentfaltung in monumentalen Bauten, wie die Cluniazenser sie im hohen Mittelalter pflegten, war

Kirchliche und weltliche Auftraggeber
Bis Mitte des 13. Jahrhunderts dominierten die staufischen Bauherren das Bild der Architektur. Die unterschiedlichen Auftraggeber - Bischöfe, weltliche Herren und Städte konkurrierten bei Bauaufgaben miteinander - verweisen auf den Konflikt zwischen geistlicher und weltlicher Herrschaft zur Zeit Heinrichs IV. Im Heiligen Römischen Reich, aber auch in Frankreich und England, setzte der jeweilige Landesherr Bischöfe und Äbte ein. In der Kirche bildete sich gegen den Einfluss von Laien auf Kirchenämter jedoch Widerstand. Papst Nikolaus II. setzte durch, dass der Papst von den Kardinälen gewählt wurde. Der auf diese Weise gewählte Papst Gregor VII. verschärfte den Kurs gegen die Laien, er verbot ihnen Einflussnahme auf die Besetzung von kirchlichen Ämtern. Vor allem in Deutschland führte dies unter Heinrich IV. zu schweren Auseinandersetzungen. Die Krise beendete Heinrich 1077 durch seinen Gang nach Canossa. Anfang des 12. Jahrhunderts hatte sich die Trennung von weltlicher und geistlicher Macht als Folge des Investiturstreits etabliert.

anderen Orden ein Dorn im Auge. Der ebenfalls im Burgund 1098 gegründete Zisterzienserorden predigte und lebte Bescheidenheit, Arbeit und Zurückgezogenheit, ebenfalls im Rückgriff auf die strengen benediktinischen Regeln. Die Zisterzienserklöster ließen diese Askese sowohl in ihrer architektonischen Strenge wie auch in ihrer Ortswahl fernab von Siedlungen erkennen.

Die Bauplastik

Auch Bildhauer trugen ihren Teil zu den romanischen Kirchen bei. Der Bauplastik standen große Wand- und Mauerflächen zur Verfügung, meist nur von wenigen kleinen Fenstern durchbrochen. Vor allem die Fassaden wurden mit Skulpturen geschmückt, wofür die Abteikirche Saint-Pierre in Moissac ein Beispiel ist. Nachdem es mehrmals zerstört worden war, wurde das Kloster im Südwesten Frankreichs 1047 der Abtei Cluny unterstellt, kurz darauf begann man mit dem Neubau der Klosterkirche. Bis etwa 1130 erfolgte die

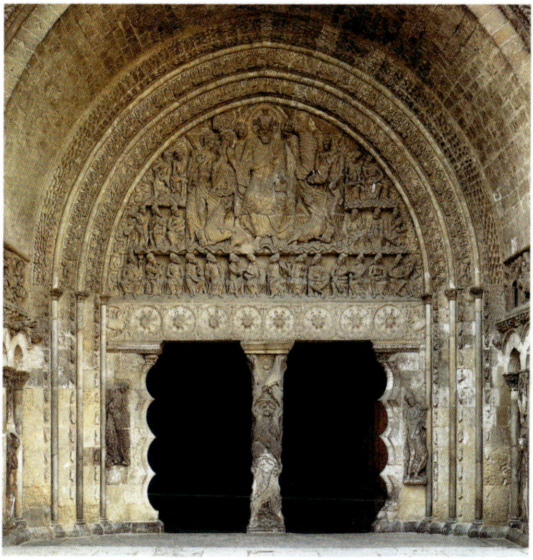

Südportal von Saint-Pierre in Moissac, um 1120. Das Gewände des Portals springt in Stufen zurück, die mit Reliefs verziert sind. Das halbkreisförmige Feld oberhalb des Türsturzes wird als Tympanon bezeichnet. Die darin angebrachten Reliefdarstellungen zeigen oft, wie in Moissac, Christus als Weltenrichter, um den sich die Verdammten und die Seligen scharen.

Gestaltung des Hauptportals im Westturm. Das Gewände des Portals springt in drei Stufen von außen nach innen zurück. In die Stufen sind schmale Säulen eingestellt, auf denen die Bögen des Portals ruhen. Zwischen ihnen verlaufen Relieffriese, wie schon die römische Kunst sie kannte. Das Giebelfeld über dem Türsturz, das Tympanon, war eine prominente Stelle für plastische Darstellungen. Häufig wurde dafür das Thema des Jüngsten Gerichts gewählt, wie es in der Apokalypse des Johannes beschrieben ist. Auch am Südportal von Moissac thront Christus als Weltenrichter im über 6 Meter breiten Tympanon. Ihn umgeben die Symbole der vier Evangelisten: Ein Mensch bzw. Engel steht für Matthäus, der Löwe für Markus, der Stier für Lukas und der Adler für Johannes. In drei horizontalen Streifen sitzen um sie herum die kleiner dargestellten 24 Ältesten der Apokalypse. Am mittleren Türpfeiler, dem Trumeau, sind sechs Löwen dargestellt, ebenfalls in der Apokalypse erwähnt. Das bildliche Programm der Kirchenbauten vermittelte mit der Einteilung der Welt in Gut und Böse eine Grundlage der christlichen Lehre. Die Darstellung des Sündenfalls, der Kindheit Christi oder von Martyrien waren ebenfalls beliebte Motive für die Bauplastik. An zahlreichen Portalen sind Tugend und Laster einander gegenübergestellt, etwa in Form der Klugen und der Törichten Jungfrauen, wie sie im Matthäus-Evangelium geschildert werden.

Der obere Abschluss der Säulen, das Kapitell, wurde ebenfalls für bildliche Darstellungen entdeckt. Die Kapitelle boten Platz für biblische Geschichten, aber auch für groteske oder erotische Fantasien.

Nicht nur die bildhauerische Gestaltung war ein wichtiger Teil der romanischen Kirchen. Bunte Glasfenster für Kirchen entstanden im 12. Jahrhundert, auch Taufbecken oder Pulte für die Handschriften wurden gefertigt. Die großen Wandflächen boten Raum für Ausmalung. Von den Wandmalereien der Romanik haben jedoch nur wenige überdauert, die wiederum auf große regionale Unterschiede hinweisen.

Burgen und Städte

In der Zeit der Romanik entstand keineswegs ausschließlich religiöse Kunst. Burgen wurden gebaut und ausgestattet, ebenso Pfalzen und Stadthäuser. Nur sind profane Bauwerke seltener erhalten als kirchliche Gebäude oder Kunstwerke.

Burgen erfüllten mehrere Funktionen. Sie dienten der Verteidigung und der Sicherung von (Handels-) Wegen in einer Zeit, in der Krieg und Raub an der Tagesordnung waren. In dieser Funktion lagen die Wehrbauten meist auf einer Anhöhe oder an anderen unzugänglichen, schwer einnehmbaren Stellen und waren von Wällen oder Gräben umgeben. Als Wohnsitze dienten sie den Rittern, die das Recht zum Burgenbau vom König erhielten. Je nach den finanziellen Möglichkeiten des Bauherrn variierten Anlage und Ausstattung der Burgen. Abgesehen von den Wehranlagen, Mauern und

Türmen bestanden sie aus einem Wirtschaftstrakt mit Lagerräumen, Werkstätten, Brunnen sowie einem Wohnbereich. Der Wohnturm, auch Donjon genannt, lag im Kern der Burganlage und wurde von mehreren Mauerringen gesichert. Auf der Iberischen Halbinsel stand der Burgenbau im Zusammenhang mit der Reconquista, der Rückeroberung maurisch besetzter Gebiete durch die Christen. Die Burganlagen in den rechristianisierten Regionen dienten vor allem der Verteidigung gegen die ehemaligen Herrscher. Die Festung von Loarre in Aragón, südlich von Saragossa gelegen, wurde im 11. und 12. Jahrhundert auf einer Höhe von 1000 Metern errichtet. Über die mächtigen Wehrmauern ragt der 22 Meter hohe Donjon.

In Deutschland begann mit den Stauferkaisern der Burgenbau in großem Stil, unter Heinrich IV. und Friedrich II., der in der ersten Hälfte des 13. Jahrhunderts sein Herrschaftsgebiet bis nach Sizilien ausdehnte. In Apulien ließ er ab 1233 das Jagdschloss Castel del Monte errichten. Es gelang Friedrich nicht, das zerfallende Deutsche Reich zu einen. Nach seinem Tod erstarkten in Deutschland Fürstentümer und Reichs-

Festung Loarre, 11.–12. Jahrhundert.

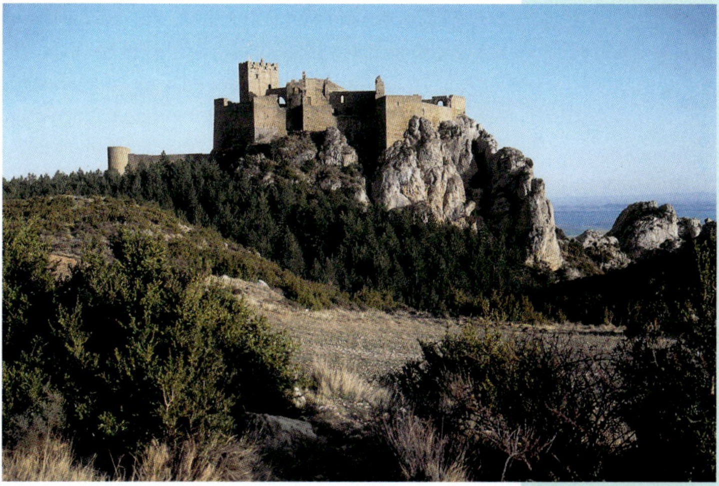

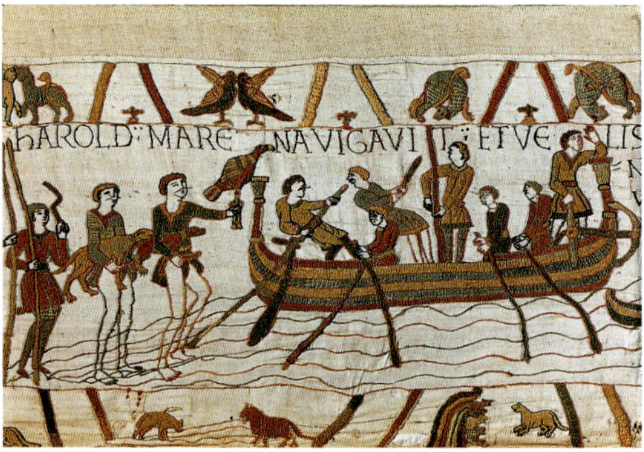

Teppich von Bayeux (Ausschnitt), um 1080, Wollstickerei auf Leinen, 53 x 6900 cm. Dargestellt ist in diesem Ausschnitt aus dem fast 70 Meter langen Bildteppich die Szene mit der Einschiffung des englischen Königs Harald zurück nach England. Zuvor hatte er den Normannen in Bayeux einen Treueeid geleistet.

städte. Die norditalienischen Städte bauten nach dem Ende der Stauferherrschaft ihre Selbstständigkeit aus. England und Frankreich vergrößerten ihren Einfluss in Europa, im westlichen Mittelmeer gewann das Haus Aragón an politischer Bedeutung.

Von der Ausstattung der romanischen Profanbauten mit Möbeln oder Textilien ist nur wenig bekannt. Teppiche waren eine leicht austauschbare und überdies wärmespendende Dekoration. Mit dem *Teppich von Bayeux*, um 1080 gefertigt, ist ein beeindruckendes Ausstattungsstück erhalten. Man kann davon ausgehen, dass er einen Profanbau schmückte, auch wenn der ursprüngliche Aufbewahrungsort nicht bekannt ist. Auf fast 70 Metern Länge ist der Feldzug der Normannen gegen England dargestellt, der mit dem Sieg Wilhelm des Eroberers 1066 endete. Wie in einem Historienbild sind die Szenen detailreich dargestellt und geben Auskunft zum mittelalterlichen Alltag, zum Bauwesen, zur Waffen- und Kriegskunde. In die schmalen Streifen ober- und unterhalb der Erzählung sind figürliche und ornamentale Elemente eingesetzt.

Um Burgen herum entstanden oft Siedlungen, wie auch im Umkreis von Kirchen und Klöstern. In der italienischen Stadtentwicklung wurde häufig das antike Konzept des Forums beibehalten: Öffentliche und kirchliche Bauten gruppierten sich um einen zentralen

Marktplatz, um den Straßen im rechten Winkel angelegt waren. Zwar fand das Leben in Westeuropa, England und Deutschland nach wie vor im Wesentlichen auf dem Land statt, doch es entwickelten sich bereits Handelsstädte, darunter Mailand, Venedig und Köln. Mit dem Wachstum der Städte löste sich die Dreiteilung der Gesellschaft in Adel, Geistliche und Bauern langsam auf. Im 12. und 13. Jahrhundert lockerte sich nach und nach das Lehnswesen, das Grundbesitzer und Abhängige in gegenseitiger Verpflichtung aneinander band. Die gesellschaftliche und kulturelle Bedeutung der Ritter, denen der Schutz der Reichs oblag, ging zunehmend auf das Bürgertum über, den Kriegsdienst übernahmen Söldner.

Eine neue Bauaufgabe etablierte sich in der Romanik mit repräsentativen bürgerlichen Wohnbauten. Dazu gehörten vor allem in den italienischen Städten Türme, die sowohl den erreichten Status als auch Wehrhaftigkeit demonstrierten. Allerdings sind städtische Bauwerke aus der Romanik selten erhalten, insbesondere Wohnbauten. Eine Ausnahme stellt der mittelitalienische Ort San Gimignano mit seinen Geschlechtertürmen dar.

Die Aufträge aus Bürgerhäusern wurden immer seltener von klösterlichen Werkstätten übernommen; es bildeten sich Handwerksbetriebe in den Dörfern und Städten. Der Austausch, auch in kultureller Hinsicht, zwischen den Städten, aber ebenso zwischen Stadt und Land, nahm zu. Pilger und Kaufleute bewegten sich durch die Lande, Künstler wanderten und mit ihnen ihre Entwürfe: »Die Gewohnheit, Ideen und Bilder in Musterbüchern festzuhalten, um sie den Auftraggebern als Anregung wie auch als eine Art Vertragsgrundlage zu präsentieren, führte angesichts größerer Mobilität gerade entlang der großen Handels- und Pilgerwege zur Internationalisierung der romanischen Kunst.« (Manfred Görgens)

Gotik (Mitte 12.–15. Jahrhundert)
Innerhalb der Kunst des Mittelalters werden die Jahre von 1140 bis etwa 1500 als Gotik bezeichnet. Je nachdem, welches Land man betrachtet, variieren die Zeitpunkte und Ausprägungen des Übergangs. Im französischen Kronland, der Île-de-France, nahm die Gotik ihren Anfang und breitete sich von dort nach England und Deutschland, den Niederlanden und Italien aus. In Spanien entstanden vor allem entlang der Pilgerwege nach Santiago de Compostela große Kathedralen.

Mit der Entwicklung des Stadtlebens erweiterten sich die Bauaufgaben in den profanen Bereich, die klösterlichen Werkstätten wurden von städtischen abgelöst. Die gotischen Formen entwickelten sich aus den Formen der Romanik. Als Hauptmerkmale gotischer Architektur lassen sich Spitzbogen, Kreuzrippengewölbe und das Strebewerk als wichtige konstruktive Elemente festhalten. Die Basilika blieb der am häufigsten genutzte Bautyp, ihre Seitenschiffe gingen nun in einen Chorumgang über. Neben der Architektur erlebten auch Bildhauerei und Malerei in der Gotik eine Blütezeit.

Das italienische Adjektiv *gotico* (bzw. das mittellateinische *gothicus*) bezieht sich auf den Volksstamm der Goten. In der Renaissance befanden die italienischen Kunstschriftsteller, darunter der Künstlerbiograf Vasari, alles für »gotisch«, was ihnen roh, barbarisch, germanisch schien – also alles, was ihres Erachtens auf den nordischen Stamm der Goten zurückzuführen war, wenngleich die als gotisch bezeichnete Kunst tatsächlich erst Jahrhunderte nach den Goten entstand. Auch im Norden empfand man die gotische Kunst zunächst als zu sehr verziert, schätzte man doch, zumal in klassizistischer Zeit, antikes Formengut. Im 19. Jahrhundert wurden gotische Formen wieder aufgegriffen, mittelalterliche Bauwerke vollendet oder neue im neogotischen Stil gebaut. Der Begriff Gotik setzte sich als Bezeichnung für den Stil des späten Mittelalters durch.

Gotik in der Renaissance
Giorgio Vasari, italienischer Künstler und vor allem Kunstschriftsteller der Renaissance, ließ an der gotischen Architektur kein gutes Haar. Er prägte die Vorstellung von einem »dunklen« Mittelalter, sein Urteil über die Gotik sollte lange nachwirken: »Zahllose Werke dieser Bauart verseuchen die Welt. Ihre Portale zeigen unverhältnismäßig dünne Säulen, die zudem oft schraubenartig gedreht und nie so kräftig ausgebildet sind, dass sie ein Gewicht, wie gering es auch immer sei, (glaubhaft) zu tragen vermöchten. Dieser verfluchten Gestaltungsweise folgen auch jene verwirrend vielen kleinen Gehäuse, von denen die Gebäude nach allen Seiten und in jeder verzierten Partie über und über bedeckt sind: Eines ist über das andere gestaffelt und jeweils mit einer Zahl von Obelisken, Spitzen und Blättern ausgestattet. Erst recht in solcher Verschachtelung besitzen diese in sich selbst labil wirkenden Gehäuse keinerlei Standfestigkeit; und sie scheinen viel eher aus Papier, denn aus Stein oder Marmor gebildet. Die Goten waren es auch, die die spitzbogigen Wölbungen eingeführt haben und ganz Italien mit ihren verfluchten Machwerken erfüllt haben.«

Gotische Sakralbauten

Ihren Ausgang nahm die Entwicklung gotischer Formen in der Île-de-France nördlich von Paris. Dort lag das Kronland der Kapetinger, die als Nachfolger der Karolinger den König stellten. Ihre Grablege war die Klosterkirche von Saint-Denis. Schon im frühen Mittelalter war über dem Grab des heiligen Dionysius, des Schutzpatrons der späteren französischen Könige, eine Kirche errichtet worden. Als der Pilgerstrom nach Saint-Denis zunahm, wurde die Kirche ab 1135 umgebaut und vergrößert. Bereits in der Romanik war die halbrunde Apsis im Chorbereich mit Umgang und Kapellenkranz erweitert worden, sodass Pilger sich in der Kirche aufhalten konnten, ohne die Messe zu stören. Im Chorumgang von Saint-Denis wurden Rippengewölbe eingezogen, die von Säulen getragen werden. Durch die Buntglasfenster in den Kapellennischen fällt Licht in den Chor.

Neben Saint-Denis wird auch die in den 1130er-Jahren begonnene Kathedrale von Sens südlich der

Umgangschor der Abteikirche Saint-Denis, Île-de-France, 1144 fertiggestellt. Der Pionierbau der Frühgotik wurde im 13. Jahrhundert noch einmal umgebaut, der unter Abt Suger angelegte Chorumgang mit Kapellenkranz blieb dabei jedoch erhalten.

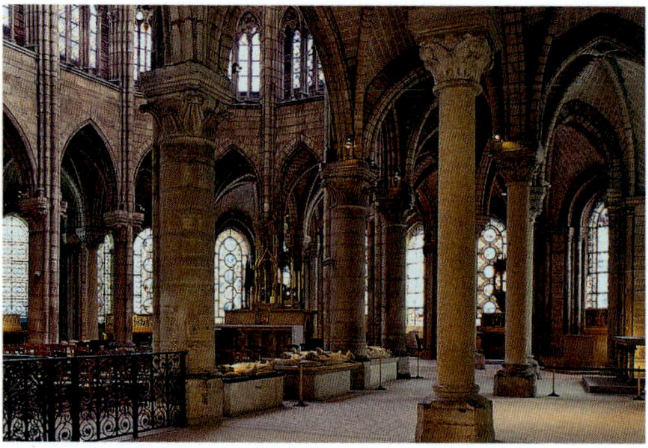

Hauptstadt zu den Gründungsbauten der Gotik gezählt. In beiden Bauten setzte sich der Spitzbogen durch, und damit eine bahnbrechende Weiterentwicklung des romanischen Rundbogens. Der Spitzbogen gab den Baumeistern mehr Gestaltungsfreiheit, da er sich je nach Bedarf flacher oder steiler konstruieren ließ. Auf der Grundlage des Spitzbogens entstand die Kreuzrippe, das tragende Element des Kreuzrippengewölbes. Aufgrund des geringeren Gewichts der Kreuzrippengewölbe ließen sich damit größere Weiten überwölben als mit dem Tonnen- oder Kreuzgratgewölbe. Die Last der Gewölbe tragen die Stützen und Rippen, auf denen es liegt. Allerdings drückt der Gewölbeschub nicht nur nach unten, sondern auch zur Seite. Um diesen Schub aufzufangen, wurde das Strebewerk entwickelt. Über die Seitenschiffe hinweg wurden außen an das Mittelschiff Bögen gespannt. Diese ruhen auf Pfeilern, die an die Seitenschiffe gemauert wurden. Je weiter die konstruktiven Entwicklungen fortschritten, desto leichter erscheinen die Strebebögen optisch, zumal, wenn mehrere übereinander gesetzt sind. Auch die Strebepfeiler wurden zunehmend bildhauerisch verziert, wie etwa an der Kathedrale Notre-Dame in Amiens. Der Wiederaufbau der Kirche in der reichen Handelsstadt nördlich von Paris wurde 1220 nach einem Brand in Angriff genommen und bis zu einer Gewölbehöhe von 42 Metern vorangetrieben. Innerhalb von 60 Jahren Bauzeit entstand in Amiens die größte Kirche Frankreichs – nach der im 19. Jahrhundert zerstörten romanischen Klosterkirche von Cluny. Zusammen mit den Kirchen von Reims und Chartres gehört Amiens zu den großen Kathedralen des 13. Jahrhunderts.

Da die Wände ihre tragende Funktion weitgehend an das Strebewerk abgegeben hatten, konnten ihre Flächen nun aufgelöst werden. Man baute also nur noch Gerüste, in die immer größere Öffnungen eingezogen wurden: Arkaden, Emporen und Fenster. In der Kathedrale von Chartres setzte sich erstmals eine dreizonige Wandgliederung für den Innenraum durch: Auf den Spitzbogenarkaden des Untergeschosses verläuft eine schmale Galerie, das Triforium, das auch durchfenstert sein konnte, und darüber befindet sich der durchfensterte Obergaden. Zuvor hatte zwischen den

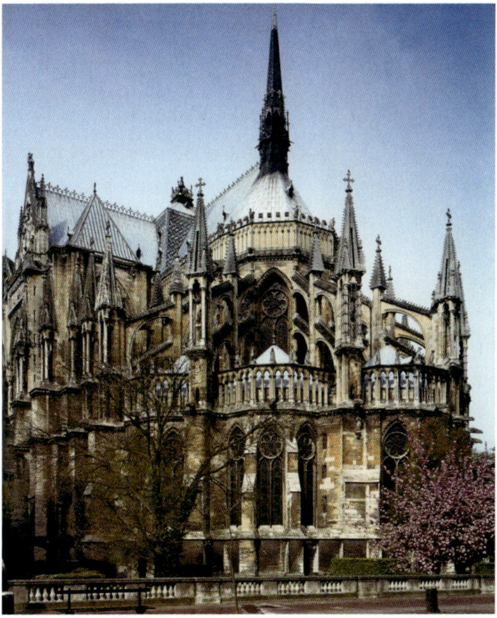

Strebewerk am Chor der Kathedrale von Reims, erste Hälfte des 13. Jahrhunderts.

Arkaden und dem Obergaden noch eine Empore über den Seitenschiffen gelegen.

Wie in Amiens wurden die Kathedralen von Reims und Chartres nach Bränden an der Stelle ihrer Vorgängerbauten errichtet. Anlass für einen Neubau konnte aber auch Reliquienerwerb sein wie im Fall der Pariser Sainte-Chapelle. Den Bau dieser königlichen Palastkapelle gab König Ludwig IX., der Heilige, in Auftrag, nachdem seine Reliquiensammlung 1239 um die Dornenkrone Christi bereichert worden war. Die doppelgeschossige Kapelle auf der Seine-Insel wurde in nur sieben Jahren Bautätigkeit fertiggestellt. Ein Blick in den Innenraum der Oberkirche zeigt ihre lichtdurchflutete Architektur. Von der Decke abgesehen, scheint die Kapelle ausschließlich aus buntem Glas zu bestehen. Die Fensterflächen sind mit dünnen steinernen Stäben unterteilt, die ein Gitter für die bunten Glasscheiben bilden. Es wird als Maßwerk bezeichnet, das – als »gemessenes Werk« – aus Kreisformen oder geometrischen Figuren konstruiert wird. Die Formen des Maßwerks wurden im Laufe des 13. Jahrhunderts zunehmend komplizierter. Die zahlreichen und großen Fenster der gotischen Kathedralen verhalfen der Glasmalerei zu einem enormen Aufschwung. Ganze Geschichten aus der Bibel fanden ab der zweiten Hälfte des 12. Jahrhunderts den Weg auf die Fensterflächen. Dazu setzte der Glasmaler einzelne farbige Glasstücke zusammen und fasste sie mit Stegen aus Blei ein. Gesichter, Hände oder Gewänder der Figuren wurden oft mit Linien aus Schwarzlot gezeichnet.

Sainte-Chapelle, Innenraum der Oberkirche, 1241–48. In der ehemaligen Palastkapelle Ludwigs des Heiligen sind Wand, Bauglieder und -schmuck als Einheit aufgefasst, was ein Kennzeichen für den Style Rayonnant ist. Bestimmend für den Raumeindruck sind die Betonung der Vertikalen und die Lichtfülle.

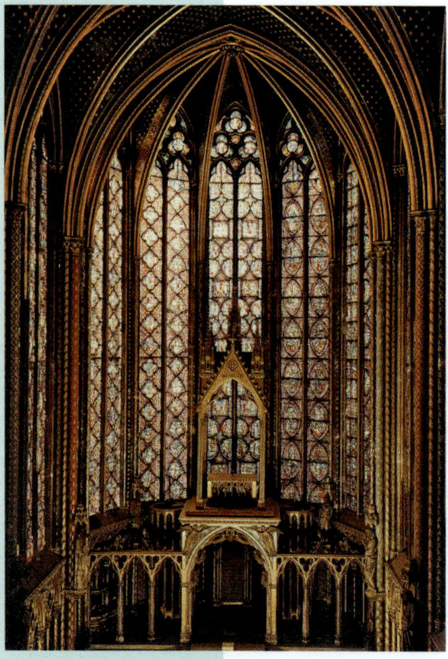

Mit der Symbolik des Lichts und der verschiedenen Bauteile einer Kathedrale setzte sich Abt Suger des Klosters Saint-Denis auseinander. Seiner Schrift *De Administratione* nach sollte eine Kirche ein Abbild des salomonischen Tempels in Jerusalem sein, wie er im Buch der Weisheit in der Bibel beschrieben ist. Das Westportal setzte er mit der Himmelstür zum wahren Licht gleich – ein Hinweis auf die bedeutende Rolle des Lichts in den gotischen Kirchen.

An der Sainte-Chapelle lässt sich ein weiteres Kennzeichen gotischer Architektur erkennen: Sie war bunt! Die Architekturteile im Kircheninneren, vor allem aber auch die Portale der Kirchen, waren verputzt und farbig gefasst oder vergoldet, wodurch einzelne Bauglieder hervortraten. Die Farbgebung im Innenraum der Sainte-Chapelle ist im 19. Jahrhundert rekonstruiert worden und ermöglicht eine Vorstellung von der Raumwirkung des Gesamtkunstwerks aus buntem Glas und Stein.

Den vielfältigen Aufgaben des Bauprozesses entsprechend, waren in den Kathedralbauhütten im Mittelalter unterschiedliche Handwerker tätig, darunter Architekten, Steinmetze und Glasmaler. Den Bau begann man meist mit dem Chor im Osten, gefolgt vom Querschiff. Dieser Teil wurde, durch eine Staubwand von der Baustelle getrennt, bereits genutzt, während an Langhaus und Westbau die Arbeiten fortgesetzt wurden. Mit dem Gewölbe der Schiffe wurde das Strebewerk hochgezogen, um den Gewölbeschub durch die Strebebogen auf die Strebepfeiler abzuleiten. Sofern es nicht an Handwerkern, Baumaterial oder Geld mangelte, konnte die Bauzeit für Kathedralen oft erstaunlich kurz sein.

Das für den Bau nötige Wissen wurde von Baumeister zu Baumeister, von Bauhütte zu Bauhütte weitergegeben. Musterbücher waren in Gebrauch, um architektonische Formen festzuhalten. Das einzige erhaltene mittelalterliche Exemplar eines solchen Architekten-

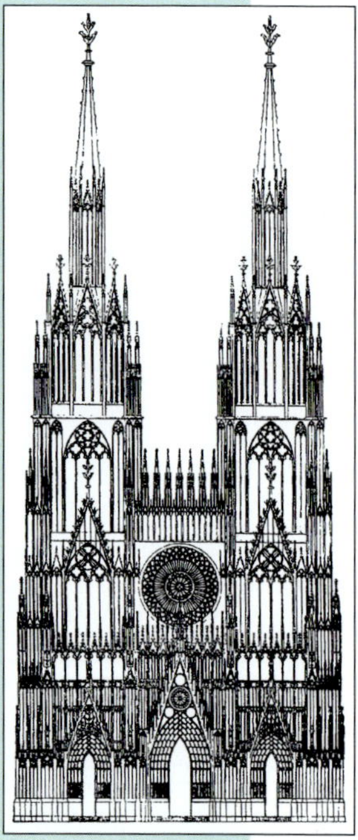

Straßburger Münster, Westfassade, um 1275. Den 2,80 Meter hohen Riss der Westfassade des Straßburger Münsters zeichnete wahrscheinlich der Baumeister Erwin von Steinbach. Nur wenige Baupläne aus mittelalterlichen Zeiten sind erhalten.

Musterbuchs ist das des französischen Baumeisters Villard de Honnecourt. Er sammelte darin Skizzen mit Menschen- und Tierdarstellungen von Fenstern, Skulpturen oder Buchillustrationen sowie Grundrisse und Ansichten von Kirchen.

Auch außerhalb Frankreichs setzten sich die gotischen Formen vielerorts durch. Im 12. und vor allem im 13. Jahrhundert entstanden in England, Spanien und im Rheinland gotische Kathedralen. In Köln etwa folgte man ab 1248 französischen Vorbildern wie Amiens und Beauvais. Die Raumerhöhung schritt voran: Das Mittelschiff erreichte in Köln ein Höhe von mehr als 43 Metern. Nach langer Baupause wurde der Kölner Dom jedoch erst 1880 fertiggestellt, zu dieser Zeit entstand auch der größte Teil der Westfassade. Dass bei solch langen Bauzeiten keine großen Brüche festzustellen sind, ist oft den zeichnerischen Überlieferungen zu verdanken.

Von der Westfassade des Straßburger Münsters ist ein gezeichneter Riss erhalten. Die Baugeschichte der Kirche vollzog sich in mehreren Abschnitten, von denen die Errichtung des Westbaus mitsamt Fassade einen der letzten darstellt. Ab 1275 wurde mit der Doppelturmfassade begonnen, der als Riss B bekannte Plan dabei jedoch nur zum Teil umgesetzt. Ein Vorhang aus Maßwerk spannt sich über die gesamte Westfassade, deutlich erkennbar sind die Einflüsse der französischen Kathedralgotik in Deutschland westlich des Rheins.

Ab der Mitte des 14. Jahrhunderts zeigen die gotischen Gewölbeformen und die Ornamentik einen noch größeren Formenreichtum, für das Maßwerk wurden immer kompliziertere Formen ersonnen, das dekorative Element auf die Spitze getrieben. Je nach Land haben sich für die späte Gotik unterschiedliche

Goethe und die Gotik
Angesichts des filigranen Maß- und Strebewerks des Straßburger Münsters revidierte der 23-jährige Johann Wolfgang von Goethe seinen negativen Eindruck von der gotischen Baukunst. 1771 setzt er der verbreiteten Ablehnung der Gotik seine Schrift *Von deutscher Baukunst* entgegen: »Die Harmonie der Massen, die Reinheit der Formen«, die »ohne Gestaltverhältnisse zusammenstimmen, denn eine Empfindung schuf sie zum charakteristischen Ganzen. Diese charakteristische Kunst ist nun die einzig wahre. Wenn sie aus inniger, einiger, eigner, selbstständiger Empfindung um sich wirkt, unbekümmert, ja unwissend alles Fremden, da mag sie aus rauher Wildheit oder aus gebildeter Empfindsamkeit geboren werden, sie ist ganz und gar lebendig.«

Bezeichnungen etabliert. Als Flamboyantstil wird die Bauweise dieser Zeit im französischen Sprachraum bezeichnet, in England spricht man vom Perpendicular Style.

Die Bauplastik
Die gotische Skulptur war zunächst der Kathedralarchitektur untergeordnet, das heißt, wie schon in der Romanik lieferte sie den Schmuck der Kirchen. Entsprechend unterschiedlich fällt sie aus, von einer klaren Entwicklung kann auch in Bezug auf die Bauplastik keine Rede sein. Abgesehen vom Maßwerk der Fenster und Fassaden entstanden Reliefs und kleinere Figuren. Kapitelle, der obere Abschluss von Säulen oder Pfeilern, wurden aufwendig verziert, Krabben und Kreuzblumen auf Giebel und Strebewerk aufgesetzt. In die Kathedralen mit ihren gigantischen Dimensionen führten nicht weniger beeindruckende Portale. Deren bildhauerische Gestaltung war eine wichtige Aufgabe, die für gewöhnlich nach einem ausgefeilten Programm entstand.

In die Kathedrale von Chartres führen insgesamt neun Eingänge, drei im Westen, wo sich das Hauptportal befindet, sowie je drei an den Querhäusern im Norden und Süden. Die Gestaltung des Königsportals in der Westfassade erfolgte Mitte des 12. Jahrhunderts. Das mittlere Portal ist höher und breiter als die seitlichen. Im Tympanon thront Christus als Weltenrichter, um ihn herum sind die Evangelistensymbole angebracht. Das Bildfeld umgeben in den gestuften Bögen kleine Figuren von Engeln und den Ältesten, im Türsturz sind die Apostel dargestellt. Seitlich flankieren weitere Skulpturen den Eingang, sie sind vor die Säulen des Gewändes gestellt. Diese extrem schlanken männlichen und weiblichen Figuren tragen zeitgenössische höfische Kleidung und zeigen lebensnahe Gesichter, doch bei allen bleibt die Gestik jedoch ähnlich starr.

Neben dem Weltgericht waren auch Szenen aus dem Leben Marias beliebte Themen für die bildhauerische Gestaltung der Portale. Von der wachsenden Marien-

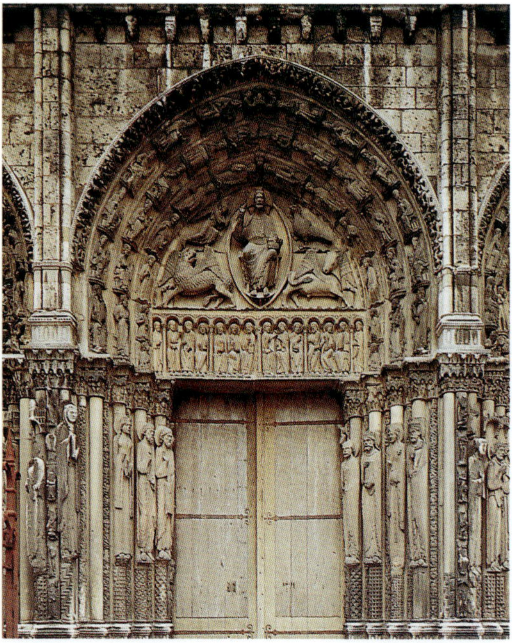

Kathedrale in Chartres, Königsportal der Westfassade, 1145–55.

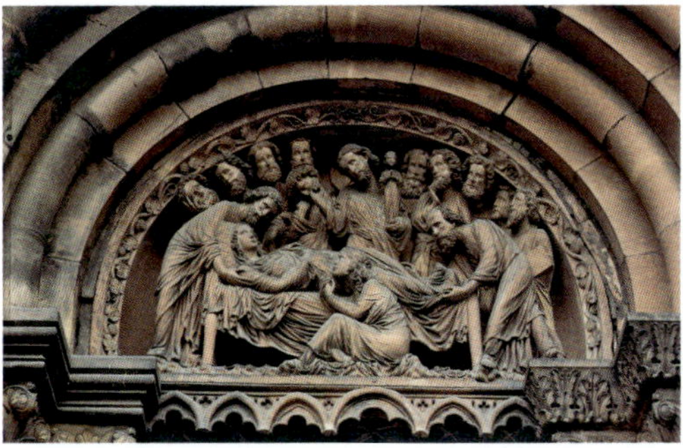

Straßburger Münster, Südportal, Marientod, um 1225–30.

verehrung im Mittelalter zeugt das Bildprogramm am Südportal des Straßburger Münsters. Ausgewählt wurden dort Tod und Grablegung Marias, ihre Aufnahme in den Himmel und die Krönung zur Himmelskönigin. Das Bildfeld mit der Darstellung des Marientodes (um 1225–1230 gestaltet) erstreckt sich auf einer Breite von fast 2 Metern. Maria ist verstorben, der Apostel in der Mittel hält ihre Seele in Form einer kleinen Figur in seiner Linken. Deutlich sind bei den Apostelfiguren die Körper unter den Gewändern zu erkennen, ganz anders als bei den rund 80 Jahre zuvor entstandenen, säulenhaften Gewändefiguren am Königsportal der Kathedrale von Chartres. Gestik und Mimik der Trauernden scheinen ebenfalls naturalistisch wiedergegeben und von genauer Beobachtung des Bildhauers zu sprechen.

Die profane Architektur

Im Verlauf des späten Mittelalters veränderte sich die Gesellschaft erheblich. Ab dem 12. Jahrhundert spielte sich das Leben zunehmend in den wachsenden Städten ab. Das Grundherrschaftssystem löste sich allmählich auf. Die Stadtbewohner trieben Handel und erwarben im Gegensatz zur Landbevölkerung auch Besitz. Die kulturellen Zentren verlagerten sich von den Klöstern oder Burgen zunehmend in die jungen Städte. Dort schlossen sich Handwerker und Kaufleute zu

Werkstätten und Zünften zusammen, die den Markt regelten und bestrebt waren, Konkurrenz von außen zu vermeiden. Paris und Oxford, Bologna und Salerno waren die ersten Universitätsstädte. Mit der Entwicklung der Städte gingen komplexe politische, wirtschaftliche und kulturelle Veränderungen einher. Der Handel blühte auf, in Italien entstand das System der Geldwirtschaft. Der Austausch zwischen den Städten sowie zwischen Stadt und Land verbesserte sich, die Mobilität nahm zu. Und es entwickelte sich eine neue Schicht von Auftraggebern: Nicht mehr nur Angehörige der Kirche oder der Aristokratie bestellten Werke, sondern zunehmend auch Bürger. Kapellen wurden für die private Andacht gestiftet, Gebetbücher oder Bilder bestellt, in die man sich als Stifter einbringen ließ. Ferner wurde eine über das Sakrale ins Diesseitige hinausgehende Thematik für die Kunst interessant und spiegelt individuelle Bedürfnisse wider.

Die wachsenden Städte boten den Baumeistern neue Aufgaben, der bürgerliche Profanbau erlebte eine erste Blütezeit. Rathäuser und Schulen, Zunfthäuser und Hospitäler wurden benötigt, Bürgerhäuser aus Stein und Fachwerk errichtet, Städte mit Mauern befestigt. Neben Kirchen waren Befestigungsanlagen eine der wichtigsten städtischen Bauaufgaben, die nicht nur die Wehrhaftigkeit einer Stadt demonstrierten, sondern ebenso Wohlstand und kulturelles Leistungsvermögen. Die Rathäuser der flandrischen Städte Brügge, Gent und Brüssel zeugen von dem regen Austausch Flanderns mit der Île-de-France. Der Tower in London ist Ausdruck der Verteidigungsbereitschaft der englischen Stadt. Auch im Mutterland der Gotik verlegte man sich mit dem Beginn des Hundertjährigen Kriegs gegen England auf die Errichtung von Burgen und Festungen.

Insbesondere Kalk- oder Sandstein fanden wegen ihrer vergleichsweise leichten Formbarkeit an vielen gotischen Bauwerken Verwendung. Nicht überall war jedoch ausreichend Stein als Baumaterial vorhanden, weshalb man in einigen Regionen auf Ziegel zurückgriff. In Norditalien entstanden im 13. und 14. Jahrhundert Wohnhäuser und Kirchen aus Lehmziegeln, denen oft Fassaden aus Stein vorgesetzt wurden. Auch im Ostseeraum war massiver Stein Mangelware. Die repräsentativen Bürgerhäuser in den prosperierenden Hansestädten wurden daher aus Backstein errichtet. Das Lübecker Holstentor mit seinem zwischen zwei Türmen gespannten Treppengiebeln entstand im 15. Jahrhundert als Teil der Stadtbefestigung.

In Italien ging die Baukunst der Romanik tendenziell eher in die Renaissance als in die Gotik über. Einige Profanbauten in Florenz und Venedig sind dennoch im gotischen Stil errichtet. Canalettos Gemälde *Venedig – Regatta auf dem Canal Grande* von 1733/34 bietet den Blick auf das Panorama der Lagunenstadt. Rechts von der Piazza San Marco mit dem hohen Glockenturm erstreckt sich der Dogenpalast. Der zum Kanal gelegene, in Backstein ausgeführte Teil des Bauwerks ist zugleich der älteste, begonnen in der Mitte des 14. Jahrhunderts. Das Untergeschoss besteht aus Spitzbogenarkaden, darüber liegt eine Loggia, deren Maßwerk

Canaletto (1697–1768), *Venedig – Regatta auf dem Canal Grande,* 1733/34, Öl auf Leinwand, 77,2 x 125,7 cm. Die Stadtansichten des venezianischen Malers Antonio Canal, genannt Canaletto, standen bei seinen Zeitgenossen hoch im Kurs. Vor allem englische Italienreisende nahmen sie gerne als Souvenirs mit in die Heimat.

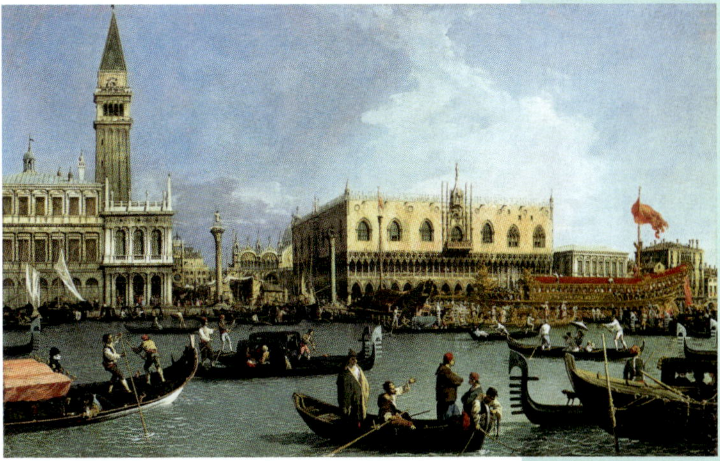

ebenfalls auf Arkaden ruht. Spitzbogen und Maßwerk nahmen vom Dogenpalast aus bald ihren Weg zu den Adelspalästen der Stadt. Im gotischen Stil wurde in Venedig auch im 15. Jahrhundert noch gebaut, als in Florenz bereits die Frührenaissance Einzug gehalten hatte.

Die Bildhauerei

In der Gotik entstanden auch Skulpturen, die nicht fest in die Architektur eingebunden waren. Südlich der Alpen waren vor allem die aufstrebenden italienischen Stadtstaaten wichtige Auftraggeber für Monumentalplastik in Kirchen wie städtischen Gebäuden. In Italien wirkten im 13. Jahrhundert die Bildhauer Nicola und Giovanni Pisano. Vater und Sohn arbeiteten an diversen Projekten mit: am Bau des Baptisteriums der reichen Stadt Pisa und an den Kanzeln für den dortigen Dom. Im umbrischen Perugia gestalteten sie gemeinsam einen Brunnen. In Siena schuf Giovanni, dort Dombaumeister, einen Figurenzyklus für die Domfassade. Die Kanzel im Dom der toskanischen Stadt Pisa schuf Giovanni Pisano Anfang des 14. Jahrhunderts. Sie ruht auf einem achteckigen Unterbau mit reich verzierten Bögen und ist mit marmornen Relieffeldern verkleidet. Auf ihnen sind Szenen des Neuen Testaments zu sehen, darunter der Bethlehemitische Kindermord. Die Dramatik des Geschehens lässt sich an den Gesten der Verzweiflung und Trauer der dargestellten Mütter ablesen. Auch die fast freiplastisch gestalteten Eckfiguren, die zwi-

Giovanni Pisano (um 1245/50-1319), Kanzel im Dom von Pisa, 1302-10.

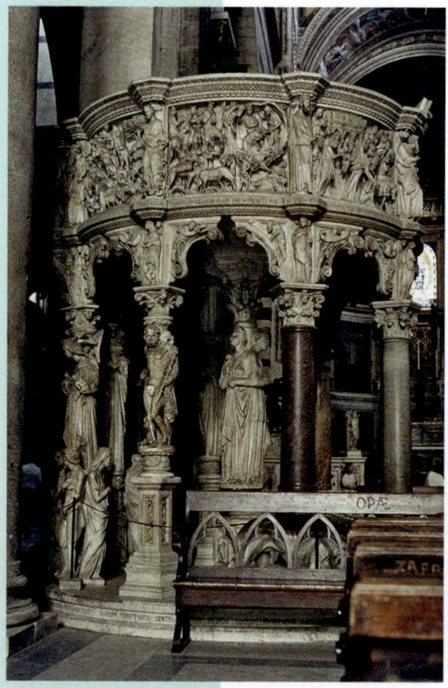

schen die einzelnen Reliefs eingefügt sind, lassen eine genaue Naturbeobachtung vermuten.

Wie die Pisani innerhalb Italiens, wanderten auch andere Künstler von Land zu Land. Durch sie, aber ebenfalls durch die engen Handelsbeziehungen zwischen den Ländern Europas, gab es einen regen Austausch an Waren wie an Ideen. Im späten 14. Jahrhundert bildeten Flandern, Burgund und Böhmen europäische Kulturzentren. Über ganz Europa verteilt fanden sich bei vielen Künstlern etwa ab dem letzten Viertel des Jahrhunderts ähnliche Ansätze. Der sich in dieser Zeit ausbreitende Stil wird deshalb als Internationaler Stil bezeichnet. Fern von stilistischer Einheitlichkeit weist das europäische Kunstschaffen einige Gemeinsamkeiten auf. Auftraggeber waren vor allem die Fürstenhäuser, die durch ihre Verbindungen untereinander wiederum zur Verbreitung des Stils beitrugen. Wegen der weichen, geschwungenen Linien der Figuren hat sich auch der Begriff Weicher Stil für die Kunst um 1400 etabliert. Gut abzulesen ist dieses Charakteristikum an den »Schönen Madonnen«. Dazu gehört die um 1400 vermutlich in Prag entstandene *Krumauer Madonna*. Ihr Körper verschwindet unter dem faltenreichen plastischen Gewand, das einen S-Schwung beschreibt. Die Figur aus Kalkstein war ursprünglich farbig gefasst, Reste der Bemalung sind noch erhalten. Die »Schönen Madonnen« zeugen zugleich von der im Mittelalter zunehmen-

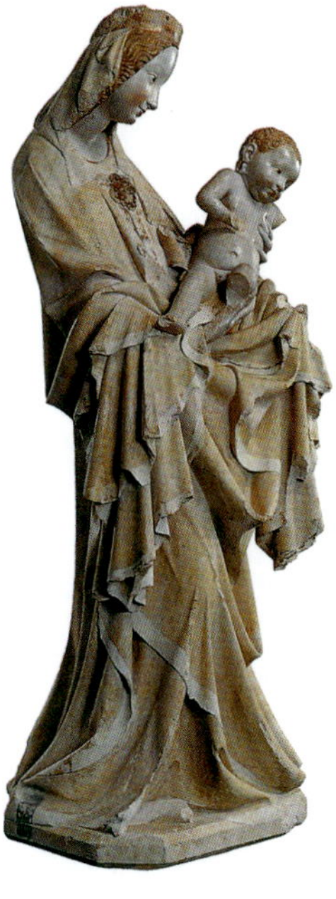

Krumauer Madonna, um 1400, bemalter Kalkstein, Höhe 112 cm.

den Marienverehrung, die im späten 14. und im frühen 15. Jahrhundert einen Höhepunkt erreichte. Zahlreiche Marienstandbilder entstanden sowohl für Kirchen als auch für die private Andacht.

Veit Stoß (um 1445/50-1533), Tod und Himmelfahrt Mariens, Mittelschrein des Marienaltars in der Marienkirche in Krakau, 1477-89. Die gotischen Formen fanden auch innerhalb der Kirchen Verwendung. Die architektonischen Aufbauten riesiger Altäre zeigen oft Bögen, unter denen Maßwerk hervorschaut und die mit kleinen rundlichen Vorsprüngen, den Krabben, besetzt sind.

Ein wichtiger Platz für Schmuck im Kircheninneren war der Altar. Schnitzaltäre bildeten sich als Altarschmuck nördlich der Alpen heraus, vor allem in Süddeutschland waren sie im 14. und 15. Jahrhundert weit verbreitet. Sie konnten als Flügelaltäre gestaltet sein, die sich öffnen und schließen ließen und dann werk- und feiertags unterschiedlich reich gestaltete Ansichten zeigen. Die geschnitzten Altäre mit ihrer architektonischen Gliederung und den Schnitzfiguren wie auch die Kleinplastik für Hausschreine und Reliquiare waren oft vergoldet oder bemalt. Die spätgotischen Altäre

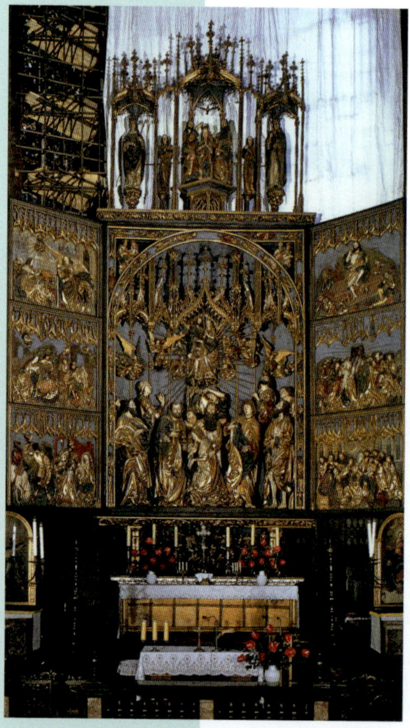

konnten durchaus monumentale Ausmaße annehmen, einer der größten ist der Marienaltar, den Veit Stoß für die Marienkirche in Krakau schuf. Der vor allem in Nürnberg tätige Künstler stand in Krakau im Dienste König Casimirs IV. In dessen Auftrag entstand von 1477 bis 1489 das monumentale Werk: Die Höhe des gesamten Altars beträgt etwa 14 Meter, sind die Flügel geöffnet, erstreckt sich das Schnitzwerk auf einer Breite von 11 Metern. Die Apostelfiguren im Mittelschrein, dem Kern des Altarbaus, sind überlebensgroß dargestellt. Ihre bewegt wirkenden Gewänder, Gesten und Gesichtszüge verleihen den Szenen zu Tod und Himmelfahrt Mariens Dramatik. Der turmartige Altaraufsatz ist mit Fialen,

Ranken und Krabben verziert – vergleichbar dem Architekturgerüst der gotischen Kirchen.

Malerei: Bilder und Bücher

Die gotischen Kathedralen mit ihren weitgehend aufgelösten Wandflächen boten wenig Platz für Malerei. In Italien jedoch, wo sich die nordische Bauweise nur vereinzelt durchsetzte, entstanden sowohl große Altarbilder für Kirchen als auch Werke für die private Andacht. Im Veneto schätzte man Mosaiken noch im 13. Jahrhundert, aufgrund der engen Handelsbeziehungen zu Byzanz orientierte sich Venedig auch kulturell gen Osten. In der mittelitalienischen Stadt Siena, die im 14. Jahrhundert eine Blütezeit erlebte, waren zahlreiche Künstler tätig, unter ihnen Simone Martini, der für einen Altar des Doms seine großformatige Verkündigung an Maria schuf. Für die architektonische Rahmung dieser Szene aus dem Lukas-Evangelium griff Martini auf zeitgenössische Spitzbögen zurück, die auf schlanken Säulen ruhen. Den Raum unter den plastischen Bögen füllen die vor Goldgrund gesetzten Figuren. Im hier abgebildeten Mittelteil kniet der Erzengel

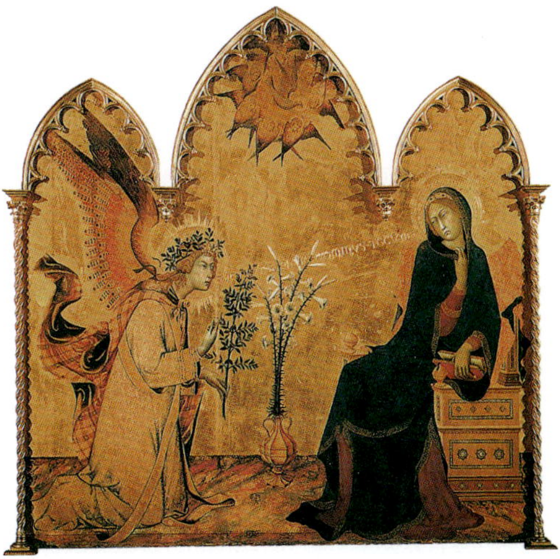

Simone Martini (um 1284–1344), *Verkündigung an Maria,* um 1333, Tempera auf Holz, 265 x 305 cm.

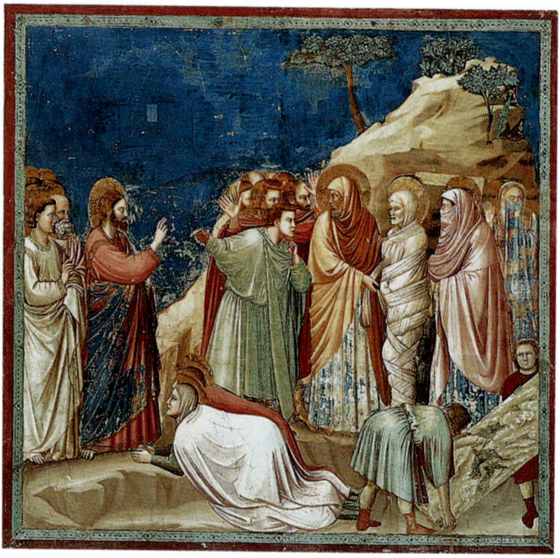

Giotto (1267/75–1337), *Auferweckung des Lazarus,* 1303–05, Fresko. Nach der antiken Arena in der Nähe ist die Paduaner Kapelle auch als Arenakapelle bekannt. Giottos Fresken zieren Wände und Decke, dargestellt sind Szenen aus dem Leben Marias und Christi.

Gabriel vor Maria, die erschrocken zurückweicht. Einige Details, wie die Vase mit Lilien, als Symbol der Reinheit Mariens, oder das aufgeschlagene Buch, treten aus der Goldfläche des Hintergrundes hervor.

Erst mit Giotto di Bondone gingen von der italienischen Malerei völlig neue Impulse aus. Giotto stattete verschiedene Kirchen mit Bilderzyklen aus, darunter Alt St. Peter in Rom, die Franziskanerkirche San Francesco in Assisi und Familienkapellen in der Florentiner Kirche Santa Croce. In Padua schuf Giotto zu Beginn des 14. Jahrhunderts das Freskenprogramm in der Kapelle des reichen Bürgers Emilio Scrovegni. In den Bildfeldern, die die gesamte Kapelle einschließlich der Decke überziehen, sind Szenen aus dem Leben Marias und Christi sowie Heilige und Propheten dargestellt. Das Sockelgeschoss bildet eine gemalte Architektur, die Marmorplatten imitiert, dazwischen stehen ebenfalls gemalte Personifikationen der Tugenden und Laster. Das abgebildete Feld zeigt *Die Auferweckung des Lazarus*. Ausgeführt ist die Malerei der gesamten Kapelle in Freskotechnik, der Farbauftrag erfolgte direkt auf den noch feuchten Wandputz. Nicht vor Goldgrund, sondern in einer Landschaftsdarstellung vollzieht sich das Geschehen. Die Umgebung ist auf einen Felsen und Bäumchen reduziert, die Andeutung von Tiefe gering, aber es entsteht ein bühnenartiger Bildraum. Gestik und Mimik der Hauptfiguren illustrieren ihr Erstaunen über den von Christus wieder zum Leben erweckten Lazarus. Für seine Darstellung von Gemütslagen und die Schaffung von Räumlichkeit durch Architektur wie durch Landschaft war Giotto bereits zu Lebzeiten berühmt. Seine zahlreichen Aufträge führte er mithilfe einer großen Werkstatt aus. In Florenz wurde er 1334 Dombaumeister, auf ihn geht vor allem der Entwurf des Glockenturms der Kirche zurück. Sogar in der *Göttlichen Komödie* des Dichters Dante Alighieri findet Giotto Erwähnung.

Immer stärker sollte in den nächsten Jahrhunderten der Künstler und nicht mehr nur die von ihm geschaffenen Bilder, Skulpturen oder Kirchen in den Vordergrund rücken. Im Zuge der erwachenden Individualität nahm Mitte des 14. Jahrhunderts auch die Porträtmalerei ihren Anfang. Das Zeichnen nach der Natur blieb jedoch die Ausnahme.

Für die private Andacht, für das eigene Zuhause, wurden neben Bildern und Skulpturen im späten Mittelalter auch Bücher, oft mit Illuminationen versehen, hergestellt. Adlige und in zunehmendem Maße Bürger bestellten biblische Texte, Romane, Chroniken oder naturkundliche Schriften. Zahlreiche illuminierte Handschriften entstanden für den burgundischen Hof. Im späten 14. Jahrhundert

Brüder Limburg, Paul, Herman und Jan (um 1375/85–1416), Kalenderblatt Juni, *Les très riches heures,* um 1416, Malerei auf Pergament, 29 x 20 cm.

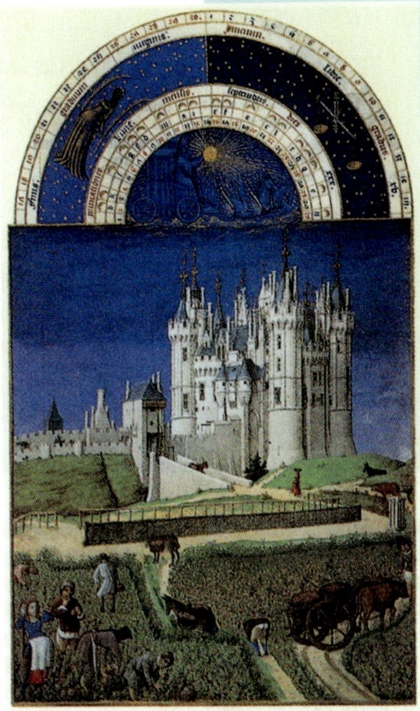

erlebte Burgund einen großen Aufschwung. Bis in die zweite Hälfte des 15. Jahrhunderts hinein dehnten die burgundischen Herzöge ihre Besitztümer über Flandern bis in die Niederlande aus und förderten in ihrem Herrschaftsgebiet Kunst und Wissenschaft.

Wer es sich leisten konnte, verwendete für die private Andacht Psalterien, die oft prachtvoll ausgestattet waren. Der Inhalt solcher Psalmensammlungen erweiterte sich im Laufe des Hochmittelalters, Kalender und Evangelien, Gebete zu Maria kamen hinzu. Solche Textsammlungen heißen Stundenbücher, da die Gebete darin den acht kanonischen Stunden von der nächtlichen Matutin bis zur abendlichen Komplet zugeteilt waren. Sie entstanden nicht, wie die Handschriften früherer Jahrhunderte, für den liturgischen Gebrauch in der Kirche, sondern waren ausschließlich für die private Nutzung vorgesehen. Entsprechend variieren ihr Inhalt und ihre Ausstattung erheblich, je nach Auftraggeber spiegeln sie nicht nur die Frömmigkeit, sondern auch Reichtum und Eitelkeit ihrer Besitzer wider: Initialen, Wappen, Miniaturen und Stifterbilder sind eingebracht, in denen sich die Besteller des Buches verewigen ließen.

Neben Frankreich war Flandern ein Zentrum der Stundenbuchproduktion. Dort fertigten die Brüder Limburg mehrere Stundenbücher für den burgundischen Herzog an. Eines davon, *Les très riches heures*, entstand im Auftrag des Herzogs von Berry in Bourges. Im Kalendarium des Buchs ist das Leben des Hofs wie auch das der Landbevölkerung im Mittelalter festgehalten, Feste, Jagden und ländliche Arbeiten werden geschildert. Das Kalenderblatt des Monats Juni entstand um 1416. Im Vordergrund ist die Ernte auf einem Feld abgebildet, solche Arbeiten und damit nicht religiöse Darstellungen waren beliebte Motive für die Kalenderseiten. Im Hintergrund, getrennt durch die Stadtmauer, ist der Pariser Palais de la Cité mitsamt der Sainte-Chapelle zu sehen. Die Wiedergabe von

Architektur und Landschaft zeugt vom Stellenwert der Naturbeobachtung ebenso wie die Vordergrundfiguren.

Islamische Kunst

Ab der Mitte des 7. Jahrhunderts breitete sich der Islam von der arabischen Halbinsel zu einer Weltkultur aus, die sich bis nach Indien und auf weite Gebiete des Byzantinischen Reichs erstreckte. Nordafrika und Sizilien waren erste Stationen, 711 folgte die Eroberung Südspaniens. Antikes Wissen um Medizin, Astronomie und Ingenieurskunst gelangte mit den Mauren nach Mitteleuropa, ebenso wie die arabische Hofkunst und die islamische Architektur. Sakrale wie profane Bauten

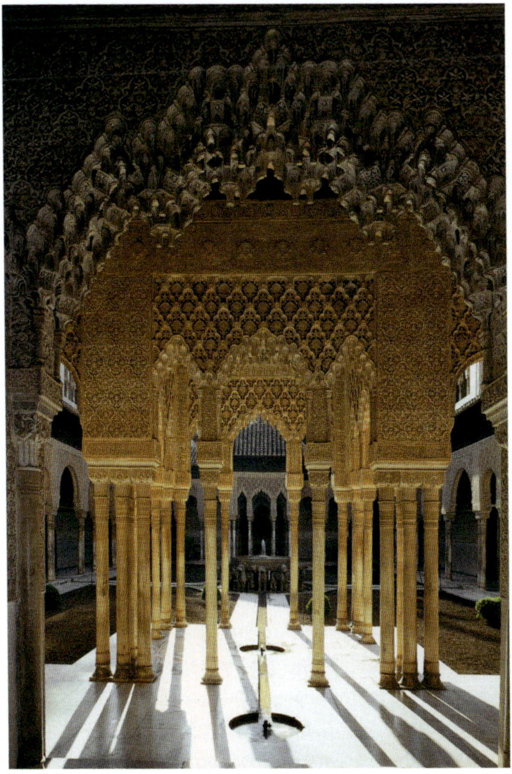

Löwenhof der Alhambra bei Granada, 1238–1358. Ab Ende des 11. Jahrhunderts war das Stalaktitengewölbe überall in der islamischen Welt zu finden – ein Kennzeichen der klassischen und spätklassischen islamischen Architektur. Kalligrafische, geometrische und florale Ornamente sind in die Wanddekoration eingebunden.

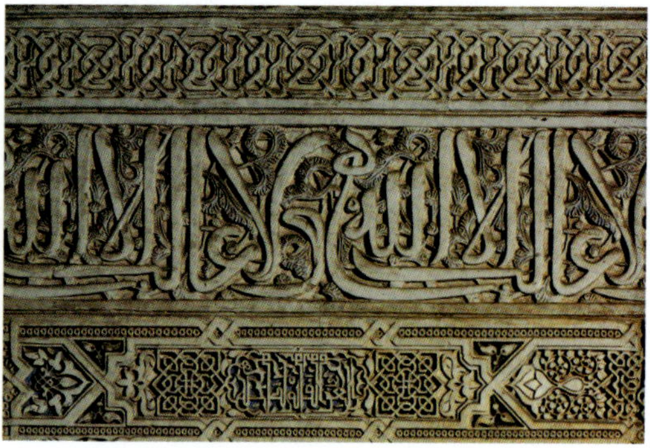

Ornamentfassade im Myrtenhof der Alhambra, Mitte 13. Jh.

entstanden: Moscheen, Paläste, Karawansereien, Badehäuser, Brücken, Brunnen … Verwendet wurden verschiedenste Formen und Materialien wie Stein, Ziegel und Holz.

Der Islam kennt kein Kultbild, sondern ein komplexes ornamentales Dekor, farbenprächtig und oft mit kostbaren Materialien gestaltet. Wesentlicher Bestandteil der islamischen Kunst ist die arabische Schrift, auch ornamental verfremdet, als Dekorationsmotiv in der Architektur und Kleinkunst wie Bücher, Keramiken, Metallwaren und Textilien. Islamische Kunst ist die Kunst zahlreicher Völker, darunter Araber, Berber, Iraner und Turkvölker. Entsprechend groß ist daher die regionale Vielfalt.

Auf der Iberischen Halbinsel durchmischte sich die islamische Kunst stark mit der christlichen Kultur. 756 gründet der Omajade Abd Ar-Rahman das Emirat (später Kalifat) von Córdoba. Damit begann die lange Herrschaft des Islam auf der Iberischen Halbinsel und eine kulturelle Blüte der frühislamischen Kunst. Einer der ersten Bauten der neuen Herrscher in Südspanien war die Große Moschee in Córdoba, errichtet innerhalb von nur einem Jahr. Während die Dynastie der Almohaden Mitte des 12. Jahrhunderts Sevilla als Zentrum ihres Reichs wählte, wurde unter den Nasriden das Königtum Granada gegründet. Zwischen 1238 und 1358 war die rote Festung, die Alhambra, in der Nähe der südspanischen Stadt, Hauptstadt des Königreichs. Die riesige Palaststadt ist noch heute von meterdicken Mauern umgeben, im Innern entfalten sich um Innenhöfe die Burg und die Fürstenresidenz mit Repräsentations- und Wohnräumen. Im Norden der Anlage dehnen sich bewässerte Gärten und Höfe aus. Außergewöhnlich ist der Reichtum der Ausstattung, die Säulengänge sind mit Spitzbögen und Stukkaturen geschmückt. Der Löwenhof im ehemaligen Palast ist der berühmteste Teil der Anlage, die vier Hauptgemächer sind durch Säulengalerien vom Innenhof getrennt, in dessen Mitte ein von zwölf Steinlöwen getragener Brunnen steht. Marmor, Stuck, Ziegelmosaik, geschnitztes und zum Teil vergoldetes Holz bilden den reichen Schmuck des Löwenhofs. Schlanke Marmorsäulen tragen die vorhangartigen Stalaktitengewölbe des Umgangs. Die filigranen Stuckdekorationen waren ursprünglich gefasst, teils auch vergoldet. Das Wasser, das in vier Strömen den Brunnen in Bodenhöhe verbindet, ist wichtiger Bestandteil des Gesamtkonzepts, in ihm spiegelt sich die Architektur. Der viergeteilte, bewässerte Garten ist im Islam ein Abbild des himmlischen Paradiesgartens, im Übrigen aber auch ein bereits in der Antike bekanntes Element, wovon sich in der islamischen Architektur einige finden.

Die Bemühungen um die Rückeroberung Südspaniens seitens der Christen verstärkten sich im späten Mittelalter. Trotz eifrig vorangetriebener Reconquista fiel die letzte Bastion der Araber auf der Iberischen Halbinsel, Granada, erst 1492. Viele kulturelle Traditionen blieben danach, etwa im Mudéjar-Stil, erhalten, als arabische Künstler nach der christlichen Rückeroberung im Auftrag christlicher Bauherren tätig waren und in ihren Werken islamische mit spätgotischen Stilelementen verbanden.

Die Neuzeit

Als Bezeichnung für die auf das Mittelalter folgende Epoche hat sich der Begriff Neuzeit etabliert. Auch ihre Anfänge lassen sich nicht an einem Ereignis allein festmachen. An ihrem Beginn liegen zahlreiche einschneidende Neuerungen: Um 1450 wurde der Buchdruck mit einzelnen, beweglichen Lettern erfunden, zuvor waren komplett geschnittene Holzblöcke für die jeweiligen Seiten verwendet worden. In der Folge konnten Bücher in immer höheren Auflagen erscheinen. Dank günstigerer Herstellung und sinkender Preise wurden Druckerzeugnisse für ein breites Publikum erschwinglich und somit zugänglich, ein Umstand, der für die Verbreitung neuer Ideen ungeahnte Folgen haben sollte.

Die Techniken des Holzschnitts und des Kupferstichs ermöglichten die Reproduktion von Kunstwerken, was dem künstlerischen Austausch neue Möglichkeiten eröffnete.

Gleichzeitig brach das Zeitalter der Entdeckungen an, 1492 landete Christoph Kolumbus in Amerika. Das christlich-mittelalterliche Weltbild wurde durch die Erkenntnis erschüttert, dass die Erde keine Scheibe ist. Nikolaus Kopernikus hielt ferner 1512 in seinem Werk *Commentariolus* fest, dass die Erde sich um die Sonne dreht und nicht umgekehrt. Weitere Wissenschaftsbereiche wurden vorangetrieben, die auf Fakten und Messungen beruhten, nicht mehr auf der Meinung von herrschenden Autoritäten wie der Kirche.

Renaissance und Manierismus (15. und 16. Jahrhundert)

Den Begriff *rinascimento*, Wiedergeburt, verwendete der italienische Kunst-Geschichtsschreiber Giorgio Vasari 1550. Er beschrieb damit das Aufleben der Malerei nach der aus seiner Sicht barbarischen, dunklen Gotik. Im 19. Jahrhundert fassten Historiker auch die Entwicklungen auf weiteren Gebieten über die Malerei hinaus unter dem Stichwort Renaissance zusammen, darunter Bildhauerei, Architektur, Philosophie und Literatur.

Die Werke des Altertums, ob architektonische oder schriftliche Zeugnisse, wurden von den Menschen der Renaissance wiederentdeckt, erforscht und das Wissen über sie verbreitet. Vor allem die römischen Ruinen standen den Italienern dabei vor Augen, die Zeugnisse der griechischen Antike gerieten, da osmanisches Gebiet, zunächst in Vergessenheit. Mit dem neu erwachten Interesse an der klassischen Antike endete das Mittelalter, in dem die römische Kultur, etwa mit der karolingischen Renaissance zur Zeit Karls des Großen, bereits des Öfteren aufgeflackert war.

Von Italien gen Norden breiteten sich die Errungenschaften der Renaissance aus nach Flandern, Frankreich, Deutschland. Die Themen änderten sich: Nicht mehr nur Heilige, sondern auch gewöhnliche Menschen konnten in Bildern oder Skulpturen dargestellt sein. Porträts erfreuten sich in der Zeit des erwachenden Individualismus großer Beliebtheit. Die menschliche Proportion wurde in den bildenden Künsten das

Die Geburt der Kunstgeschichte

In die Zeit der Renaissance fiel auch der Beginn der Kunstgeschichtsschreibung. Der italienische Maler und Schriftsteller Giorgio Vasari publizierte 1555 und 1568 die über Jahre gesammelten Lebensgeschichten bekannter Künstler, diese wiederum verfassten Traktate oder, wie Benvenuto Cellini, gleich eine Autobiografie. Die Kunst wurde zum Gegenstand von Diskussionen, verschiedene Stilrichtungen hatten ihre Anhänger: Man war entweder für die Zeichnung, und damit für Florenz, oder für die Farbe, und ergriff damit Partei für Venedig. In die Zeit des Manierismus fiel die Gründung erster Akademien, an denen Künstler ihre Ausbildung erhielten. Baccio Bandinelli, der Michelangelo als Bildhauer nacheiferte, gründete in den 1540er-Jahren eine Akademie in Rom, 1563 entstand unter Herzog Cosimo I. de' Medici in Florenz die Accademia del Disegno. Das italienische Wort *disegno* bedeutet Zeichnung, der Name der Ausbildungsstätte war somit auch inhaltlich Programm: Das Zeichnen bildete die Grundlage für alle künstlerischen Gattungen.

Maß aller Dinge, begleitet von der perspektivischen Darstellung und, vor allem im Norden, der naturgetreuen Wiedergabe kleinster Details. In der Spätrenaissance, auch als Manierismus bezeichnet, wurden diese Charakteristika mitunter übertrieben. Figuren in Malerei und Plastik zeigten oft extrem langgliedrige und künstlich gedrehte Körper, starke Schatten sorgten in Gemälden für dramatische Helldunkeleffekte, die Architektur wurde verspielter.

Frührenaissance in Florenz

Italien erlebte im 14. Jahrhundert einen großen wirtschaftlichen Aufschwung. Zahlreiche Kleinstaaten existierten dort nebeneinander: Die wichtigsten waren der Kirchenstaat, die Republiken Venedig und Florenz, das Großherzogtum Mailand sowie das Königreich Neapel. Diese Klein- und Stadtstaaten befanden sich im Wettstreit miteinander, nicht selten auch im Krieg gegeneinander. Eine militärische Bedrohung durch außeritalienische Mächte existierte kaum. So konnten die Städte rasch wachsen, eine Kaufmannsschicht bildete sich heraus. Die Kirche, die italienischen Fürstenhöfe und die Regierungen der Republiken stellten die größten Auftraggeber. Parallel zu der zunehmenden Bedeutung der Städte entwickelten sich regionale Malerschulen, der spätgotischen Internationalität war ein Ende gesetzt. Die Zünfte trugen mit ihren Regeln dazu bei, dass der Austausch zwischen Künstlern begrenzt wurde – allerdings waren sie oft wichtige Auftraggeber.

Die Handelsstadt Florenz war in der ersten Hälfte des 15. Jahrhunderts einer der reichsten Stadtstaaten Italiens. Die Stadtrepublik wurde von mehreren Großfamilien regiert, die kirchliche und weltliche Ämter übernahmen. Das Bedürfnis zu repräsentieren, aber auch der ausgeprägte Wettbewerbsgeist erwiesen sich als treibende Kräfte für das Kunstschaffen. Die herrschenden Familien konkurrierten miteinander, die Zünfte ebenfalls, der Wettbewerb mit anderen Städten,

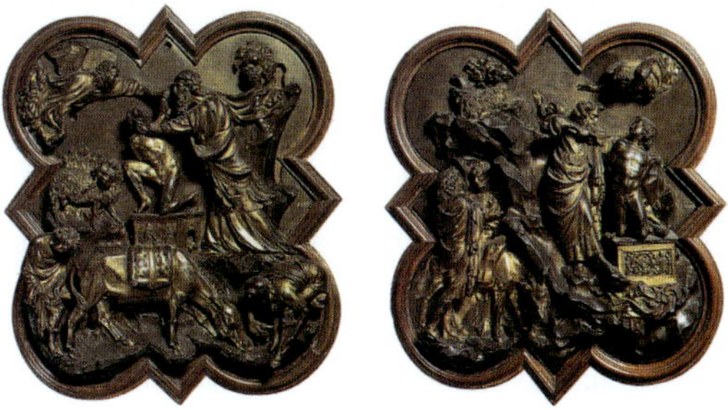

Filippo Brunelleschi (1377–1446) und Lorenzo Ghiberti (1378–1455), Opferung Isaaks, 1401/02, Bronze, 53,3 x 42 cm. Aus einem Wettbewerb gingen die beiden Bronzereliefs mit dem biblischen Thema der Opferung Isaaks hervor. Ihre Form ist die eines Vierpasses, vorgesehen waren sie für eine Tür des Baptisteriums in Florenz.

vor allem Mailand und Siena, förderte das Mäzenatentum. In Florenz lag die Betreuung vieler Gebäude in den Händen der Zünfte, deren Bedeutung für das künstlerische Schaffen entsprechend groß war. Die einflussreichsten Zünfte wurden mit der Errichtung oder Ausstattung wichtiger Bauten betraut, die Zunft der Kaufleute beispielsweise mit der Ausstattung des Baptisteriums der Stadt. Für die Gestaltung des Ostportals der Florentiner Taufkirche schrieb die Kaufmannszunft 1401 einen Wettbewerb aus. Das darzustellende Thema war die Opferung Isaaks aus dem Alten Testament. Zwei Wettbewerbsbeiträge sind erhalten. Der Architekt und Goldschmied Filippo Brunelleschi füllte die vorgegebene Form des Vierpasses bis in den letzten Winkel mit dramatischer Bewegung aus. Der Goldschmied Lorenzo Ghiberti hingegen entwickelte die Handlung von links nach rechts und konzentrierte sich auf die darzustellende Geschichte. Ghiberti ging als Sieger aus dem Wettbewerb hervor. Er schuf in den nächsten Jahrzehnten sämtliche Felder für die Bronzetür des Ostportals. Zunehmend gelang es Ghiberti, in den szenischen Darstellungen Räumlichkeit herzustellen, was sich bei dem Feld mit der Opferung Isaaks bereits andeutet. Dort stößt beispielsweise der Engel rechts oben scheinbar aus der Tiefe des Raums hervor, um Isaak aufzuhalten.

In der Werkstatt Lorenzo Ghibertis assistierte von 1404 bis 1407 Donatello, der zunächst wie sein Lehrer

Masaccio (1401–um 1428), *Dreifaltigkeit*, um 1425, Fresko, 680 x 475 cm. Erst in der Frührenaissance verfügten zunächst Florentiner Künstler wie Filippo Brunelleschi, Donatello oder Masaccio dank einer florierenden Wissenschaft über die genauen Kenntnisse der Perspektive. Brunelleschi hatte die Zentralperspektive errechnet, Masaccio wandte sie in seinem großformatigen Fresko an.

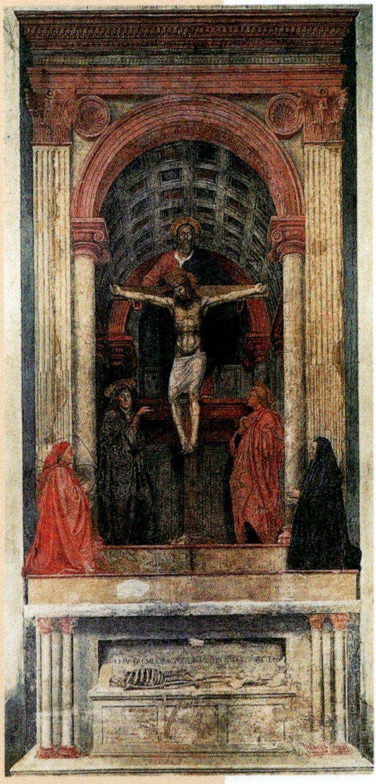

Flachreliefs herstellte. Später wandte er sich vollplastischen Figuren zu, für die er bald in ganz Italien gefragt war. Mit seinem bronzenen *David* schuf der Bildhauer 1445 die erste frei stehende Aktfigur seit der Antike. Er gestaltete die lebensgroße Figur von allen Seiten, löste sie also aus jedem architektonischen Zusammenhang. Donatello arbeitete mit verschiedenen Medien, für alle bildhauerischen Aufgaben gingen von ihm neue Impulse aus. So stammt von ihm mit dem Denkmal für den venezianischen Condottiere Gattamelata auch das erste nach-antike Reiterstandbild.

Die richtige Darstellung menschlicher Proportionen im Raum beschäftigte auch die Maler der Frührenaissance. Ihre Hauptaufgabe blieb die Produktion religiöser Bilder, doch orientierten sie sich dafür zunehmend an den Werken der Natur – und der Antike. Die einschneidendste Errungenschaft des 15. Jahrhunderts war die Wiederentdeckung der perspektivischen Darstellung von Gegenständen im Raum. In der griechischen Antike war diese lineare Perspektive bereits bekannt, im Mittelalter geriet sie in Vergessenheit hinter der Bedeutungsperspektive, die wichtige Figuren größer erscheinen lässt als zweitrangige. Auf wissenschaftliche Grundlagen gestellt wurde die Perspektive zu Beginn des 15. Jahrhunderts in Italien. Der Florentiner Maler Masaccio führte die von Ghiberti angewandte Perspektive in die Kunst der Malerei ein. 1427 schuf er das Fresko mit der *Heiligen Dreifaltigkeit* in der Florentiner Kirche Santa Maria Novella. Der tonnengewölbte Raum, der die Kreuzigungsgruppe umfängt, ist in den Bildraum hinein verkürzt. Die Erkenntnis, dass weiter entfernt liegende Objekte im

Raum kleiner erscheinen als solche in der Nähe, ist die wichtigste Grundlage der perspektivischen Darstellung. Masaccio wendete in seinem Fresko die Zentralperspektive an: Alle Linien des Bildes treffen sich genau in dessen Mittelachse. Im Gesims, auf dem die Stifterfiguren knien, laufen die Fluchtlinien des Gemäldes zusammen.

Die Architektur der Frührenaissance

Als es an den Bau der Kuppel des Florentiner Doms ging, bewarben sich 1418 mehrere Künstler in einem Wettbewerb, darunter auch wieder Lorenzo Ghiberti. Doch diesmal setzte sich Filippo Brunelleschi durch und führte die Domkuppel aus. In Rom hatte er dazu den antiken Kuppelbau des Pantheons aus dem 2. Jahrhundert n. Chr. studiert, wandte jedoch schließlich eine neue Technik an. Die Kuppel mit ihrem Durchmesser von 41 Metern kleidete er in zwei Schalen ein, wodurch er ihr Gewicht reduzieren konnte. Er griff bei der Ausführung seiner nächsten Aufträge stärker auf die Antike zurück: Für die einflussreichen Florentiner Familien der Pazzi und der Medici schuf er Kapellen, in denen er antike Elemente verwendete. Die Harmonie der Proportionen zeichnet die Fassaden und Innenräume seiner Bauten aus, die geschaffenen Flächen gliederte Brunelleschi symmetrisch auf.

Leon Battista Alberti (1404–1472), Palazzo Rucellai, 1446–51. Der Palazzo als Bauaufgabe stellte sich in den norditalienischen Stadtstaaten ab 1200. Gleich, ob öffentlicher oder privater Bau: Der Palazzo ist meist dreistöckig, der herrschaftliche Wohntrakt, auch *piano nobile* genannt, liegt im ersten Stock.

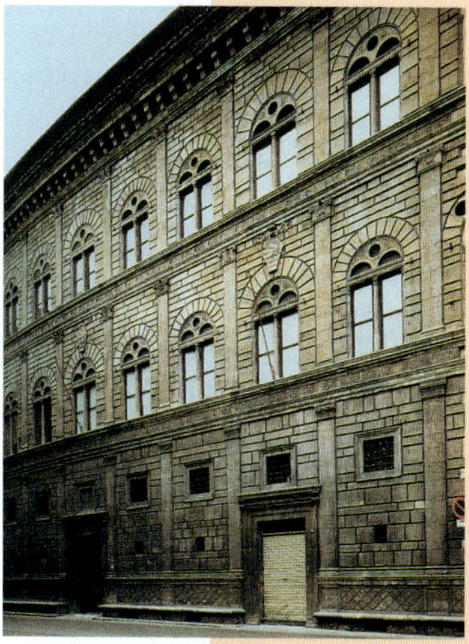

Neben den noch erhaltenen Bauten aus römischer Zeit befassten sich die Baumeister der Renaissance auch mit den wiederentdeckten, zur Zeit des Augustus entstandenen Schriften Vitruvs. Als Architekturtheoretiker setzte sich Leon Battista Alberti mit der Baukunst auseinander. Um 1450 verfasste er sein Traktat *Über die Baukunst (De re aedificatoria)*. Schon

Kunst und Handwerk in der Renaissance
Anders als den Malern und Bildhauern wurde den Architekten schon im 15. Jahrhundert der Status eines freien Künstlers zuerkannt. Da Baumeister auf die freien Künste Geometrie und Arithmetik zurückgriffen, konnten sie einen höheren Status für sich beanspruchen als Maler oder Bildhauer, die weiterhin als Handwerker galten. Damit räumte Alberti auf. In seiner Abhandlung *Über die Malerei (De pictura)* legte er dar, dass die Malerei kein Handwerk, sondern eine Wissenschaft sei. In seinem Text untersucht Alberti verschiedene die Malerei betreffende Fragen. Er widmet sich der mathematisch errechneten Perspektive, Fragen der richtigen Komposition von Bildern, aber auch Überlegungen zur Ausbildung von Künstlern.

Brunelleschi war als Goldschmied, Bildhauer und Architekt tätig gewesen. Als Verkörperung der Renaissanceidee vom Universalmenschen galt dann Alberti, der neben seinen wissenschaftlichen Arbeiten auch als Architekt, Bildhauer und Dichter seine Spuren hinterließ. Albertis Begeisterung für den antiken Tempelbau schlug sich in den von ihm gestalteten Kirchenfassaden nieder. Ebenso bezeugen die von ihm geschaffenen Profanbauten seine Kenntnis der Bauwerke der römischen Antike. Ein von ihm entworfener Bau ist das Wohnhaus des Florentiner Kaufmanns Giovanni di Paolo Rucellai. 1446 begannen die Arbeiten am Palazzo Rucellai, an dessen Fassade sich Albertis Verwendung der antiken Säulenordnungen studieren lässt: Im Untergeschoss bediente er sich der dorischen Ordnung, im mittleren Stockwerk der ionischen und im oberen der korinthischen Säulenordnung. Vertikal ist die Fassade dabei nicht durch plastische Säulen gegliedert, sondern durch flache, der Wand vorgelegte Pilaster. Die drei Etagen werden durch Gesimse voneinander getrennt. Die Fenster im Untergeschoss sind rechteckig, in den Geschossen darüber sieht man in Rundbogen eingesetzte Zwillingsfenster, die entfernt an gotisches Formenvokabular erinnern. Die Gliederung der Fassade durch die Fensterformen und Pilaster unterstreicht den Eindruck von Symmetrie und Wohlproportioniertheit.

Am Hof der Medici

Unter den zahlreichen Mäzenen der Florentiner Renaissance sticht die Familie der Medici hervor. Cosimo de' Medici, ein wohlhabender Kaufmann und Bankier, war einer der mächtigsten Männer der Stadt. Er gründete in Florenz in Anlehnung an die Akademie des antiken Philosophen Platon seine Platonische Akademie, an der sich Gelehrte aller Wissensgebiete und Länder einfanden. Zu ihrem Leiter berief Cosimo den humanistischen Philosophen Marsilio Ficino, dessen Weltbild mit dem Menschen in einer Mittelstellung zwischen Himmel und Erde deutlich zeigt, wie fern das Mittelalter nun war. Cosimos Sohn Piero trieb Mitte des 15. Jahrhunderts die Fertigstellung des Familienpalasts in Florenz voran. Zahlreiche Künstler waren damit beschäftigt, den Ruhm der Medici augenfällig zu machen. Pieros Sohn wiederum, Lorenzo de' Medici, sollte mit dem Beinamen »Il Magnifico«, der Prächtige, in die Geschichte eingehen. Er übernahm 1469 die Herrschaft in Florenz. An seinem Hof gingen Künstler, darunter der junge Michelangelo, ein und aus.

Die Medici wurden auch für den Maler Sandro Botticelli zu den wichtigsten Auftraggebern. Für sie malte er

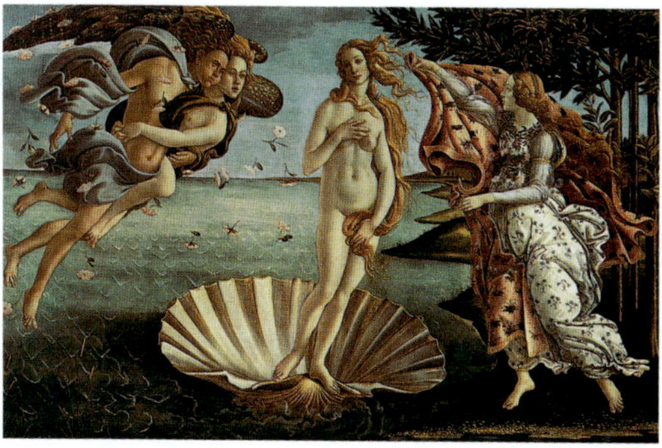

Sandro Botticelli (1445–1510), *Die Geburt der Venus*, um 1485, Tempera auf Leinwand, 172 x 278 cm.

Porträts und Historienbilder, darunter eine Serie von Allegorien auf die Herrschaft der Familie. Sein großformatiges Gemälde *Geburt der Venus* schuf er um 1485 für einen der Medici-Landsitze.

Die Wiederentdeckung der antiken Mythologie, dazu zählte auch der Mythos von der Geburt der Schönheit, war nur eine Facette der Begeisterung für die Antike. Die italienischen Humanisten erlernten zudem die altgriechische Sprache, mit deren Lehrern die griechische Literatur nach Italien gelangte. An Auswahl und Konzeption der von den Medici bestellten Bildthemen waren die Dichter und Denker am Hof beteiligt, darunter der Philosoph Ficino. In Botticellis Gemälde wird die Schönheit in Gestalt der Göttin Venus geboren. Auf einer Muschel stehend, kommt sie aus dem ruhigen Meer an Land. Windgötter begleiten sie mit einem Rosenregen, eine Nymphe nimmt sie in Empfang. Vor allem die Gewänder lassen die Gestalten des antiken Mythos wie Menschen des 15. Jahrhunderts wirken. Als Botticelli die *Geburt der Venus* malte, neigte sich die Zeit Lorenzos dem Ende zu. Sein Tod 1492 markiert den Endpunkt der Florentiner Frührenaissance.

Die Renaissance in Oberitalien

Viele Künstler der Renaissance wanderten von Hof zu Hof, von Auftrag zu Auftrag. Im oberitalienischen Mantua war in den Diensten der mächtigen Familie Gonzaga der Maler Andrea Mantegna tätig. 1460 wurde der aus dem Veneto stammende Künstler Hofmaler des Herzogs Lodovico Gonzaga. In der zweiten Jahrhunderthälfte malte er im Auftrag der Familie vor allem Porträts und Historienbilder. Für den herzoglichen Palazzo der Gonzaga schuf Mantegna einen Freskenzyklus, der sich mit gemalten Architekturen auf Wände und Decken erstreckt. In der *Camera degli Sposi* überrascht ein illusionistischer Blick in den Wolkenhimmel Bewohner und Besucher. Aus dem Deckenfresko blicken Frauenfiguren in zeitgenössischen Gewändern und Engel auf den Betrachter herab, über ihnen scheint sich der Bildraum ins Unendliche zu verlieren. Die Dargestellten blicken nach unten über eine gemalte Balustrade, an der außen drei Engel zu sehen sind, die sich scheinbar in den realen Raum hineinbewegen. Die virtuose Darstellung seiner Figuren in starker Verkürzung verdankte Mantegna, selbst leidenschaftlicher Antikensammler, auch dem Studium antiker Werke.

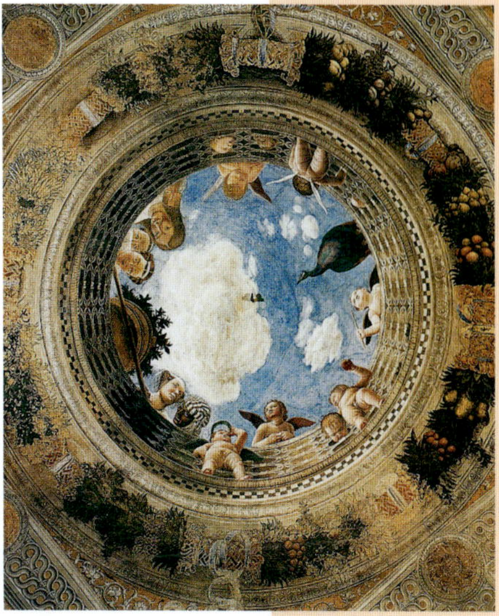

Andrea Mantegna (1431–1506), Camera degli Sposi (Ausschnitt), 1465–74 Fresko. Die lombardische Stadt Mantua erlebte unter der Herrschaft der Gonzaga ihre größte Prachtentfaltung. An der Ausstattung des Herzogspalastes war der Paduaner Maler Mantegna beteiligt, in der zweiten Hälfte des 15. Jahrhunderts Hofkünstler der Familie.

In seinem Palazzo in Urbino unweit von Florenz trieb der reiche Herzog Federigo da Montefeltro ein imposantes Ausstattungsprogramm voran und lud zahlreiche Wissenschaftler und Künstler ein. Seine weit gefächerte Sammelleidenschaft zeigte sich in seinem Studiolo, einem mit Holzeinlegearbeiten geschmückten Studierzimmer voller Schriften, Bilder, Münzen und kurioser Gegenstände aller Art. Federigos Studiolo sollte in den Kunstkammern des Barock Nachfolger finden.

Am Hof von Urbino war in der zweiten Hälfte des 15. Jahrhunderts unter anderen Justus von Gent als Hofmaler tätig – der künstlerische Austausch blieb nicht mehr auf Italien beschränkt, sondern erstreckte sich verstärkt auch auf Länder nördlich der Alpen.

Die altniederländische Malerei

Auch in den Mitte des 15. Jahrhunderts fertiggestellten Familienpalast der Medici fand Kunst aus dem Norden Eingang. Eine ihrer Handelsniederlassungen unterhielt die Familie schließlich in Brügge. Gemälde und Bildteppiche flandrischer Künstler erfreuten sich in der Toskana großer Beliebtheit. Brügge und Gent waren die größten Handelsstädte in Flandern, das Anfang des 15. Jahrhunderts zum Herzogtum Burgund gehörte. Ähnlich wie in den italienischen Stadtstaaten bildete sich auch in Flandern eine städtische Kultur heraus, die vom Bürgertum getragen wurde. Sakrale Themen blieben im Norden länger gebräuchlich als in Italien, doch betteten Maler die Heiligen häufig in ein irdisches Geschehen ein.

Der altniederländische Maler Jan van Eyck, gefördert vom Herzog von Burgund, war in der noch jungen Technik der Ölmalerei so bewandert, dass der italienische

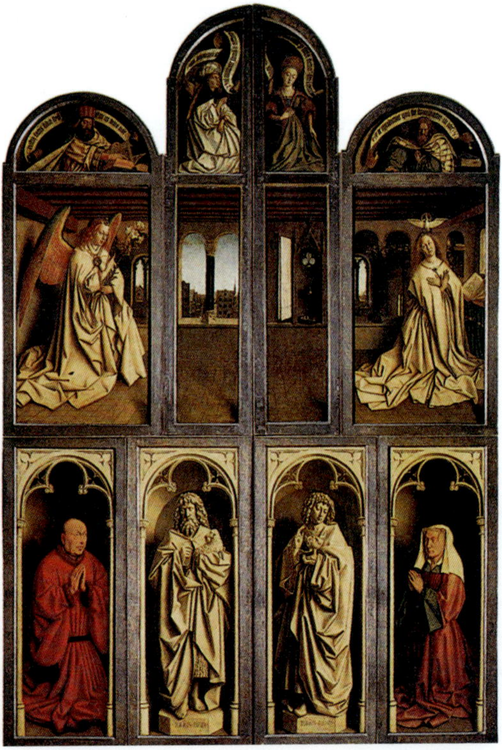

Jan (1390–1441) und Hubert (um 1385–1426) van Eyck, Außenseite des Genter Altars, vollendet 1432, Öl auf Holz, in geöffnetem Zustand 365 x 487 cm.

Kunstschriftsteller Vasari ihn für deren Erfinder hielt. Den berühmten *Genter Altar* vollendete van Eyck 1432, er signierte und datierte ihn. In Auftrag gegeben hatte das Werk der Inschrift nach der Ratsherr Jodocus Vijd für die Kirche Sankt Bavo in Gent, wo der Flügelaltar heute noch steht.

In geschlossenem Zustand ist in der oberen Bildzone die Verkündigung des Erzengels an Maria zu sehen, die beiden Figuren befinden sich in einem holzgedeckten Innenraum, aus dessen Fenstern der Blick auf zeitgenössische Stadthäuser fällt. Die Stifter des Altars, der Ratsherr Vijd und seine Gattin, sind auf den äußeren Tafeln der unteren Zone kniend dargestellt. Maßwerkarkaden umrahmen die Figuren. Johannes der Täufer und Johannes der Evangelist sind in Grautönen (Grisaille) auf Sockel stehend gemalt, wodurch sie wie steinerne Skulpturen wirken.

Waren die Flügel des Wandelaltars an Feiertagen geöffnet, traten die leuchtenden Innentafeln hervor. Unterhalb von Heiligen und musizierenden Engelgruppen ist auf dem Mittelbild in der unteren Zone die Anbetung des Opferlamms dargestellt. Nach dem Bibeltext der Offenbarung des Johannes nimmt Jesus als Opferlamm die Sünden der Menschheit auf sich. Deutlich hat van Eyck darin wie auch in den Außentafeln die dargestellten Stoffe unterschieden. Seine präzise Wiedergabe verschiedener Stofflichkeiten zeigt sich etwa an dem schimmernden Pelzärmel der Sibyllenfigur, die ganz oben rechts der Mitte kniet. Die Holzdecke des Raums darunter wirkt matt, das metallene Geschirr hingegen glänzt. Für seine genaue Naturbeobachtung, die illusionistische Darstellung von Landschaften und Innenräumen war Jan van Eyck berühmt. Den *Genter Altar* soll er gemeinsam mit seinem Bruder Hubert begonnen haben, die Händescheidung, also die Zuweisung einzelner Werkteile an die beiden Maler, ist bis heute in der Forschung jedoch nicht endgültig geklärt.

Die Hochrenaissance

Die Florentiner Frührenaissance endete mit dem Tod Lorenzos des Prächtigen und der Vertreibung der Medici, als Leonardo da Vinci 1500 nach Florenz zurückkehrte. Am Hof der Sforza in Mailand hatte er zuvor Porträts geschaffen, Befestigungsanlagen und Waffen entworfen, aber auch die Hoffeste künstlerisch gestaltet. Im Mailänder Kloster Santa Maria delle Grazie malte Leonardo von 1495 bis 1498 das fast 9 Meter lange Fresko *Das Letzte Abendmahl*. Seine Interessen erstreckten sich auf viele weitere Gebiete, und so waren seine Leistungen im Bereich der Naturwissenschaften oder der Bildhauerei, der Musik und Mathematik nicht weniger eindrucksvoll als in der Malerei oder Architektur. Dank genauer Naturbeobachtung fand er heraus, dass sich die Sonne am Firmament nicht bewegt; zu seinen Erfindungen zählten neben zahllosen anderen Maschinen auch Flugapparate, alles in einer Fülle von Zeichnungen und Schriften festgehalten. In ihnen findet sich auch ein Hinweis auf seine Motivation: »Und, getrieben von meiner Neugierde, zog ich aus, die große Zahl der verschiedenartigen und seltenen Formen zu betrachten, die von der sinnreichen Natur geschaffen worden sind.« Weniger dem Studium als seiner beeindruckenden Beobachtungsgabe verdankte Leonardo sein umfangreiches Wissen und wurde damit zum Prototypen des *uomo universale*, des schöpferischen Universalgenies.

Leonardo da Vinci (1452–1519), *Mona Lisa,* um 1502, Öl auf Holz, 77 x 53 cm. Der Kunstschriftsteller Giorgio Vasari überschlug sich vor Begeisterung für Leonardos Bild: »Wer sehen wollte, wieweit es der Kunst möglich sei, die Natur nachzuahmen, der erkannte es ohne Schwierigkeiten an diesem Kopfe.«

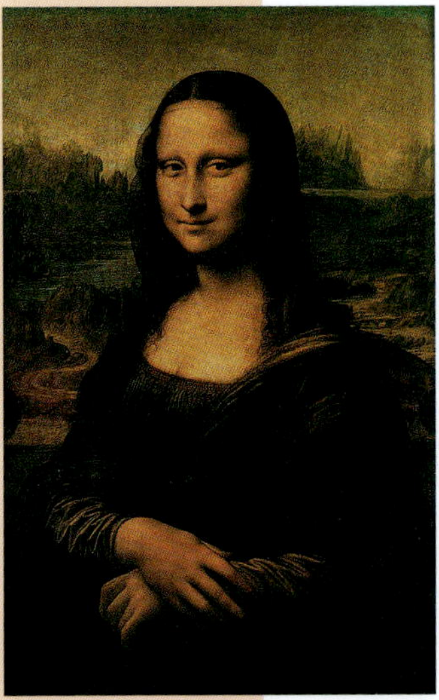

Die Malerei zählte nach Leonardos Auffassung zu den Wissenschaften: Wie ein Wissenschaftler müsse der Maler die Natur beobachten und wie dieser auch die Mathematik beherrschen, um die dreidimensionale Wirklichkeit auf die zwei Dimensionen der Leinwand zu bringen. Perspektive und Proportion waren dazu die Schlüssel. Um die Maßverhältnisse des menschlichen Körpers und seine Anatomie wiedergeben zu können, sezierte Leonardo Leichen, nach denen er Zeichnungen anfertigte. Sein malerisches Werk ist relativ klein, nur einige seiner Bilder vollendete er. Das war nicht nur seinen weit gestreuten Interessen geschuldet, sondern ebenso seiner langsamen und oft experimentellen Malweise. Auch die *Mona Lisa* erreichte den Auftraggeber nie. Das kleinformatige Gemälde entstand in Florenz, wohin der Künstler zurückgekehrt war, nachdem die Franzosen Mailand eingenommen hatten. Vermutlich handelt es sich bei der Porträtierten um Lisa Gherardini, die Ehefrau des Florentiner Kaufmanns Francesco del Giocondo. Ihr Brustbild teilt die felsige Landschaft im Hintergrund. Das Gesicht ist nicht klar konturiert, sondern vor allem durch Licht und Schatten modelliert. Auch der Landschaft fehlen scharfe Umrisse, die Formen und Farben gehen wie verschleiert ineinander über. Diese Technik wird nach dem italienischen Wort für Rauch, *fumo*, als *sfumato* bezeichnet.

Raffael (1483–1520), *Madonna aus dem Hause Canigiani,* um 1505/06, Öl auf Holz, 131 x 107 cm. Nach der christlichen Überzeugung gilt Johannes der Täufer als Vorläufer Christi. In vielen Werken der frühen Neuzeit wird er mit Christus als Kind dargestellt, seine Mutter Elisabeth an der Seite.

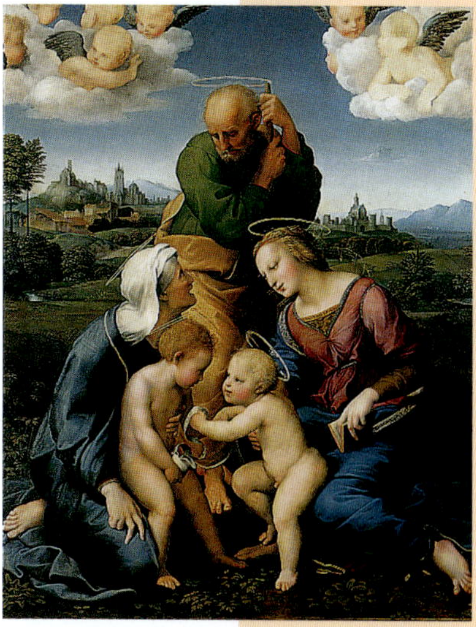

Um die Zeit, als Leonardo seine *Mona Lisa* malte, kam der junge Maler Raffaelo Santi aus Urbino nach Florenz. Seine ersten Erfolge feierte Raffael dort als Maler von Andachtsbildern. Häufig setzte er sich mit dem Thema der Heiligen Familie auseinander, zu der zahlreiche Bilderfindungen von ihm überliefert sind. Die *Madonna aus dem Hause Canigiani* zeigt die Heilige Familie mit Elisabeth und dem Johannesknaben in einer detailreich gemalten Hügellandschaft. Die Figuren bilden ein Dreieck. Diesen Bildaufbau wählte Raffael oft in seinen frühen Werken, er verleiht seinen Kompositionen Symmetrie. Durch Blick- und Bezugsachsen sind die Dargestellten miteinander verbunden.

1508 rief Papst Julius II. Raffael nach Rom und beauftragte ihn mit der Gestaltung der päpstlichen Privatgemächer, der Stanzen (ital. *stanza*, »Zimmer«). Mit Beginn des 16. Jahrhunderts war Rom das neue kulturelle Zentrum Italiens und sollte bis in die Zeit des Barock hinein eine wichtige Kunstmetropole bleiben. Die Päpste holten viele bedeutende Künstler in die Stadt, um die oft auch andere Familien, Höfe oder Städte warben. Immer seltener wurden sie als Handwerker betrachtet, zunehmend stellte man sie auf eine Stufe mit geistig Tätigen. Namhafte Künstler verpflichtete Papst Julius II., der kurz nach seinem Amtsantritt 1503 mit dem Neubau des Petersdoms das größte von zahlreichen Bauvorhaben in Angriff nahm. Die Verwirklichung seines ursprünglichen Plans, mit dem er den Architekten Donato Bramante beauftragt hatte, scheiterte. Die horrenden Kosten ließen sich trotz des schwunghaften Ablasshandels nicht bewältigen. Ausgeführt wurde hingegen der Statuenhof mit der großen päpstlichen Antikensammlung, in dem zwischen zahlreichen Skulpturen aus der griechischen und römischen Antike auch die Laokoongruppe aufgestellt wurde.

Michelangelo, *Sterbender Sklave,* um 1513, Marmor, Höhe 228 cm.

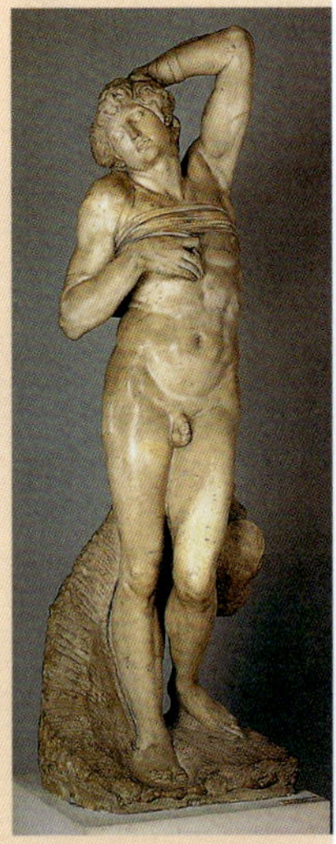

1505 rief Julius II. den 30-jährigen Michelangelo Buonarroti nach Rom. Er beauftragte ihn mit dem Entwurf des päpstlichen Grabmals. Über drei Stockwerke sollte es sich erstrecken und mit über 40 lebensgroßen Skulpturen geschmückt sein. Michelangelo machte sich an die Vorbereitung für das gigantische Projekt, verbrachte Monate in den Steinbrüchen, musste dann jedoch feststellen, dass der Papst sich inzwischen anderen Aufgaben zugewandt hatte und seine Mittel auf den Neubau des Petersdoms konzentrierte. In stark veränderter und verkleinerter Form wurde das Grabmal Jahrzehnte später schließlich in

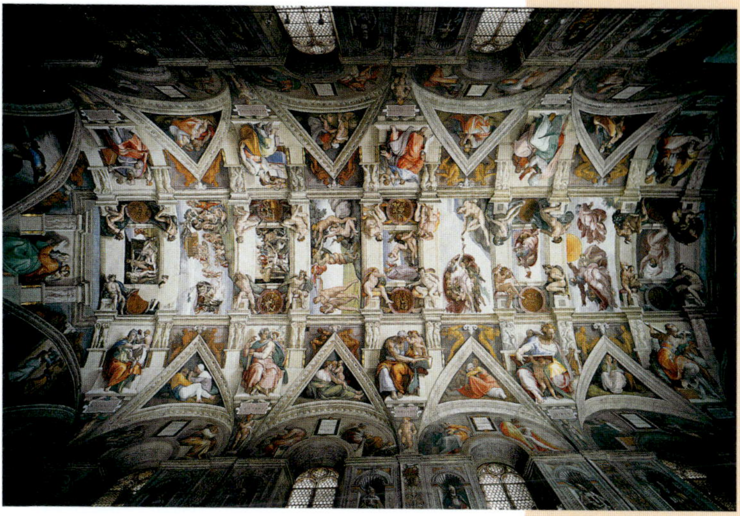

Michelangelo (1475–1564), Decke der Sixtinischen Kapelle (Ausschnitt), 1508–12, Fresko. »Ein gutes Gemälde ist nämlich nichts anderes als ein Abglanz der vollkommenen Werke Gottes und eine Nachahmung seines Malens, eine Musik und eine Melodie, die nur ein edler Geist erfühlen kann und dies nur mit größter Anstrengung« – so Michelangelos eigene Wertung der Malerei.

der römischen Kirche San Pietro in Vincoli aufgestellt. Einige der für den früheren Entwurf vorgesehenen monumentalen Skulpturen sind jedoch erhalten, darunter der *Sterbende Sklave*, heute im Louvre. Seine Herkunft aus dem Stein ist deutlich, gemäß Michelangelos Beschreibung der Bildhauerei als das, »was kraft Hinwegnahme geschieht« – im Unterschied zur Malerei, die durch Hinzugabe entstehe. Seinen gut 4 Meter hohen *David*, entstanden im Auftrag der Florentiner Dombauhütte, hatte der junge Bildhauer aus einem einzigen Marmorblock herausgeschlagen. Die Darstellung der menschlichen Figur beschäftigte Michelangelo während der gesamten, rund sieben Jahrzehnte seines künstlerischen Schaffens.

Obwohl er sich als Bildhauer und nicht als Maler verstand, sollten zwei päpstliche Aufträge Michelangelo über Jahre an die Malerei binden. 1508 erhielt er von Papst Julius II. den Auftrag, die Decke der Sixtinischen Kapelle im Vatikan auszumalen. Die Wände der nach ihrem Bauherrn Papst Sixtus IV. benannten Palastkapelle waren bereits mit Fresken geschmückt. Die über

1000 Quadratmeter des Deckengewölbes malte Michelangelo innerhalb von vier Jahren mit Szenen aus der Genesis, Hunderten von Propheten und Sibyllen, Heiligen und statuengleichen Figuren aus, die in gewagter Verkürzung aus der illusionistisch gemalten Architektur hervortreten. Die Hauptfelder der Längsachse zeigen in je drei Szenen die Erschaffung der Welt, die Erschaffung von Adam und Eva und ihre Vertreibung aus dem Paradies sowie die Geschichte Noahs. Als Bildhauer und Maler, Architekt - unter anderem des Petersdoms - und Verfasser zahlreicher Sonette entspricht auch Michelangelo der Vorstellung von einem Universalgenie.

Leonardo starb 1519, Raffael ein Jahr später. Zu dieser Zeit begann die Glaubensspaltung in Europa infolge der Reformation. Papst Leo X. versuchte vergeblich, die Entwicklung aufzuhalten, indem er Martin Luther zum Widerruf seiner Thesen aufrief.

1527 kam es beim Kampf um die Vorherrschaft in Italien zur Plünderung der Ewigen Stadt. Truppen Kaiser Karls V. ermordeten die Hälfte der Bevölkerung und verwüsteten Kirchen und Paläste. Spätestens mit diesem Ereignis fand die Hochrenaissance in Rom ein Ende.

Venedig im 16. Jahrhundert

Neben Florenz und Rom war die reiche Stadt Venedig das dritte große Zentrum der Renaissance. Kulturelle Einflüsse aus dem Osten spiegelten sich dort in der goldgrundigen Ikonenmalerei, der Mosaiktechnik und den Kuppelbauten, wie etwa San Marco, wider. Venedig war im frühen 16. Jahrhundert die führende Handelsmacht Italiens, obwohl es zu Beginn des Jahrhunderts in Kämpfen viele seiner Besitzungen auf dem Festland, der Terraferma, verlor.

Die großen Staatsaufträge im Venedig des 15. und 16. Jahrhunderts gingen häufig an die Bellini-Werkstatt. Giovanni Bellini, Schüler seines Vaters Jacopo, entwickelte aus den mehrteiligen, oft auf Goldgrund angelegten Altären in gotischen Schnitzrahmen eine neue Form des Altarbildes. Er zeigte die Heiligen nicht mehr auf einzelnen Tafeln, sondern stellte sie gemeinsam dar. Eine solche Sacra Conversazione (ital., »heilige Zusammenkunft«) ist noch heute an ihrem Bestimmungsort, der venezianischen Kirche San Zaccaria, zu sehen. Der gemalte Bildraum korrespondiert mit dem Kirchenraum. Vor der thronenden Maria mit ihrem Kind sitzt ein musizierender Engel, zu ihrer Linken stehen die Heiligen Petrus und Katharina, zur Rechten Marias Lucia und Hieronymus. Seitlich der gewölbten Nische öffnen sich schmale Streifen Landschaft, aus ihnen scheint das in die Szene einfallende Licht herzurühren. An die Stelle des Goldgrundes traten in Bellinis Bildern neben gemalter Renaissancearchitektur zunehmend größere Ausblicke in die Landschaft. Schon 1483 war Giovanni Bellini offizieller Maler Venedigs geworden, viele bemühten sich um ein Bild von seiner Hand – ein Novum im Verhältnis von Künstler und Auftraggeber.

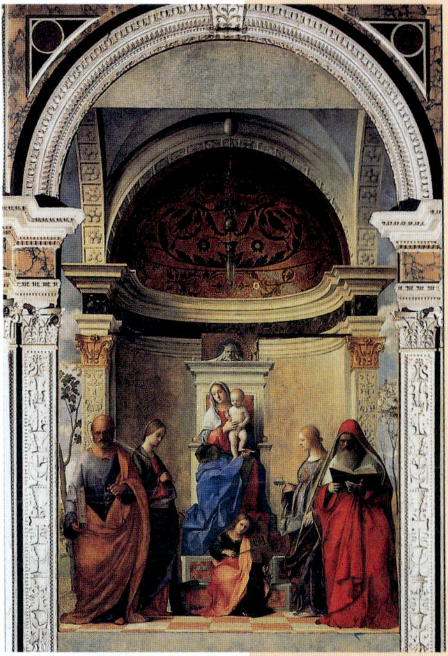

Giovanni Bellini (1427/30–1516), *Sacra Conversazione,* 1505, Öl auf Holz, auf Leinwand übertragen, 500 x 235 cm.

In der Werkstatt der Brüder Bellini, neben Giovanni war auch sein Bruder Gentile dort tätig, lernten auch Tizian und Giorgione das Malerhandwerk. Wie kein zweiter steht der Name Tizian für die Malerei der venezianischen Renaissance. Von illustren Auftraggebern wurde er Zeit seines Lebens geschätzt. Als Hofmaler Karls V. porträtierte er den Kaiser mehrmals, dessen

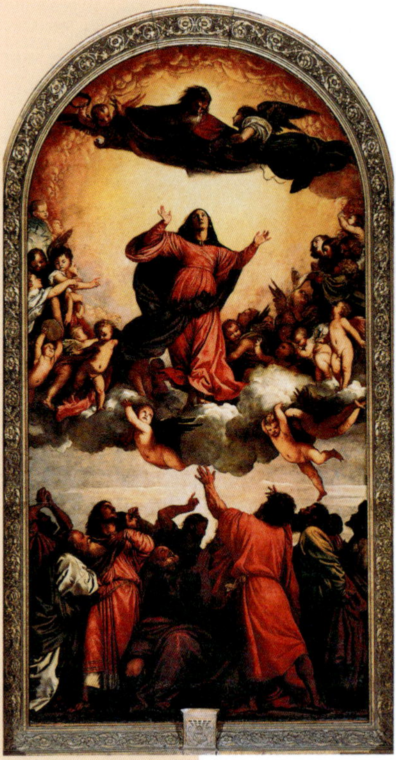

Tizian (um 1488–1576), *Assunta* (Himmelfahrt Mariens), 1516–18, Öl auf Holz, 690 x 360 cm.

Sohn Philipp II. von Spanien bestellte ebenfalls Werke bei Tizian, die Päpste warben um seine Gunst. Der geschäftstüchtige Maler unterhielt in seiner Heimatstadt Venedig eine große Werkstatt.

Sein Gemälde mit der *Himmelfahrt Mariens* (ital. *assunta*) ist fast 7 Meter hoch. Das Werk entstand von 1516 bis 1518 für den Hauptaltar der Franziskanerkirche Santa Maria Gloriosa dei Frari in Venedig. Zunächst war Tizian von seinem Lehrer Bellini beeinflusst, doch schon bald wich die Ruhe in seinen Kompositionen der dynamischen Darstellung des Geschehens mit dramatischen Lichteffekten. In der *Assunta* sind die Apostel im unteren Bildteil wie zu einem Block versammelt und begleiten mit staunend empor gerichteten Köpfen und nach oben gestreckten Armen die Auffahrt Mariens in den Himmel. Körper und Gewänder unterstreichen den Schwung der Bewegung, die Maria im Halbkreis umgebenden Engel betonen den Aufwärtszug. Das Rot des Mariengewandes verbindet sie mit zwei der Apostel zu einem Dreieck, das obere und untere Bildhälfte miteinander verklammert. Die Figuren sind weich modelliert und verschmelzen mit dem sie umgebenden Raum. Der Verzicht auf scharfe Konturen zugunsten der Farbwirkung ist kennzeichnend für die venezianische Malerei.

Bildwürdig schien Tizian nicht nur das biblische Geschehen. Er schuf ebenso eigenständige Landschaften, jedoch zunächst nur als Grafiken und nicht als kostspielige Ölbilder. Neue Kompositionen erprobte Tizian jedoch auch in seiner Malerei. Seinem Ruhm hatte er es zu verdanken, dass Auftraggeber ihm mitunter die Wahl des Bildthemas überließen. Zu diesem neuen Selbstbewusstsein aufseiten der Künstler passt eine Anekdote, die Tizians Biograf Ridolfi bereithält: Angeblich habe Kaiser Karl V. Tizian den Pinsel aufgehoben, als er diesem beim Porträtieren heruntergefallen sei. Sicher ist, dass Künstler sich auch in Venedig eine angesehene gesellschaftliche Stellung erarbeitet hatten.

Neben Tizian konnten sich andere Maler in Venedig etablieren – jeder in seiner Nische: Giorgione schuf Landschaftsbilder mit für heutige Betrachter schwer zu entschlüsselnden Motiven, Veronese malte großformatige und prunkvolle Festszenen, Tintoretto besorgte die malerische Ausschmückung der Scuola di San Rocco, einer dem heiligen Rochus geweihten Laienbruderschaft. Auch außerhalb der Lagunenstadt, auf dem Festland, fanden sich Aufträge für zahlreiche Künstler.

Andrea Palladio war *der* Villenbaumeister im Veneto des Cinquecento, des 16. Jahrhunderts. Über 100 von ihm entworfene Bauten sind erhalten. Palladio studierte die Architektur der Antike, was sich auch in seinem architekturtheoretischen Schaffen niederschlug. In seinem 1570 erschienenen und über Jahrhunderte einflussreichen Architekturtraktat stellte er seine eigenen Entwürfe neben antike Bauwerke. Palladio orientierte sich, wie schon die Baumeister der Frührenaissance, an den Schriften Vitruvs und befasste sich vor allem mit dessen Angaben zu den Säulenordnungen.

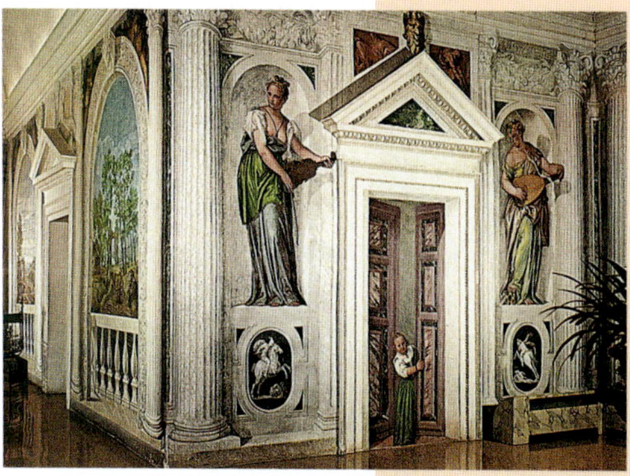

Andrea Palladio (1508–1580), Villa Barbaro, Innenansicht mit den Fresken von Paolo Veronese, 1557/58. Abgesehen von seinem einflussreichen Architekturtraktat, den *Quattro libri dell'architettura,* publizierte Palladio auch Führer zu den antiken Bauwerken und den Kirchen Roms. Seine in der Auseinandersetzung mit antiker Baukunst entwickelten Entwürfe und Regeln wurden von Architekten der folgenden Jahrhunderte immer wieder aufgegriffen.

Auch bei der in der Antike geschätzten Villenkultur nahm die Renaissance Anleihen. Die Vorzüge des Landlebens vor den Toren der Stadt wurden, im Einklang mit den wiederaufgelegten antiken Autoren, gepriesen. Um die Bauaufgabe Landsitz machte sich vor allem Palladio verdient. Bei Vicenza schuf er mit der Villa Rotonda ein Landhaus, dessen Hauptbau sich auf einem exakt quadratischen Grundriss mit Kuppelsaal erhebt und dessen vier Außenseiten jeweils ein Portikus mit Säulen und Giebel vorgelegt ist. Die Innenansicht der ebenfalls von ihm errichteten Villa Barbaro zeigt die schlichten, auf die Antike zurückgehenden Grundformen der Renaissancearchitektur. Ausgestattet wurde die Villa nahe des norditalienischen Treviso von Paolo Veronese. Sein Freskenzyklus ist eine Verherrlichung des Landlebens, kontrastiert mit Ausblicken in die wirkliche Landschaft.

Die Renaissance im Norden

Rund Hundert Jahre nach ihren Anfängen in der Toskana gelangte die Kunst der Renaissance über die Alpen in den Norden. Unter den Künstlern, die sich aus dem Norden nach Italien aufmachten, war Albrecht Dürer. Durch ihn und andere Wanderkünstler gelangten die Errungenschaften der Renaissance nach Deutschland. Auch über die Druckgrafik verbreitete sich neues Gedankengut in Europa. Holzschnitte und Kupferstiche machten Bilderfindungen italienischer Künstler nördlich der Alpen bekannt, umgekehrt wurden so Werke aus Nordeuropa in Italien verbreitet. Nicht nur zur Reproduktion von Gemälden war der Holzschnitt im 16. Jahrhundert ein gerne genutztes Medium, er erwies sich zudem bei der Erprobung neuer Kompositionen oder Motive als nützlich, wenn man den Aufwand für Ölfarben scheute.

Albrecht Dürer aus Nürnberg schuf ganze Serien von Holzschnitten und Kupferstichen, setzte sich theoretisch mit den Themen Proportion und Perspektive auseinander und war schon in jungen Jahren ein gefragter Maler. In seiner Heimatstadt unterhielt er eine große Werkstatt. Neben Historienbildern, Porträts und Landschaftsaquarellen schuf er mehrere Selbstbildnisse. Sie zeugen von seinem Selbstverständnis als Künstler und Bürger der Freien Reichsstadt Nürnberg. Das Selbstporträt aus dem Jahr 1500 ist mit einer lateinischen Inschrift in der rechten Bildhälfte versehen, die bedeutet: »Ich, der Nürnberger Albrecht Dürer, habe so im Alter von 28 Jahren mein Bildnis in den mich kennzeichnenden Farben geschaffen.« Diese Zeilen erklären die Christusähnlichkeit, die Dürer sich in diesem Werk verliehen hat, als Ausdruck seiner christlich-humanistischen Überzeugung, dass der schöpferische Mensch sich dem göttlichen Schöpfer annähern kann. Die Wertschätzung, die Künstlern in Italien entgegengebracht wurde, beschrieb Dürer in einem Brief an seinen Freund, den Humanisten Willibald Pirckheimer, in knappen Worten: »Hier bin ich Herr, daheim ein Schmarotzer.«

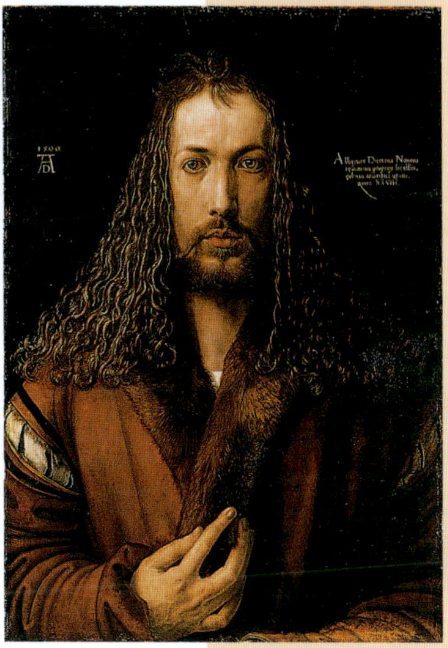

Albrecht Dürer, *Selbstbildnis im Pelzrock,* 1500, Öl auf Holz, 66,3 x 49 cm.

Enger als in Italien war die Kunst in Deutschland noch an kirchliche Auftraggeber gebunden, was Werke wie der *Marienaltar* von Veit Stoß oder Matthias Grünewalds *Isenheimer Altar* zeigen. Der vermutlich in Würzburg geborene Grünewald war Hofkünstler des Kardinals Albrecht von Mainz. Als solcher war er mit verschiedensten Aufgaben betraut, darunter dem Umbau des Augsburger Schlosses. Zu den wenigen Tafelbildern, die Grünewald hinterließ, gehört der monumentale *Isenheimer Altar*. In geschlossenem Zustand zeigt er Christus am Kreuz, beweint von Maria, von seinem Lieblingsjünger Johannes sowie von

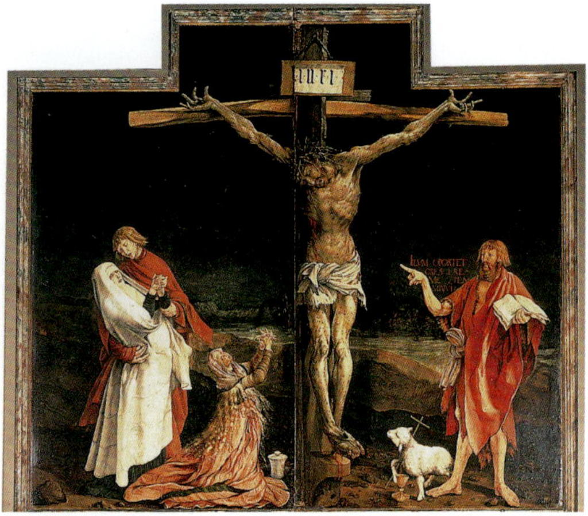

Matthias Grünewald (um 1480–um 1528), *Isenheimer Altar,* 1512–16, Öl auf Holz, Mittelteil 269 x 307 cm. Grünewald galt als künstlerischer Außenseiter, erst die deutschen Expressionisten im frühen 20. Jahrhundert begeisterten sich für seine ausdrucksstarken Werke.

der neben dem Kreuz knienden Maria Magdalena. Auf der anderen Seite steht Johannes der Täufer mit seinem Attribut, einem Lamm, und weist auf den Gekreuzigten. Noch der mittelalterlichen Darstellungsweise verpflichtet ist Grünewalds Verwendung der Bedeutungsperspektive: Christus als wichtigste Figur des Bildes ist größer dargestellt als die ihn Umgebenden. Sein mit Wunden übersäter Körper zeigt bereits den grünlichen Farbton der Verwesung, aus dem Gesicht seiner der Ohnmacht nahen Mutter ist alle Farbe gewichen. Fast abstoßend eindringlich stellte Grünewald das Grauen und die Schmerzen des Todes dar. Von Harmonie und Schönheit findet sich keine Spur – größer konnte der Unterschied zur Renaissancemalerei kaum ausfallen. An Feiertagen wurden die Innentafeln des aufgeklappten Altars gezeigt, auf denen Szenen aus dem Leben Marias dargestellt sind. Eine dritte Schauseite war nur am Tag des heiligen Antonius zu sehen, Schutzpatron der Auftraggeber, des Antoniterordens; sie zeigt dessen Leben als Einsiedler.

Nur wenige Jahre, nachdem Grünewald den *Isenheimer Altar* vollendet hatte, bekamen Künstler die Auswirkungen der Glaubensspaltung auf die Kunst zu spüren. Im Zuge der durch Luther ausgelösten Reformation breitete sich der Protestantismus rasch aus. Luther lehnte den Ablasshandel der katholischen Kirche ab, war gegen irdische Autoritäten in Glaubensfragen und für eine neue Auslegung der Bibel. Mit der reichsrechtlichen Anerkennung des Protestantismus im Augsburger Religionsfrieden 1555 war die Trennung der europäischen Christenheit in Katholiken und Protestanten besiegelt. Aufträge für die Kirchenausstattung wurden selten im Deutschland des frühen 16. Jahrhunderts; weite Teile der protestantischen Bewegung lehnten nicht nur die Heiligenverehrung ab, sondern auch die bildliche Darstellung Gottes. Viele sakrale Werke wurden während der Reformation zerstört.

Unter den Folgen der Reformation hatten viele bildende Künstler zu leiden, so auch Hans Holbein der Jüngere. Er arbeitete zunächst in Basel, wo er Altarbilder und Porträts der Stadträte schuf. Mit wachsendem Einfluss der reformatorischen Bewegung in Basel wurden Aufträge auch für Holbein seltener. Der Gelehrte Erasmus von Rotterdam empfahl den Künstler nach England, wo Holbein Hofmaler Heinrichs VIII. wurde. Sein Doppelbildnis *Die Gesandten* entstand dort 1533. Links im Bild steht der Auftraggeber, der französische Gesandte Jean de Dinteville, auf der anderen Seite lehnt Georges de Selve, Bischof und ebenfalls als Botschafter tätig, am Tisch, der die Mitte des Gemäldes einnimmt. Darauf sind Bücher, astronomische

Hans Holbein der Jüngere (1497-1543), *Die Gesandten* (Jean de Dinteville und Georges de Selve), 1533, Tempera auf Holz, 206 x 209 cm. Nicht nur Botschafter und Gelehrte bestellten bei Holbein ihre Bildnisse. Als Hofmaler Heinrichs VIII. in England gehörte zu den Aufträgen des Künstlers auch, die möglichen Heiratskandidatinnen für den König zu porträtieren – immerhin sechs Ehen ging Heinrich ein.

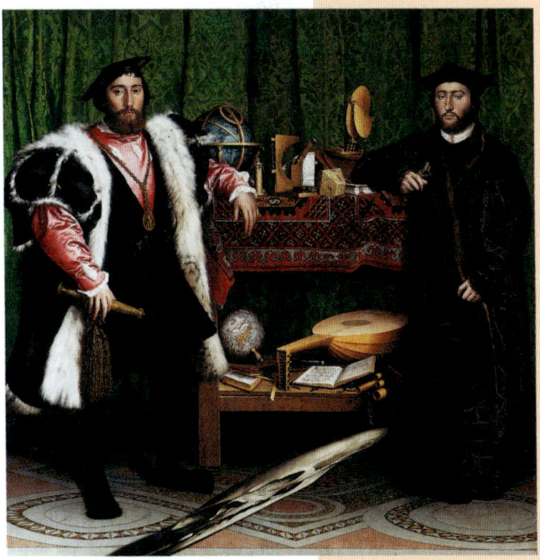

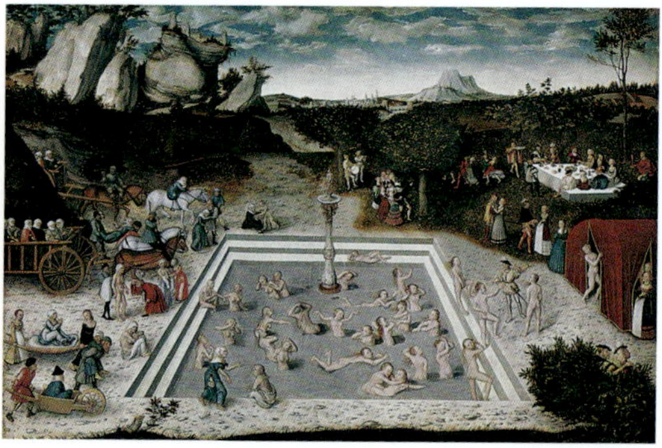

Lucas Cranach der Ältere (1472–1553), *Der Jungbrunnen* (Ausschnitt), 1546, Öl auf Holz, 122 x 187 cm.

Instrumente und eine Laute mitsamt Liederbuch versammelt. Die gerissene Saite des Instruments wurde als Zeichen für die religiösen Spannungen der Reformationszeit gelesen, ihr ist ein lutheranisches Gesangbuch zur Seite gestellt. Virtuos ist Holbeins Wiedergabe der unterschiedlichen Texturen und des im Bildvordergrund verzerrt dargestellten Totenkopfes. Er ist nach dem Prinzip der Anamorphose konstruiert (griech. *anamorphosis*, »Umgestaltung«), womit Holbein seine Kenntnis der Perspektive unter Beweis stellte.

Die Porträtmalerei war ein Feld, auf das sich viele Künstler der Reformationszeit verlegten. Lucas Cranach der Ältere schuf mehrere Bildnisse von Luther, durch die der Reformator in Europa bekannt wurde. Als Hofmaler Friedrichs des Weisen lebte Cranach in Wit-

Künstlerischer Austausch
Ein Austausch der Künstler fand auch von Norden nach Süden statt. Vorbehalte gegen die aus dem Norden kommende Kunst und die ihr eigene wirklichkeitsgetreue Wiedergabe des Gesehenen äußerte Michelangelo: »Die flämische Malerei (…) wird dem Frommen generell gesprochen besser gefallen als irgendein italienisches Werk, was ihn niemals zu Tränen rühren kann, (…). Sie wird den Frauen gefallen, vor allem den sehr alten und den sehr jungen, und auch den Mönchen und Nonnen und gewissen Adligen, die kein Gefühl für Harmonie haben.«

tenberg, wo er eine Buchdruckerei betrieb. Mit seiner großen Werkstatt, die er kurz vor seinem Tod seinem Sohn übergab, schuf er zunächst Altarwerke, bevor er sich nach der Reformation Luther-Porträts, Bibelillustrationen, aber auch Historienbildern zuwendete. Gefragt war Cranach der Ältere zudem als Maler erotischer Sujets. Ein solches stellt auch *Der Jungbrunnen* dar. Das Thema der legendären Verwandlung von alt in jung im Quell der ewigen Jugend bot ihm Gelegenheit, weibliche Schönheit in allen Schattierungen zu malen. Auf der linken Seite werden die alten Frauen in Holzkarren oder auf Tragen zum Wasser gebracht, dem sie rechter Hand in zurückgegebener Jugendlichkeit entsteigen. Die Landschaft in dieser Bildhälfte ist von blühenden Bäumen und Sträuchern bedeckt, zwischen denen gefeiert wird, während auf der linken Seite hohe, schroffe Felsen das Bild bestimmen.

Die Kunst in den Niederlanden

In den Niederlanden tat die Reformation dem Kunstschaffen keinen Abbruch. Die Themenpalette war dort bereits breit gefächert. Hieronymus Bosch hatte sich auf das Malen fantastischer Visionen von Himmel und Hölle spezialisiert, um die sich illustre Käufer rissen. Sein *Garten der Lüste* bildet die Mitteltafel eines dreiteiligen Flügelaltars, auf dessen Seitentafeln Paradies- und Höllendarstellungen zu sehen sind. Trotz des Rückgriffs auf die Form eines Altarwerks wird der Aufstellungsort des *Gartens der Lüste*, der heute im Prado in Madrid aufbewahrt wird, nicht in einer Kirche gewesen sein. Dazu sind auf der über 2 Meter hohen Holztafel zu eindeutig erotische Vergnügungen von allerlei seltsamen Kreaturen dargestellt.

Ein nicht weniger erfolgreiches Geschäft als Bosch betrieb die Malerfamilie Bruegel. Pieter Bruegel der Ältere hatte, wie viele seiner Zeitgenossen, in Italien die Werke der Antike und Renaissance studiert, widmete sich aber nach seiner Rückkehr in die Nieder-

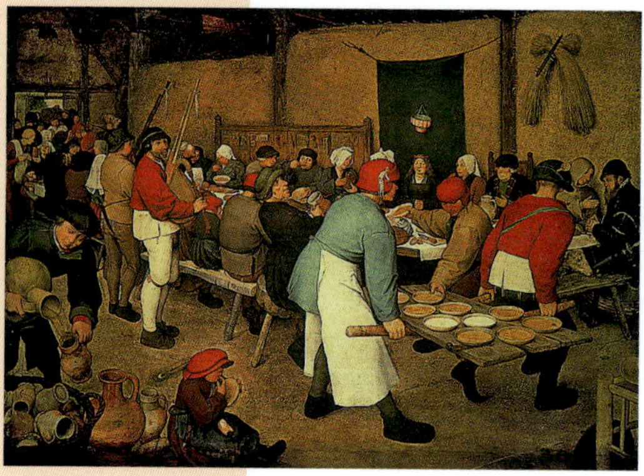

Pieter Brueghel der Ältere (1526/30–1569), *Die Bauernhochzeit,* 1568, Öl auf Holz, 114 x 162,5 cm.

lande der Darstellung seiner Heimat. In vielen seiner Bilder nimmt die Landschaft großen Raum ein. Der Maler und Kunstschriftsteller Karel van Mander berichtete 1604 in seinem *Schilderboeck* (Malerbuch), Pieter der Ältere habe »auf seinen Reisen (...) viel nach der Natur gearbeitet, sodass von ihm gesagt wird, er habe, als er in den Alpen war, alle die Berge und Felsen verschluckt und, nach Hause zurückgekehrt, auf Leinwände und Tafeln wieder ausgespien, so sehr vermochte er auf diesem und auf anderen Gebieten sich der Natur zu nähern«. Schilderungen des Dorflebens wie die *Bauernhochzeit* haben Pieter Bruegel dem Älteren den Spitznamen ›Bauernbruegel‹ eingetragen. In anderen Werken, vor allem in seinen Jahreszeitendarstellungen, nimmt die Natur größeren Raum ein als die Darstellung von Figuren. In einigen seiner Bilder bearbeitete Bruegel biblische Themen, so in seinem *Turmbau zu Babel*, mit dem er eine moralische Aussage anbringt, die Warnung vor menschlicher Überheblichkeit. Pieters Sohn Jan spezialisierte sich auf Blumenstillleben, ein anderer Sohn, Pieter der Jüngere, favorisierte Höllenvisionen in der Art Boschs. Ihren künstlerischen Vorlieben gemäß heißt der eine ›Samt‹- oder ›Blumenbruegel‹, der andere ›Höllenbruegel‹.

Der Manierismus

Im Rom des frühen 16. Jahrhunderts hatten sich die Renaissancepäpste in der Prachtentfaltung gegenseitig überboten. Mit der Plünderung der Stadt durch die

Truppen Karls V. 1527 (Sacco di Roma) war der Glanz der großen Mäzene jedoch nachhaltig getrübt. Die römisch-katholische Kirche unternahm große Anstrengungen, um die Ausweitung der Reformation zu begrenzen; viele Künstler mussten sich neue Auftraggeber suchen. Bei den französischen Königen war italienische Kunst begehrt, allen voran bei Franz I., in dessen Diensten Leonardo da Vinci seine letzten Lebensjahre verbrachte. Der König versuchte, auch Raffael, Tizian und Michelangelo für seinen Hof zu gewinnen, an dem viele Künstler aus Florenz tätig waren, unter ihnen Andrea del Sarto und Benvenuto Cellini. Italienische Künstler arbeiteten an der Ausstattung des königlichen Landsitzes Fontainebleau mit. Im höfischen Kontext entfaltete sich ab den 1520er-Jahren bis ans Ende des Jahrhunderts der sogenannte Manierismus.

Das Imitieren einer Manier (ital. *maniera*, »Art«, »Weise«) war mit dem Begriff verbunden, was die Zeitgenossen vor allem auf die Darstellungsweise der Spätzeit Michelangelos bezogen. Dessen muskulöse, skulpturhaft wirkende Figuren waren für viele Künstler des Manierismus ein Ausgangspunkt. Schon im 17. Jahrhundert sahen Kunstkritiker in dieser Epoche eine Verfallszeit der Spätrenaissance, die deren Errungenschaften ins Unnatürliche, Gekünstelte gewendet habe. Kennzeichen dieser vor allem in Italien und Frankreich zu findenden Richtung sind überlängte Figuren, oft in komplizierter Drehung gezeigt, sowie theatralische, dramatisch durch Licht und Schatten betonte Bewegungen, der Bildaufbau wird freier gehandhabt, typisch sind komplizierte Raumordnungen.

Die Kritik am Manierismus als eine Phase des Niedergangs der Errungenschaften der Renaissance findet sich bereits im 17. Jahrhundert in den Künstlerviten des Giovanni Pietro Bellori, eines Malers, Sammlers und Kunstschriftstellers: »Damals erfuhr die Malerei die größte Bewunderung der Menschen und schien wie vom Himmel herabgestiegen, als der göttliche Raffael mit den höchsten Mitteln der Kunst ihre Schönheit zum Gipfel erhob, sie wieder in die alte Majestät aller jener Grazien versetzend und um jene Werte bereichert, die sie schon einmal bei den Griechen und Römern überaus glorreich gemacht hatten. Weil aber die Dinge hier auf Erden niemals im gleichen Zustand beharren und das, was zum Gipfel gelangt ist, im ewigen Wechsel zwangsläufig wieder herabstürzen muss, sah man auch die Kunst, die seit Cimabue und Giotto in der langen Zeit von zweihundertundfünfzig Jahren allmählich fortgeschritten war, schnell niedergehen, sodass sie, eine Königin, niedrig und gemein wurde. Daher verlor sie, als jenes glückliche Jahrhundert vorbei war, binnen kurzem jede Form; und die Künstler verdarben, indem sie das Studium der Natur aufgaben, die Kunst mit der Maniera oder, wollen wir sagen, fantastischen Idea, auf die Praxis und nicht auf die Nachahmung gestützt.«

Giambologna – Der Norden in Florenz

Den gebürtigen Flamen Jean de Boulogne zog es, wie viele seiner Zeitgenossen, nach Italien, das für die Künstler und Auftraggeber im Norden auch im 16. Jahrhundert von großer Bedeutung war, ließen sich dort doch die Meisterwerke aus der Antike genauso studieren wie die der Renaissance. Vor allem Rom und Florenz galten als Zentren eines vorbildlichen Stils. Giambologna, wie Jean de Boulogne in seiner Wahlheimat hieß, arbeitete in Florenz für Francesco de' Medici. Dort blieb er Mittler zwischen Norden und Süden, da er am Hof der Medici viele Bildhauer aus seiner Heimat ausbildete.

Die über 4 Meter hohe Figurengruppe *Der Raub der Sabinerinnen* von 1581/82 ist ein Werk, mit dem Giambologna zugleich zu einer damals aktuellen Kunstdebatte Stellung bezog. Dargestellt ist eine Episode aus den Gründungstagen Roms: Um dem Frauenmangel in der jungen Stadt abzuhelfen, raubten die Römer die Frauen der in der Nähe lebenden Sabiner. Ein bärtiger Sabiner kniet mit erhobener Hand am Boden, die geraubte Sabinerin windet sich in den Armen des stehenden jungen Römers. In der hier abgebildeten Ansicht ist die untere Figur frontal ausgerichtet und nach links gewendet, der Stehende als Rückenfigur gestaltet, der Frauenkörper windet sich ebenfalls nach links. Doch lässt sich die spiralförmig geschraubte Komposition von allen Seiten betrachten, sie ist nicht auf eine Hauptansicht hin konzipiert. Damit greift Giambologna die Diskussion um die Ansichten einer Figur auf, die zu seiner Zeit auch theoretisch geführt wurde – sein Werk ist allansichtig. 1583 wurde der *Raub der Sabinerinnen* in Florenz auf der Piazza della Signoria im Herzen der Stadt aufgestellt, wo sich bereits Werke Donatellos, Michelangelos und anderer Bildhauer befanden.

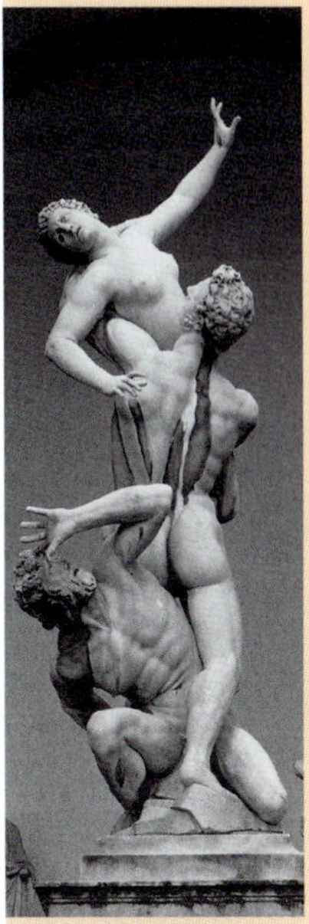

Giovanni Bologna (1529–1608), *Der Raub der Sabinerinnen,* 1581/82, Marmor, Höhe 410 cm.

Die Kleinplastiken Giambolognas, darunter der fliegende Götterbote Merkur, erfreuten sich in ganz Europa großer Beliebtheit. Die Bronzestatuetten fanden ebenso Eingang in die Bürgerhäuser der Niederlande wie in höfische Sammlungen, etwa in die Kunstkammer von Kaiser Rudolf II. in Prag. Im höfischen Kontext boten sich den Bildhauern andere Aufstellungszusammenhänge, die auch andere Kompositionen und Themen erlaubten: Gartenskulpturen, wie die Medici sie für ihre Gärten schätzten, Statuen von Herrschern oder kunsthandwerkliche Arbeiten für die Ausstattung

Der Wettstreit der Künste

Seit der Renaissance fand auch eine andere Streitfrage immer wieder Disputanten: Welcher künstlerischen Gattung gehört der Vorzug? Für die Bildhauerei sprach ihre Dreidimensionalität und die Vielansichtigkeit, für die Malerei vor allem die naturgetreue Darstellung. Auch im Kontext dieses Paragone-Streits (ital. *paragone*, »Vergleich«) sind viele Werke des 16. und 17. Jahrhunderts zu betrachten.

Parmigianino (1503–1540), *Madonna mit dem langen Hals,* 1534/35, Öl auf Holz, 219 x 135 cm. Auch Parmigianinos Leben und Werk nahm der Kunstschriftsteller Giorgio Vasari in seine Vitensammlung auf. Er lobte den Künstler in den höchsten Tönen: »Großzügig wurde dieser vom Himmel mit allen Fähigkeiten ausgestattet, die von einem vorzüglichen Maler verlangt werden, denn über das hinaus, was von vielen anderen gesagt wurde, gab er seinen Figuren eine gewisse Anmut, eine Zartheit und einen Liebreiz.«

prunkvoller Feste entstanden, wie das berühmte goldene Salzfass von Benvenuto Cellini. Sakrale Skulptur entstand im 16. Jahrhundert vor allem in Spanien, das von der römisch-katholischen Kirche rigide kontrolliert wurde.

Oberitalien: Parma und Mantua

Der manieristische Stil fand auch in anderen italienischen Kunstzentren seine Anhänger: Parmigianino, wie man Girolamo Mazzola nach seiner Heimatstadt Parma nannte, kehrte der Vatikanstadt nach dem Sacco di Roma den Rücken. Er ging schließlich nach Parma zurück, wo er eines seiner bekanntesten Bilder schuf, die *Madonna mit dem langen Hals*. Auf ein Kennzeichen des Manierismus verweist bereits der Titel des großformatigen Ölbilds: den unnatürlich langen Hals der Madonna, deren Kopf im Verhältnis zum gelängten, gedrehten Körper klein ist. Ihre rechte Hand und die

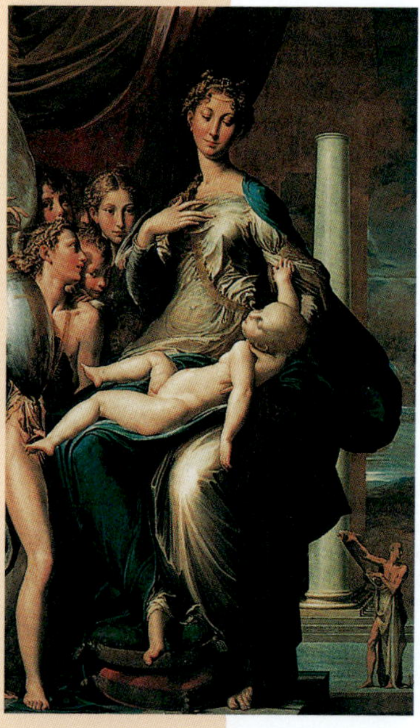

unter ihrem Gewand hervorschauenden Füße sind ebenfalls lang und schmal. Ein recht großer, schlafender Jesusknabe liegt in ihrem Schoß. In der linken Bildhälfte scharen sich Kinder um die Hauptfiguren, die Gruppe wird von einem Vorhang in warmem Dunkelrot hinterfangen. Im rechten Bildhintergrund ist in kühlen Farbtönen eine Architekturkulisse angelegt. Die sich nach oben verjüngenden Säulen tragen keinen Abschluss. Vor ihnen steht eine Männergestalt, die sich neben der Figurengruppe winzig ausnimmt, und die monumentale Wirkung der unvollendet gebliebenen Architektur noch steigert. Die schmalen Figuren mit ihrer fast durchscheinend wirkenden Haut, der zarte Stoff des

Gewandes von Maria, aber auch die unproportionale Hintergrundgestaltung tragen zur Raffinesse des Bildes bei, dem Hauptwerk Parmigianinos.

Einer der künstlerischen Höhepunkte des Manierismus befindet sich in Mantua. An Bau und Ausgestaltung des Landhauses der Familie Gonzaga vor den Toren Stadt, des Palazzo del Tè, war Giulio Romano maßgeblich beteiligt. Auch er war zunächst in Rom tätig gewesen und hatte als Schüler und Gehilfe Raffaels in den Vatikanischen Stanzen gearbeitet. Dann kehrte er der Stadt jedoch den Rücken, als mit wachsender Bedeutung der reformatorischen Kräfte das päpstliche Mäzenatentum eingeschränkt wurde. Giulio Romano begab sich 1524 nach Mantua, wo er bis zum Ende seines Lebens für die Familie Gonzaga tätig war. Als Maler, Architekt und Innenausstatter verkörperte er alle gefragten künstlerischen Kompetenzen. Errichtung und Ausstattung des Palazzo del Tè ab 1526 standen am Ende der langen Herrschaft der Gonzaga. Der Bau ist eine rechteckige Anlage um einen Innenhof, die klassischen Renaissanceformen sind stellenweise asymmetrisch verwendet. Vasari bezeichnete diese Verstöße gegen die Regeln als »kapriziöse Erfindungen«. Insgesamt traten die manieristischen Charakteristika in der Architektur verhaltener auf als in den anderen Kunstgattungen. Die Innenausstattung des Palazzos ist abwechslungsreich, sie zog sich über ein Jahrzehnt hin. Mythologische Themen schmücken Wände und Decken. In der Sala di Psiche ist die Geschichte von Amor und Psyche darge-

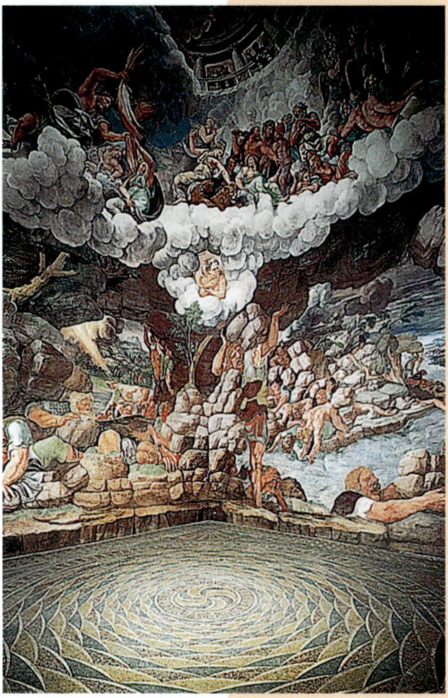

Giulio Romano (1499–1546) und Rinaldo Mantovano, *Gigantensturz* (Ausschnitt), 1530–32, Fresko im Palazzo del Tè, Mantua. Für ihre *villa suburbana*, den stadtnahen Landsitz, verpflichtete die Familie Gonzaga den Künstler Giulio Romano. Gefragt war nicht nur ein Architekt und Maler, vielmehr musste Romano auch sein Organisationstalent unter Beweis stellen: Es galt, in kurzer Zeit umfangreiche und vielfältige Aufgaben durch zahlreiche Künstler fertigstellen zu lassen.

stellt, stilisierte Pferde zieren die Wände der Sala dei Cavalli. In der Sala dei Giganti schilderte Giulio Romano den Sturz der Giganten. Sie hatten sich nach der griechischen Mythologie gegen Zeus aufgelehnt, aus dem Kampf gegen die olympischen Götter gingen sie jedoch als Verlierer hervor. Im Gigantensaal löst sich die Architektur im Illusionismus des Freskos fast auf, zu dem auch die plastisch wiedergegebenen Götter und Riesen beitragen. Wie ein Wirbel entfaltet sich die kühne Komposition aus der Mitte des Raums heraus. Diese Dramatik sollten die Maler des Barock aufgreifen.

Barock und Rokoko (17. und 18. Jahrhundert)
Die Teilung Europas in protestantische und katholische Gebiete war nach dem Dreißigjährigen Krieg besiegelt, im Westfälischen Frieden wurden 1648 die neuen innereuropäischen Grenzen festgelegt. Zwei große katholische Mächte standen sich mit Frankreich unter Ludwig XIV. und dem mächtigen Habsburgerreich gegenüber. Italien und Süddeutschland waren ebenfalls katholisch geblieben, die nördlichen Niederlande, England und Norddeutschland blieben größtenteils protestantisch. Die kulturelle Entwicklung verlief entsprechend unterschiedlich. Die künstlerischen Aufgaben variierten: Hof, Aristokratie und Klerus waren die Auftraggeber barocker Kunst in den katholischen Ländern, in protestantischen Gebieten sammelten Bürger und Kaufleute Kunstwerke.

Der Begriff Barock geht möglicherweise zurück auf das portugiesische Wort *barruca*, das unregelmäßig geformte Perlen oder Edelsteine bezeichnet. Als Bezeichnung für eine Epoche setzte er sich erst im 19. Jahrhundert durch. Charakteristika barocker Kunst sind bewegte Formen, reiche Dekoration, Täuschung der Wahrnehmung durch einen ausgefeilten Illusionismus und in Porträts vor allem die Überhöhung der Dargestellten.

Weder zum vorangegangenen Manierismus noch zum nachfolgenden Klassizismus lässt sich eine klare Grenze ziehen, die Übergänge sind fließend. In Italien haben sich barocke Formen schon Ende des 16. Jahrhunderts ausgebreitet, bis Mitte des 18. Jahrhunderts finden sie sich in Flandern, Holland, Deutschland, Österreich, Spanien, Frankreich und England. Dabei variieren die Ausprägungen des Stils stark, je nach Region. Die erste Hälfte des 17. Jahrhunderts wird auch als Frühbarock, das dritte Viertel als Hochbarock bezeichnet. Die Ausläufer dieses Kunststils lassen sich bis zur Mitte des 18. Jahrhunderts beobachten, auch Spätbarock genannt. Die Zeit von 1715 bis 1750, das Rokoko mit seinen besonders verspielten und kleinteiligen Elementen, wird mitunter als eigene Epoche betrachtet.

Das Gesamtkunstwerk
Die Grenzen zwischen den Kunstgattungen werden im Barock durchlässiger: Die Architektur zeigt viele plastische Elemente, Vergoldungen, Marmor und Stuck, die Malerei findet an Decken und Wänden Platz. Die Bestrebungen barocker Künstler waren dabei keineswegs nur auf Architektur und bildende Kunst beschränkt, sie beschäftigten sich auch mit Literatur und Theater, Mode und Musik. Mit Claudio Monteverdis *Orfeo* wurde 1607 in Mantua die erste Oper uraufgeführt. Opern mit Balletteinlagen, Kostüm- und Kulissenpracht in prunkvollen Häusern entsprachen ganz der Vorstellung vom Zusammenwirken aller Künste zu einem Gesamtkunstwerk, wenngleich dieser Begriff erst im 19. Jahrhundert formuliert wurde.

Italien im 16. und 17. Jahrhundert

Die Gegenreformation, von der katholischen Kirche als Reaktion auf den sich ausbreitenden Protestantismus vorangetrieben, galt mit dem Konzil von Trient als beendet. Die Glaubensspaltung war nun gefestigt. Einberufen von Papst Paul III., befasste man sich auf dem mit Unterbrechungen von 1545 bis 1563 tagenden Konzil mit der Neuausrichtung des Katholizismus. Im Zuge der Reformen wurde ein Verzeichnis der von der

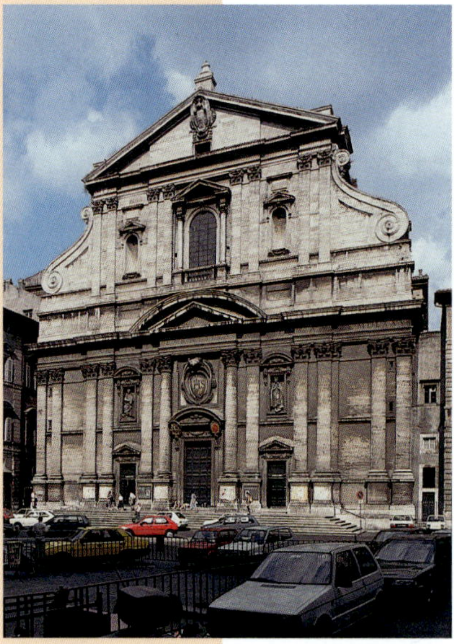

Giacomo della Porta (1539–1602), Fassade von Il Gesù, Rom, ab 1573.

Kirche verbotenen Bücher erstellt. Der religiösen Kunst wurden engere Grenzen gesteckt, eindeutig und leicht verständlich sollte sie sein. Für den Kirchenbau legte man ebenfalls neue Grundsätze fest, so sollte etwa die Fassade »der Heiligkeit des Ortes angepasst« sein. Für die Umsetzung dieser Ziele wurde oft schon in den Ausbildungsstätten der Künstler, den Akademien, Sorge getragen. Auch die Mitglieder des neu gegründeten Jesuitenordens standen hinter den päpstlichen Reformen und trugen zu ihrer Durchsetzung bei, als Lehrer und Missionare ebenso wie als Bauherren. Ihre Hauptkirche ist Il Gesù in Rom. Mit ihrer Errichtung begann Giacomo Vignola 1568. Er verband überkuppelten Zentralbau und Langbau miteinander. Die Fassade schuf nach dem Tod Vignolas 1573 Giacomo della Porta. Die Architekturformen der Kirche – vorgelegte Pilaster, horizontales Gebälk, Voluten – sind aus der antiken Architektur bekannt, della Porta betonte sie jedoch in neuer Weise. Die mittlere Achse des Gebäudes mit dem Hauptportal ist durch Fenster und plastischen Schmuck besonders hervorgehoben. Im Untergeschoss wird der Mittelteil durch Halbsäulen akzentuiert, sodass er aus der Fläche hervorzuspringen scheint. Im Obergeschoss sind die Seiten der Fassade mit Voluten abgerundet, die schwungvoll zum Giebel überleiten. Dieser Fassadentyp mit seinen beiden Geschossen, drei Portalen und dem volutengeschmückten Obergeschoss sollte sich in ganz Europa ausbreiten.

In Rom erreichte gegen Ende des 16. Jahrhunderts

die modernisierende Stadtplanung ihren Höhepunkt. Neue Straßen wurden angelegt, Obelisken errichtet, und der Vatikan baulich in die Stadt einbezogen. Wichtigster Auftraggeber der Architekten blieb die Kirche. Mitte des 17. Jahrhunderts begann unter Giovanni Lorenzo Bernini die Umgestaltung des Petersplatzes in zwei aufeinander folgende Plätze, beide von Kolonnadengängen gesäumt. Bernini führte zahlreiche öffentliche Aufträge in Rom aus, arbeitete als Architekt und Stadtplaner. Vor allem aber durch seine bildhauerischen Werke wurde Bernini zum Inbegriff des römischen Barock. Eines seiner Hauptwerke ist *Die Verzückung der heiligen Teresa von Avila* in Santa Maria della Vittoria. Kardinal Federico Cornaro beauftragte den Künstler mit der Ausstattung seiner Familienkapelle in der römischen Kirche. Der gesamte Raum ist mit Skulpturen und Dekorationen ausgestattet, die aus der Kapelle ein Gesamtkunstwerk machen. Seitlich des Altars sind in Logen die Mitglieder der Familie Cornaro in Stein gehauen, über dem Altar befindet sich die monumentale Figurengruppe mit der heiligen Teresa, einer spanischen Nonne aus dem 16. Jahrhundert. Sie war Patronin des Karmeliterordens, dem die Kirche gehörte. Vor goldenen Strahlen empfängt die Heilige auf einer Wolke ihre Vision, nach der ein Engel des Herrn ihr Herz mit einem brennenden Pfeil durchbohrte, was sie mit Schmerz und Wonne zugleich erfüllte. Ihr Gesicht zeigt die von ihr selbst in ihrem berühmten Buch geschilderten Gefühle, das scheinbar unkontrolliert wirbelnde Gewand unterstreicht ihre Erregung. Die Figur beschreibt eine Diagonale. Sie verleiht der Skulptur einen Aufwärtsdrang und dominiert die Komposition.

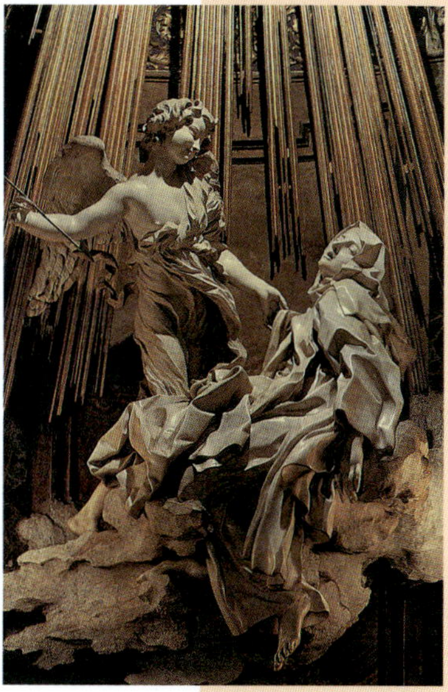

Giovanni Lorenzo Bernini (1598–1680), *Die Verzückung der heiligen Teresa von Avila,* 1647–52, Marmor, Stuck und vergoldete Bronze, Gesamthöhe 350 cm. Die gesamte Ausstattung der Familienkapelle ließ sich Kardinal Cornaro rund 13 000 Scudi kosten, der Venezianer wollte sich mit Nachdruck in Rom empfehlen. Zum Vergleich: 10 Scudi entsprachen dem Monatsgehalt des Malers Annibale Carracci im Dienst des Kardinals Farnese in Rom um 1600.

Eine ekstatische Gefühlswelt und bewegte Darstellung sind Kennzeichen barocker Plastik.

Wie in der Architektur und Plastik lassen sich auch in der Malerei des späten 16. und frühen 17. Jahrhunderts große Veränderungen beobachten. Den manieristischen Formen und Farben setzten viele Maler wieder eine stärker naturgetreue Darstellung entgegen, schreckten in ihren Bildern aber auch nicht vor dynamischer Bewegung und theatralischen Effekten zurück. Zwei Hauptströmungen lassen sich in dieser Zeit ausmachen, die mit den Namen Annibale Carracci und Caravaggio verbunden sind: Carracci tendierte zu idealisierender Darstellung, griff auf die Werke der Antike zurück und auf den Renaissancemaler Raffael. Der Aufbau seiner Bilder vermittelt in der Konzentration auf die Hauptfiguren Würde und Ruhe, ein Kennzeichen der Werke aus der Carracci-Schule, zu der auch Annibales Bruder Agostino sowie beider Lehrer und Cousin Ludovico gezählt werden. Dem Kreis der Carracci schlossen sich zahlreiche Künstler an, darunter Guido Reni und Andrea Pozzo.

Caravaggio hingegen plädierte für eine naturalistische, dabei durchaus dramatische Darstellung der Realität. Der idealisierten Natur, wie sie die Carracci-Nachfolger schufen, stellte Michelangelo Merisi, nach seinem Heimatort Caravaggio genannt, naturalistische Schilderung entgegen, verfolgte also einen genau entgegengesetzten Ansatz. Zwischen diesen beiden Polen spannte sich die Malerei um 1600: Die Mehrzahl der Künstler schlug sich auf die Seite der Carracci, aber auch Caravaggio sollte, und das noch in späteren Jahrhunderten, viele Nachfolger finden.

1592 traf der Lombarde Caravaggio in Rom ein, wo er bald mit zwei Gemälden für die Kapelle des Kardinals Matteo Contarelli Berühmtheit erlangte. Seine 3 x 2 Meter große *Grablegung Christi* malte Caravaggio um 1603/04 für die römische Kirche Santa Maria in Vallicella. Vor dunklem Hintergrund spielt sich die

Szene ab, der Betrachter blickt zu ihr hinauf. Die Figuren leuchtete Caravaggio durch Licht und Schatten subtil aus, sodass sie plastisch modelliert erscheinen. Die vom Licht erfassten Partien kontrastieren mit den verschatteten, die dramatische Wirkung des Werks wird dadurch noch gesteigert. Wie in der *Grablegung*, setzte Caravaggio in seinen Gemälden oft hartes, klares Licht und tiefe Schatten ein. Diese Technik wird als Helldunkelmalerei oder, mit dem italienischen Begriff, als Chiaroscuro bezeichnet. Darin manifestiert sich eine Abkehr von der harmonischen Verteilung von Licht und Schatten, wie sie in der Renaissance vorherrschte.

Trotz des biblischen Themas stellte Caravaggio seine Figuren realistisch dar: Die Adern an Fuß- und Handgelenken des toten Christus und des seine Knie umgreifenden Mannes treten deutlich hervor, dessen faltiges Gesicht ebenfalls präzise erfasst ist. Dass dieser ausgeprägte Naturalismus sich auch auf die Darstellung Heiliger erstreckte, führte mitunter zu Kritik seitens der Auftraggeber.

Caravaggio (1573–1610), *Grablegung Christi,* um 1603/04, Öl auf Leinwand, 300 x 203 cm.

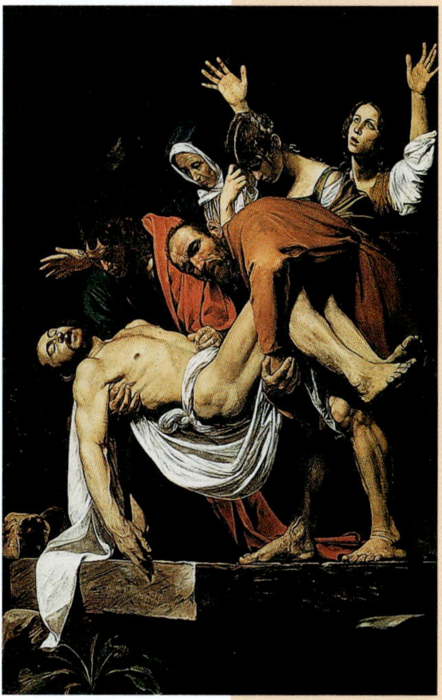

Nicht nur künstlerisch machte Caravaggio von sich reden, sein bewegtes Leben bot ebenso Gesprächsstoff: Wegen Totschlags gesucht, musste der Künstler schließlich aus Rom fliehen. Seine Begeisterung für spektakuläre Lichteffekte und eine realitätsnahe Schilderung zog viele Zeitgenossen und Nachfolger in ihren Bann.

Von einer Werkstatt oder Schülern ist nichts bekannt, und dennoch prägte Caravaggio eine ganze Reihe von Malern in

Italien, den Niederlanden, Frankreich, Spanien und Deutschland, die von der Nachwelt als Caravaggisten bezeichnet wurden. Bedeutende Caravaggisten waren unter anderem sein Landsmann Orazio Gentileschi und dessen Tochter Artemisia, der Spanier Jusepe de Ribera sowie der Franzose Georges de La Tour. Im holländischen Utrecht begeisterte sich zu Beginn des 17. Jahrhunderts ein Kreis von Malern für das Werk des Italieners, darunter Hendrick Terbrugghen und Gerrit van Honthorst. Ihre Werke schätzte auch der flämische Maler Peter Paul Rubens hoch.

Barock in Flandern und Spanien

Peter Paul Rubens lernte auf seinen Italienreisen die Werke Caravaggios und der Carracci kennen, studierte aber ebenso die Kunst der Antike und der Renaissance. In Antwerpen baute er eine große Werkstatt auf, die sich der zahlreichen Aufträge annahm. Thematisch ist sein Œuvre breit gefächert: Altargemälde, Porträts und Landschaften sind darin ebenso zu finden wie Bilderzyklen mit mythologischen Themen und Allegorien. Geschätzt wurden an Rubens' Werken ihre gewagten Kompositionen, die bewegten Figuren und vor allem ihre Farbwirkung. Rubens ließ im großen Stil Drucke nach seinen Werken anfertigen, die seine Bilderfindungen in ganz Europa bekannt machten.

Als Diplomat war er nicht weniger gefragt denn als Maler. Ab 1622 versuchte Rubens im Auftrag der spanischen Statthalterin Isabella, einen Friedensvertrag zwischen Flandern und Holland auszuhandeln – was ihm jedoch nicht gelingen sollte. Vor diesem Hintergrund ist auch seine Beschäftigung mit den Themen Krieg und Frieden zu sehen, aus der im letzten Jahrzehnt seines Lebens einige Werke hervorgingen. Eines von ihnen ist das 1637 entstandene Bild *Die Folgen des Krieges*. Rubens malte es für den toskanischen Großherzog Ferdinando de' Medici, das Thema jedoch geht vermutlich nicht auf dessen Wunsch zurück. Im

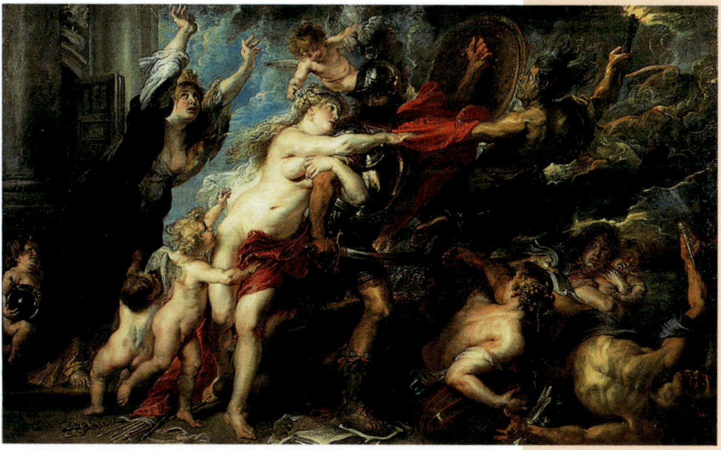

Peter Paul Rubens (1577–1640), *Die Folgen des Krieges,* 1637, Öl auf Leinwand, 206 x 345 cm. Die Zeit der prunkvollen barocken Kunst war nicht zuletzt auch die des Dreißigjährigen Krieges, der von 1618 bis 1648 in Europa tobte und den Rubens in seinem Spätwerk mehrmals thematisierte.

Zentrum des Gemäldes hält der Kriegsgott Mars seinen Schild hoch und stürmt nach vorn, Venus zu seiner Rechten versucht, ihn aufzuhalten. Die verheerenden Folgen des Krieges zeigen sich in der rechten Bildhälfte, dort breiten sich bedrohlich düstere Wolken über den zu Boden gestürzten Menschen aus. Anders als die Hauptfiguren sind sie keine Götter. Rubens verband in den Folgen des Krieges Mythologie und Zeitgeschichte – der Dreißigjährige Krieg sollte erst ein Jahrzehnt später enden. Viele große Talente gingen aus Rubens' Atelier hervor, darunter Anthonis van Dyck, der sich in England zum gefragten Porträtisten entwickelte und Hofmaler Karls I. wurde.

Am spanischen Hof in Madrid lernte Rubens 1628 den Maler Diego Rodríguez de Silva y Velázquez kennen. Der gebürtige Sevillaner war schon im Alter von 24 Jahren zum Hofmaler des jungen Königs Philipp IV. in Madrid berufen worden. Später erwarb er im Auftrag des Königs auch Gemälde für dessen umfangreiche Kunstsammlung. Dass auch Velázquez sich auf die für Künstler fast obligatorische Italienreise begab, ist auf eine Anregung Rubens' zurückzuführen. In seinen frühen Genrebildern bediente sich Velázquez der caravag-

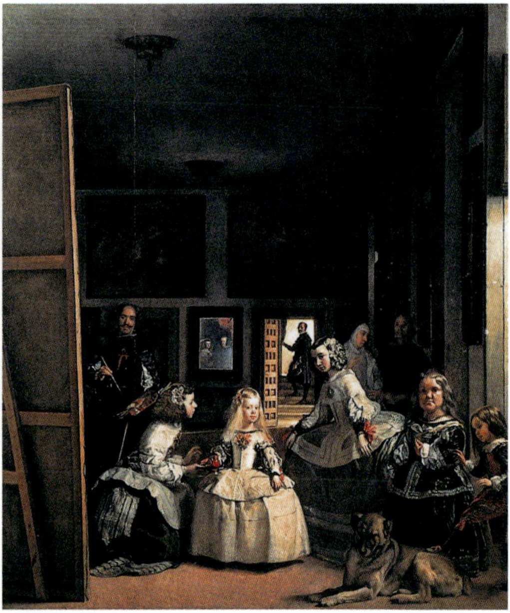

Diego Velázquez (1599–1660), *Las Meninas* (Die Hoffräulein), 1656, Öl auf Leinwand, 320 x 270 cm. Schon die Zeitgenossen wunderten sich über Velázquez' prominente Selbstdarstellung in diesem Werk, waren sich aber auch sicher, dass sein Name dadurch genau solange Bestand haben würde wie der der spanischen Infantin Margarita.

gesken Helldunkeltechnik, die er in Italien ebenso studierte wie die Figuren Michelangelos. Als Hofmaler Philipps IV. war er jedoch vor allem Porträtist der Königsfamilie. Sein bekanntestes Werk ist das Gruppenbildnis der Hoffräulein, *Las Meninas*. Sie sind in einem Galerieraum des Schlosses rund um die Infantin Margarita versammelt. Eine Hofdame reicht der kostbar gekleideten Infantin einen Krug mit einem Getränk, eine andere neigt sich ihr mit einem Knicks zu. Zwei Zwerge, festgehalten in der rechten unteren Bildecke, sind ebenfalls Teil des Hofstaats im Raum, hinter ihnen stehen die Kammerfrau und eine Wache. Der Hofmarschall der Königin ist hinter der geöffneten Tür auf einer Treppe zu sehen. Das Königspaar erscheint im Spiegel an der Rückwand des Raums und nimmt auf diese Weise am Geschehen teil. Velázquez selbst hat sich ebenfalls abgebildet: Er steht vor einer großen Leinwand und hat seinen Blick in die Richtung des Betrachters gewendet, dorthin, wo man sich das Königspaar vorstellen muss, das er wohl gerade porträtiert. Den Malakt – und sich selbst – hält Velázquez in seinem Meisterwerk fest und gibt damit Zeugnis von seinem Selbstverständnis und seiner hohen Stellung am spanischen Hof. Es gelang ihm, über 40 Jahre seine Stellung als Hofmaler gegen viele Rivalen zu verteidigen.

Mit dem Namen Velázquez verbindet sich in Spanien das Goldene Zeitalter, das Siglo de oro. Die spanische Barockkunst entwickelte sich vor allem unter italienischen Einflüssen. Nach dem Vorbild der römischen Kirche Il Gesú entstanden in Spanien Kirchenbauten, Einflüsse Caravaggios zeigen sich im Werk vieler spanischer Maler, darunter Francisco de Zurbarán, der religiöse Bilder und Genrestücke schuf.

Französische Barockmalerei und -architektur

Die französische Barockmalerei entstand vor allem in Italien. In Rom verbrachten die Maler Nicolas Poussin und Claude Lorrain schließlich die meiste Zeit ihres Lebens. Ihr Einfluss auf die Künstler ihrer Heimat war dennoch groß.

Nicolas Poussin, geboren in der Normandie, ließ sich im Alter von 30 Jahren in Rom nieder. Die ihn dort umgebende Landschaft mitsamt den Ruinen der römischen Antike ist häufig ein Thema seiner Werke. Seine Historienbilder strahlen Ruhe aus, fern jeder Dramatik sind sie in gleichmäßiges Licht getaucht. Seine Werke waren auch in Frankreich beliebt, vor allem an der 1648 gegründeten königlichen Akademie, die im Kulturleben tonangebend war.

Das Historienbild galt als hochrangiges Sujet innerhalb der Gattung Malerei, da es über das Handwerkliche hinausgehende Kenntnisse in Geschichte und Mythologie erforderte. Landschaften hingegen rangierten weit unten auf der Skala. Sie fanden in Gemälden vor allem als Hintergrund Verwendung. In Zeichnungen, Grafiken und Aquarellen hatten sich Künstler wie Leonardo da Vinci, Albrecht Dürer und Rembrandt bereits mit dem Thema befasst. In Italien erfreuten sich kleinformatige Landschaftsgemälde niederländischer und flämischer Künstler zu Beginn des 17. Jahrhunderts großer Beliebtheit. Viele von ihnen waren in Italien als Spezialisten in größeren Künstlerwerkstätten tätig.

Mit Claude Lorrain erlangte die Landschaft jedoch auch für die französische Barockmalerei Bedeutung. Der gebürtige Lothringer traf um 1613 oder 1617 in Rom ein, wo er bis an sein Lebensende blieb. Für seine Hafen-, See- und Landschaftsbilder machte er Studien nach der Natur, wie der Künstlerbiograf und Maler Joachim von Sandrart berichtet: »… lage (Claude) vor Tags und biß in die Nacht im Felde, damit er die Tagröhte, der Sonnen Auf- und nidergang neben den Abendstunden recht natürlich zu bilden erlernete.« Aus im Freien entstandenen Studien komponierte Claude Lorrain dann im Atelier seine Gemälde. Immer sind darin antike Architekturen oder Ruinen zu finden, meist in warmes Gegenlicht getaucht. Auf die Darstellung historischer Ereignisse verzichtete Lorrain zwar nicht, die biblischen und mythologischen Themen oder Episoden aus Werken antiker Autoren sind in seinen Bildern jedoch selten prominent platziert, wie die *Verstoßung der Hagar* zeigt.

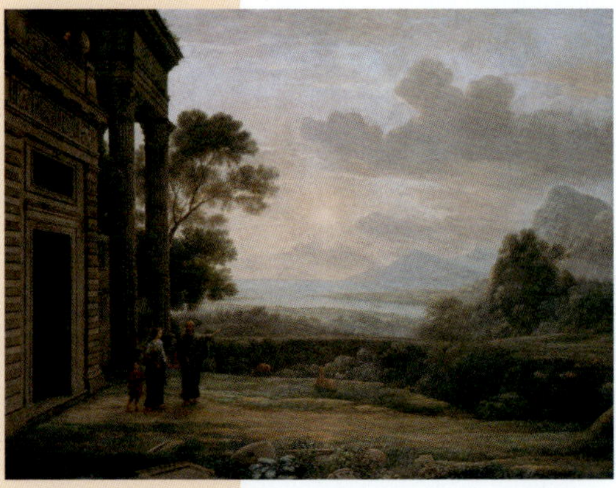

Claude Lorrain (1600–1682), *Die Verstoßung der Hagar,* 1668, Öl auf Leinwand, 106 x 140 cm. Lorrains Naturvorstellungen sollten sich auch in den Anlagen der englischen Landschaftsgärten des 18. Jahrhunderts niederschlagen: Sanfte Hügel, abgerundete Terrains und wie von der Natur selbst gepflanzte Bäume sowie Baumgruppen bestimmten dort das Bild.

Von der Bewegtheit und Dramatik, wie sie etwa den Werken Rubens' innewohnt, sind die Bilder Poussins und Claude Lorrains weit entfernt. Sie zeigen idealisierte Gegenwelten – nicht zuletzt in Anbetracht der politischen Lage Europas. In Frankreich machten sich auch in der Architektur des Barock strengere, dabei aber nicht weniger monumentale Formen breit. Der französische Barock wird nach den jeweiligen Regenten in Louis-treize, -quatorze und -quinze eingeteilt.

Im Heimatland Poussins und Claude Lorrains hatte 1643 Ludwig XIV., genannt der Sonnenkönig, die französische Krone übernommen. Bis zu seinem Tod 1715 prägte seine absolutistische Herrschaft das Land. Frankreich löste Spanien als europäische Supermacht ab. Ludwigs Verständnis von uneingeschränkter Herrschaft verdeutlicht sein berühmter Ausspruch »L'état, c'est moi«. Gemäß dieser Devise legte der König sein Schloss in Versailles bei Paris an. Drei Straßenachsen führen auf die sternförmige Anlage zu, in deren Mittelpunkt sich das königliche Schlaf- und Empfangszimmer befand.

Schon Ludwigs Vater und Vorgänger auf dem Thron hatte im Waldgebiet westlich von Paris ein Jagdschloss errichten lassen, mit dessen Ausbau der Sonnenkönig 1668 den Architekten Louis Le Vau beauftragte. Nach dessen Tod zehn Jahre später übernahm Jules Hardouin-Mansart die Bauleitung. Die Schlossfront erstreckt sich über fast 600 Meter und ist mit Skulpturen, Urnen und Trophäen geschmückt. Unter Mansart entstanden im ersten Stock zur Gartenseite hin der 71 Meter lange Spiegelsaal für Hofbälle und Empfänge sowie der Süd- und der Nordflügel. Die Gliederung ist achsensymmetrisch, die Seiten-

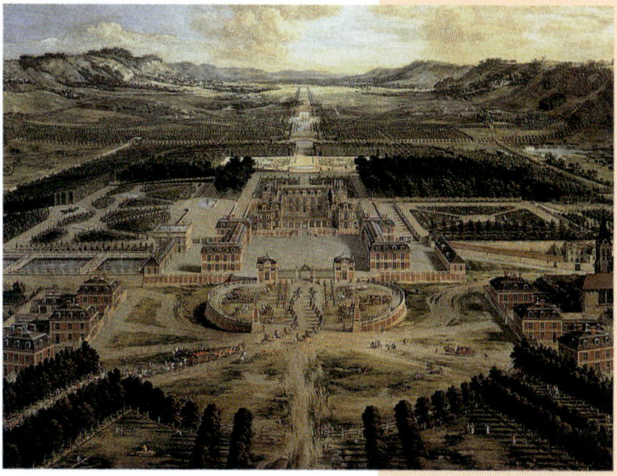

Pierre Patel (um 1605–1676), *Ansicht von Schloss und Garten von Versailles,* 1668, Öl auf Leinwand, 115 x 161 cm. Aus der Vogelperspektive lassen sich die gewaltigen Dimensionen des Schlosses und der Gartenanlage erahnen. Das Bild zeigt den Zustand von 1668, bevor Ludwig XIV. ganze Heerscharen von Künstlern und Arbeitern für den weiteren Aus- und Umbau verpflichtete.

flügel umfangen zusammen mit dem zurückspringenden Haupttrakt den zur Stadtseite gelegenen Ehrenhof. Nach einem knappen Jahrhundert Bauzeit war das Versailler Schloss vollendet. Unter Ludwigs Nachfolger wurde der Baukomplex noch einmal erweitert um einen Außenflügel (der zweite entstand im 19. Jahrhundert), eine eigene Oper sowie zwei weitere Lustschlösser, das Grand und das Petit Trianon, im Norden der weitläufigen Anlage.

1682 zog der gesamte Hofstaat nach Versailles. Das Schloss beherbergte etwa 3000 Menschen, alle in das strenge höfische Zeremoniell eingebunden, das insbesondere dem Adel für politische Ambitionen keine Zeit mehr ließ.

Unter der Leitung des Gartenarchitekten André Le Nôtre entstand ab 1667 rund um die imposante Schlossanlage auf einer Fläche von über 5 Quadratkilometern ein nicht minder imposanter Garten. Geometrisch geformte Beete bildeten nah am Schloss das sogenannte Parkett, schnurgerade Baumreihen, skulptural zugeschnittene Hecken und Baumgruppen wurden angelegt. Zwei Kanäle bewässerten die Anlage und hielten Brunnen sowie Wasserspiele in Gang. Gesäumt von Statuen und Marmorvasen führten Wege symmetrisch durch das Gelände. Die rigorose Umgestaltung der Natur ist ein Kennzeichen des barocken Gartens.

Die Gartengestaltung von Versailles machte als Französischer Garten bald in ganz Europa Schule, rund um das Charlottenburger Schloss in Berlin genauso wie im Wiener Belvederegarten, in Neapel ebenso wie in der Sommerresidenz des spanischen Königs.

Als barockes Gesamtensemble erstreckte sich die Umgestaltung von Versailles auch auf die Innenräume. Ihre Ausstattung lag in den Händen des Hofmalers Charles Le Brun, später auch Direktor der Königlichen Kunstakademie. Die Decken der prunkvollen Repräsentationsräume im ersten Stock des Schlosses zieren antike Götter und Helden, die Wände wurden mit Marmor, Lackarbeiten und Goldbrokat verkleidet. Im Zentrum des Bildprogramms steht, in Gestalt des Sonnengottes Apoll, der Sonnenkönig selbst. Die Überhöhung und Legitimierung des Herrschers ist hier abzulesen. Die barocke Prunkentfaltung machte auch vor dem Möbelbau keineswegs halt, Sitzgelegenheiten wurden üppig gepolstert und mit Stoff bespannt, Schreibmöbel und Schränke im Einklang mit der übrigen Raumgestaltung geschaffen.

Vor allem im katholischen Europa galt Versailles bald als stilbildend für den Schlossbau. Wer sich auf der Höhe der Zeit zeigen wollte, nahm die prächtige Residenz des französischen Königs zum Vorbild. Die repräsentativen Säle, Treppenhäuser und Galerien dieser Schlossbauten bedurften der Ausstattung ebenso wie der passenden Gestaltung der Außenanlagen – ein umfangreiches Betätigungsfeld für Handwerker und Künstler. Kirchen und Klöster unterschieden sich in ihrem Prunk nicht von den Schlössern und anderen profanen Bauten; Kirchenbau und -ausstattung blieben auch nach dem Dreißigjährigen Krieg eines der künstlerischen Hauptaufgabengebiete.

Spätbarock und Rokoko in Deutschland und Österreich

In Mitteleuropa waren die Verwüstungen nach dem Dreißigjährigen Krieg besonders groß. Vor allem in den katholischen Gebieten Süddeutschlands und Österreichs wuchs nach Kriegsende wieder der Einfluss der italienischen Kunst. Bauvorhaben wurden oft Künstlern aus Italien übertragen.

Die größte Klosteranlage des österreichischen Barock hingegen schuf ein einheimischer Architekt. Begonnen wurde der weitgehende Neubau des Benediktinerstifts Melk unter dem Bildhauer Jakob Prandtauer 1702. Die Anlage breitet sich auf einer Anhöhe oberhalb der Donau aus. Die Hauptachse durch Kirche und Ehrenhof erstreckt sich über eine Länge von 320 Metern. Die Stiftskirche, die Wohnung des Abts und

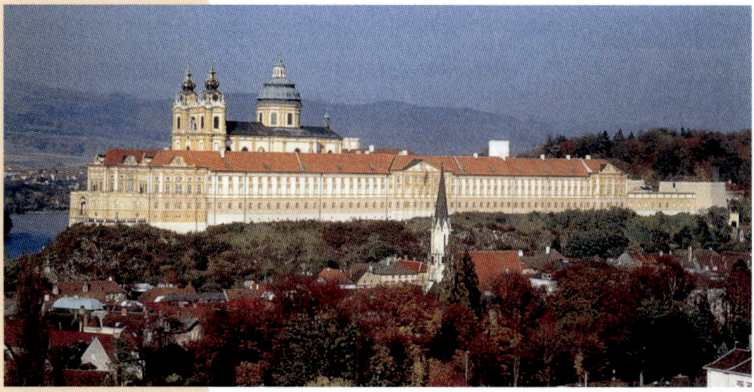

Jakob Prandtauer (1660–1726) und Josef Munggenast (1680–1741), Benediktinerstift Melk an der Donau, begonnen 1702. Nach den Regeln des Ordensgründers, des heiligen Benedikt, sollte sich alles Notwendige innerhalb der Klostermauern befinden, sodass die dort lebenden Mönche die Anlage nicht verlassen mussten. Das Kloster Melk führt mit seinen gewaltigen Dimensionen nicht nur die geforderte Autarkie vor Augen, sondern auch die Prunkvorstellungen spätbarocker Bauherren.

andere repräsentative Gebäudeteile wie die Bibliothek wurden unter Prandtauer in Angriff genommen, der Klausurbereich der Mönche hingegen blieb weitgehend im alten Zustand. Zwei Türme schmücken die Fassade der Abteikirche Sankt Peter und Paul, hinter deren Mittelteil die bekrönende Kuppel zu erkennen ist. Symmetrisch flankieren Bibliothekspavillon links und Kaisersaalpavillon rechts den Kirchenbau, vor dem eine fast halbrund hervorspringende Terrasse angelegt wurde. Das Kloster Melk genoss den Schutz des Hauses Habsburg, Bauteile wie der Kaisersaalpavillon und eine Reihe von Kaiserzimmern waren für den allerhöchsten Besuch vom kaiserlichen Hof vorgesehen. Vollendet wurde die Anlage 1738 von Prandtauers Neffen Josef Munggenast.

Für derart umfangreiche Aufträge, wie sie für die Zeit des Absolutismus kennzeichnend sind, waren große Werkstätten nötig: Stukkateure, Maler und Bildhauer arbeiteten eng zusammen. Die Brüder Cosmas Damian und Egidius Quirin Asam besorgten als Architekten-, Bildhauer-, Stukkateur- und Malergespann die Innenausstattung der Klöster Weltenburg und Rohr. Die Brüder Johann Baptist und Dominikus Zimmermann waren unter anderem in der Wieskirche als Architekten- und Malerteam tätig.

Auch die Fürstbischöfe von Würzburg beauftragten bedeutende Künstler mit dem Bau und der Ausstattung ihrer Residenz. Zwischen 1719 und 1744 entstand unter den Architekten Balthasar Neumann, Lucas von Hildebrandt, Maximilian von Welsch und anderen eine geschlossene Vierflügelanlage, die den stadtseitigen Ehrenhof umgibt. Einer der Höhepunkte des Baus ist das von Neumann gestaltete Treppenhaus. Von dem Vestibül aus, der Eingangshalle im Erdgeschoss, führt eine breite Treppe zu einer umlaufenden Galerie. Die Treppe besteht zunächst aus nur einem Lauf, ist der Besucher oben angelangt, muss er auf einem Wendepodest die Richtung wechseln und kann einen der beiden Treppenläufe nehmen, die zur Galerie führen. Diese raffinierte Führung des Wegs ist zugleich eine des Blicks: Oberhalb der weißen Stuckverzierungen der Galeriewände ist ein monumentales Deckenfresko angebracht, das sich von Stufe zu Stufe erschließt. Für die Ausmalung des Gewölbes holte Fürstbischof Carl Philipp von Greiffenclau 1750 den Venezianer Giovanni Battista Tiepolo nach Würzburg. Dieser schuf dort innerhalb von drei Jahren einen illusionistischen Wolkenhimmel, in dessen Wirkung der Künstler die Bewegung des Betrachters einbezog. In das Deckenfresko *Der Olymp und die Kontinente* fand auch der Auftraggeber Eingang: Sein Porträt wird in der Darstellung des Kontinents Europa in den Himmel aufgenommen.

Von Frankreich ausgehend, breitete sich im 18. Jahrhundert der Rokokostil in andere euro-

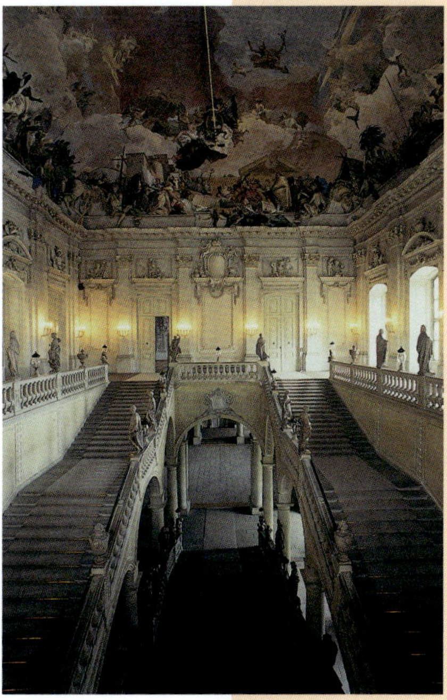

Balthasar Neumann (1687–1753) und Giovanni Battista Tiepolo (1696–1770), Treppenhaus der Würzburger Residenz mit Deckenfresko. Das riesige Fresko von Tiepolo ziert das Gewölbe über dem Treppenhaus von Neumann. Der abgebildete Ausschnitt zeigt den Kontinent Europa mit der Überhöhung des Fürstbischofs Carl Philipp von Greiffenclau, dessen Porträt soeben in den Götterhimmel gelangt ist – wie es sich in Fürstenkreisen gehörte.

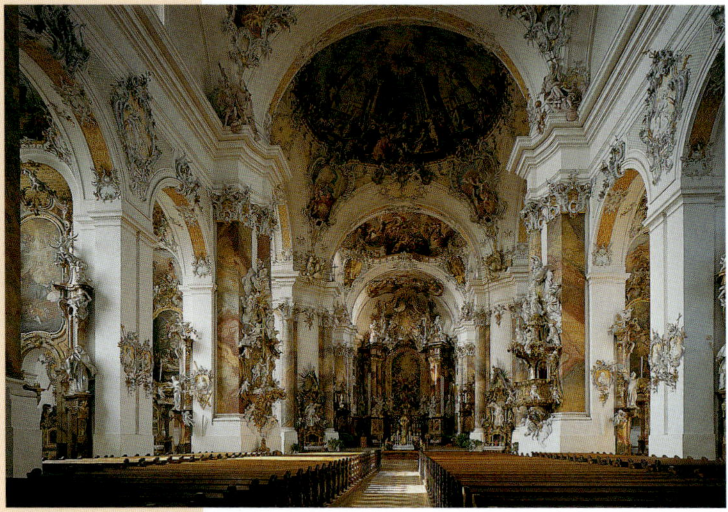

Johann Michael Fischer (1692–1766), Innenraum der Klosterkirche von Ottobeuren, 1737–64. An insgesamt 22 Klöstern und 32 Kirchen war der Münchner Stadtbaumeister, zum Teil maßgeblich, beteiligt. Der Bau der reich ausgestatteten Barockkirche von Ottobeuren war schon weit fortgeschritten, als Fischer seine Entwürfe einbrachte.

päische Länder aus, vor allem nach Süddeutschland, Preußen und Österreich. Balthasar Neumann, Architekt der Würzburger Residenz, schuf weitere berühmte Schloss- und Kirchenbauten im Stil des Rokoko, darunter die 1743 begonnene Wallfahrtskirche Vierzehnheiligen. Ein anderes Musterbeispiel des Rokoko ist die Klosterkirche der Benediktinerabtei im süddeutschen Ottobeuren, errichtet von 1737 bis 1764. Ab 1748 war Johann Michael Fischer mit der Ausführung des Baus beauftragt. Die Saalkirche entstand auf kreuzförmigem Grundriss und wird von einer großen Vierungskuppel bekrönt. Der Blick in den Innenraum macht die große Bedeutung des baulichen Schmucks deutlich. Ein großer Teil der Innendekoration ist nicht in Marmor, sondern in Stuck gearbeitet. Diese Elemente, ausgeführt von Johann Michael Feichtmayr, hat Fischer von Anfang an in die Wirkung des Raums einbezogen. Sie lassen die Architektur bewegt erscheinen, verleihen den schlichten Formen Leichtigkeit. Wände und Decken der Kirche scheinen unter Malerei und Plastik vor- und zurückzuschwingen. Die gemalte Architektur in der Vierungskuppel ist stark verkürzt, was eine größere Höhe suggeriert. Vieles ist auf Fernwirkung angelegt, unterstützt von genau berechneten Lichteffekten, die Architekturdetails gezielt hervorheben und zum bühnenartigen Gesamteindruck beitragen.

Rokoko in Frankreich

Die Bezeichnung Rokoko leitet sich von dem französischen Wort *rocaille* ab, das Grotten- und Muschelwerk bedeutet. Damit ist bereits auf die Kleinteiligkeit der Ausschmückungen hingewiesen, wie sie in der ersten Hälfte des 18. Jahrhunderts geschätzt wurden. In seinem Ursprungsland Frankreich wurde das Rokoko während der Regentschaft Ludwigs XV. von 1730 bis 1750 zur vorherrschenden Kunstrichtung, weshalb es auch als Louis-quinze bezeichnet wird.

Die freie Grundrissgestaltung, vor allem aber die reiche Ausstattung mit Ornamenten, Stuck, Spiegeln, Bildern und Schnitzwerk, zeichnen die Bauten des Rokoko aus und unterscheiden sie von barocken Bauwerken. Nicht nur in der Architektur, auch in der Bildhauerei, bei Möbeln und Porzellan war das aus natürlichen oder fantastischen Formen gebildete Ornament ein dominierendes Element. Wie im Barock gingen Architektur, Bildhauerei und Malerei nahtlos ineinander über. Da der Architekturschmuck viel Raum in Anspruch nahm, wurden Fresken seltener ausgeführt. Dafür erfreuten sich kleine Leinwandbilder wieder größerer Beliebtheit.

Jean-Honoré Fragonards kleinformatiges Gemälde *Die Schaukel* ist eines der bekanntesten Werke des Rokoko. Der Pariser lernte bei François Boucher, der für seine sinnlichen Bilder am Hof wie vom

Jean-Honoré Fragonard (1732–1806), *Die Schaukel,* 1767, Öl auf Leinwand, 81 x 65 cm.

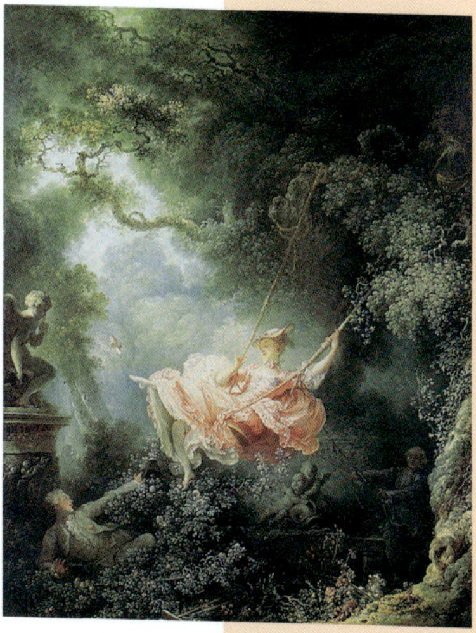

Bürgertum geschätzt wurde. Ebenso Fragonards Werke, Porträts, Familienszenen und Interieurs, trafen den Geschmack der Zeitgenossen. So auch *Die Schaukel*. In einer frühsommerlichen, lichtdurchfluteten Parklandschaft schaukelt eine junge Dame. Ihr volantreiches, roséfarbenes Kleid bauscht sich im Schwung der Bewegung. Ihren linken Schuh hat sie soeben verloren, vielleicht beim Versuch, ihn zu fangen, ist der junge Mann zu ihren Füßen ins üppige Grün gestürzt. Skulpturen mit kleinen Putten verstärken den erotischen Unterton der Darstellung – der Auftraggeber ließ Fragonard wissen, er wolle der Frau unter den Rock sehen können. Solche ganz und gar weltlichen bis erotischen Themen gingen in der Malerei des Rokoko einher mit einer Aufhellung der Farbpalette durch beigemischtes Weiß.

Mit dem Ausbruch der Französischen Revolution 1789 fanden die galanten Szenen keine Anhänger mehr. Für Fragonard bedeutete dies das Ende seiner Karriere. Der Untergang des Absolutismus markiert zugleich das Ende des Rokoko.

Niederländische Malerei des 17. Jahrhunderts

Während die südlichen Niederlande in das Reich der spanischen Habsburger eingegliedert blieben, hatten sich die nördlichen Provinzen in der Union von Utrecht 1579 vom Süden losgesagt und führten einen Befreiungskrieg gegen die Herrschaft der Spanier. Nachdem ein Waffenstillstand geschlossen war, erlebten die nördlichen Niederlande nach langen Kriegsjahren im 17. Jahrhundert eine Blütezeit. Nach seiner wichtigsten Provinz wird der Norden meist Holland genannt. Dort war der Calvinismus die meistverbreitete Religion, die südlichen Niederlande hingegen waren katholisch.

Vor allem Amsterdam profitierte von der Unabhängigkeit der nördlichen Provinzen. Das flandrische Antwerpen war zuvor die wichtigere Handelsstadt gewesen, nach der Spaltung des Landes jedoch war es vom

Meer abgeschnitten und verlor an Bedeutung. Amsterdam hingegen avancierte zur Basis für den Seehandel mit den neu entdeckten Ländern. In Südafrika, Indonesien und Mittelamerika begründeten die Holländer Kolonien. Unterstützt von England, das zusammen mit Flandern vor allem den Konkurrenten Spanien schwächen wollte, bauten die Niederländer eine große Handelsflotte auf. Das Wirtschaftswachstum erlaubte eine großzügige Förderung der Künste, insbesondere in Bezug auf die Malerei spricht man daher vom Goldenen Zeitalter. Die Kunst wandte sich neuen Aufgaben und neuen, bürgerlichen Käuferschichten zu.

Um sich auf dem rasch wachsenden Kunstmarkt einen festen Platz zu erobern, spezialisierten sich viele Künstler auf ein bestimmtes thematisches Gebiet, zum Beispiel Blumenbilder, Stadtansichten oder Porträts. So bestand die Chance, beim potenziellen Käufer einen Wiedererkennungseffekt zu erzielen und sich angesichts der großen Konkurrenz zu behaupten.

Jacob Isaacksz. Ruisdael befasste sich vor allem mit der Wiedergabe der Natur seiner Heimat und malte Stadt- und Landschaftsbilder mit den charakteristischen Windmühlen. In Holland, der großen Seemacht, waren Themen der Marinemalerei besonders gefragt, viele Maler spezialisierten sich auf Meeresansichten, Hafenszenen, Seeschlachten oder Schiffe in Seenot.

Bilder mit Bauern-, Küchen- und Kneipenszenen fanden ebenfalls reißenden Absatz. Sie werden als Genrestücke bezeichnet. Im weiteren Sinn versteht man unter einem Genre die künstlerische Gattung, also Historienmalerei, Porträt oder Landschaft, im engeren Sinn jedoch ist damit die Kunstgattung gemeint, die sich im Holland des 17. Jahrhunderts ausbildete. Szenen aus dem alltäglichen Leben sind in Genrebildern wiedergegeben, bei den dargestellten Figuren handelt es sich jedoch nicht um Porträts, vielmehr steht das Allgemeingültige der Szene im Vordergrund. Protagonisten der Genremalerei in Amsterdam, Delft und Ant-

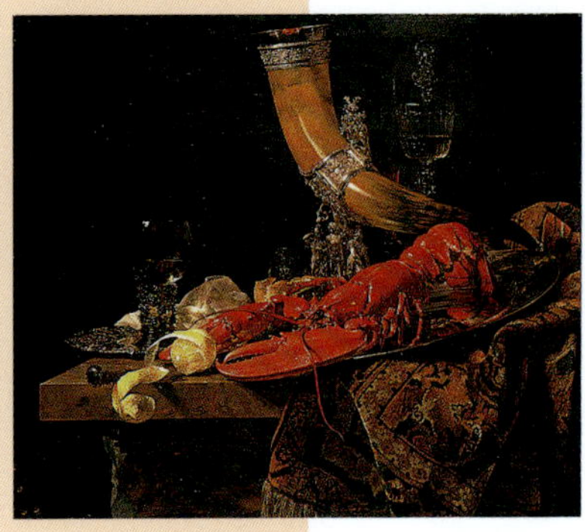

Willem Kalff (1619–1693), *Stillleben mit dem Trinkhorn der St. Sebastians-Schützengilde, Hummer und Gläsern,* um 1653, Öl auf Leinwand, 86,5 x 102 cm.

werpen waren neben vielen anderen Adriaen Brouwer, Pieter de Hooch, Jan Steen, Adriaen van Ostade und David Teniers der Jüngere.

Stillleben boten ein weiteres weites Feld innerhalb der holländischen Malerei des 17. Jahrhunderts. Sie entwickelten sich zur beliebtesten Bildgattung, auf die sich die Maler zunehmend spezialisierten. Die Amsterdamer Malerin Rachel Ruysch etwa verstand sich auf die haarfeine Wiedergabe von Blumen. Willem Kalf suchte sich eine andere Nische. Er malte sogenannte Frühstücksstillleben: Kostbare Gläser und Krüge, Früchte, Silber und Teppiche leuchten in seinen Bildern, wie dem *Stillleben mit dem Trinkhorn der St. Sebastians-Schützengilde, Hummer und Gläsern*. Bücher mit Sinnsprüchen, wie sie im Holland des 17. Jahrhunderts in Umlauf waren, legten eine zweite Lesart der geschätzten Stillleben nahe: Ob Schiffe in Seenot, verwelkende Blumen, fauliges Obst oder allzu prunkvolles Silbergeschirr – hingewiesen wurde damit auf die Eitelkeit und Vergänglichkeit, die allem Irdischen anhaftet.

Ein wichtiges Aufgabenfeld stellte auch in den nördlichen Niederlanden die Porträtmalerei dar. Kaufleute, Bürgermeister, Ratsherren, Vereine, Gilden – jeder, der in der Bürgergesellschaft eine Rolle spielte, wollte sich malen lassen. Porträts dokumentierten den eigenen Status, aber auch die Stellung in der Gemeinschaft, wenn es sich um Doppel- oder Gruppenbildnisse handelt. Einer der erfolgreichsten Porträtisten war Rembrandt Harmensz. van Rijn. Er war Maler und Grafiker, baute in Amsterdam eine große Werkstatt auf und kultivierte seine ausgeprägte Sammelleidenschaft. In der Wahl seiner Bildthemen war Rembrandt vielseitig: Er schuf Porträts und Landschaften, biblische und mythologische Historienbilder und ungefähr 80 Selbstporträts. Auf dem Gipfel seines Erfolgs malte der gebürtige Leidener für den holländischen Hof und war einer der bestbezahlten Bildnismaler. Amsterdams prominente Bürger ließen sich von ihm auf die Leinwand bannen – oder von seinen Mitarbeitern. Die Arbeitsteilung in Rembrandts Werkstatt ist ein viel diskutiertes Thema.

Der Durchbruch als Künstler gelang dem 26-jährigen Rembrandt mit einem Gruppenporträt, der *Anatomievorlesung des Dr. Tulp*. Die Amsterdamer Chirurgengilde hatte ein Gruppenbildnis für ihren Versammlungsraum bestellt. Rembrandt malte ihre Mitglieder während einer der damals üblichen öffentlichen Anatomievorlesungen. So konnte er Porträt und Handlung miteinander verbinden. Dr. Nicolaes Tulp, als einzige Figur in der rechten Bildhälfte hervorgehoben, erläutert anhand des sezierten Arms des vor ihm liegenden Leichnams die Bewegung des Greifens, die er mit seiner Linken vorführt. Sieben Chirurgen verfolgen das Geschehen, einige blicken auch in das neben dem Seziertisch aufgestellte Lehrbuch. Teile der Darstellung – so der Raum hinter Tulp – liegen im Schatten, andere sind stark ausgeleuchtet, wie die Köpfe der beiden über den Leichnam gebeugten Männer. Die Helldunkelkontraste betonen das Geschehen zusätzlich, wichtige Figuren hob Rembrandt so hervor. Sein Vorbild in Sachen Helldunkelmalerei war insbesondere der italienische Barockmaler Caravaggio. Rembrandt war darüber hinaus als Grafiker erfolgreich, seine Radierungen machten in ganz Europa Furore.

Rembrandt (1606–1669), *Die Anatomievorlesung des Dr. Tulp,* 1632, Öl auf Leinwand, 169,5 x 216,5 cm. Erst im Jahr zuvor war Rembrandt aus seiner Geburtsstadt Leiden ins Handelszentrum Amsterdam gezogen, und schon 1632 konnte er einen ersten großen Erfolg für sich verbuchen. Die Chirurgengilde beauftragte ihn mit einem Gruppenporträt. Rembrandt malte die Herren während einer öffentlichen Anatomievorlesung.

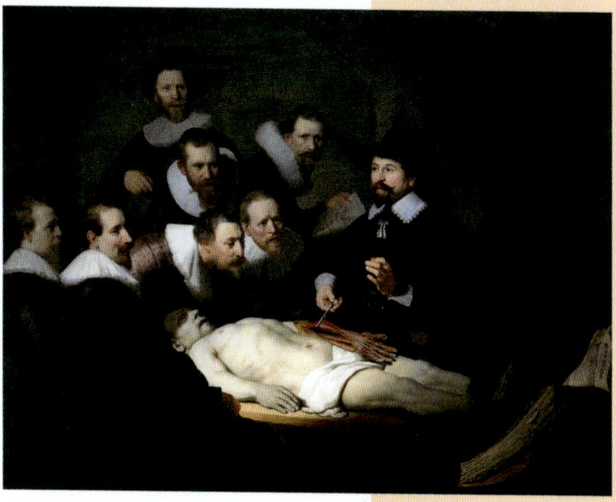

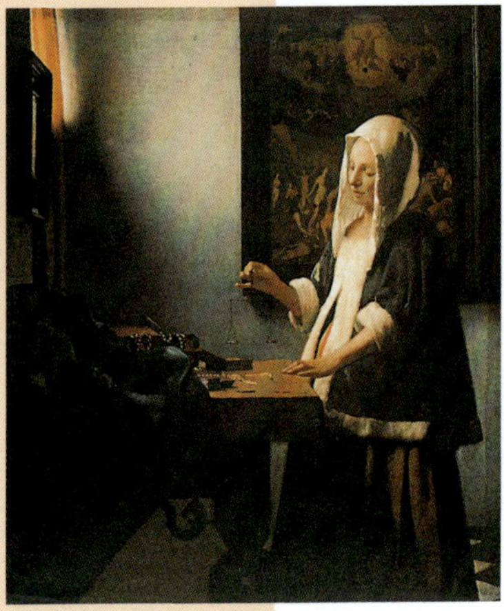

Jan Vermeer (1632–1675), *Die Perlenwägerin,* um 1664/65, Öl auf Leinwand, 42 x 38 cm.

Ein wesentlich kleineres Œuvre hinterließ der Delfter Maler Jan Vermeer, neben Rembrandt einer der bedeutendsten Barockmaler der nördlichen Niederlande. Abgesehen von zwei Stadtansichten des südholländischen Delft und einigen frühen Bildern mit biblischen Themen sind alle seine Werke Interieurs, also in Innenräumen angesiedelte Genrebilder. Sie sind ausnahmslos von kleinem Format. Das Licht fällt in Vermeers Bildräume meist von links ein, die feine Wiedergabe der Stofflichkeiten erhält daher zusätzlichen Glanz. Ein schönes Beispiel ist *Die Perlenwägerin*. Die mit einem blauen, weiß gesäumten Umhang bekleidete Frau hält mit ihrer Rechten eine Handwaage, wie sie zum Wiegen von Perlen oder Münzen benutzt wurde. Noch sind die Waagschalen jedoch leer. Im Schmuckkästchen, das vor ihr auf dem Tisch steht, liegen aufgereihte Perlen. An der Wand hinter der jungen Frau hängt ein Gemälde mit dem biblischen Thema des Jüngsten Gerichts, in dem auf andere Weise gewogen wird. Die Menschen werden dabei nach ihren Taten

Der Kunstmarkt entsteht

In den reformierten Gebieten des Nordens war sakrale Kunst kein Thema mehr, den Barockstil der katholischen Länder griffen die Künstler nicht auf. In den Niederlanden entwickelte sich ab dem 16. Jahrhundert ein ausgedehnter Kunstmarkt für neue Aufgaben. Kunst entstand dort vor allem für Bürger. Diese neue Käuferschicht hatte andere Vorlieben und beauftragte nicht unbedingt einen Künstler mit einem bestimmten Werk, sondern bediente sich bei der bereits existierenden Auswahl auf dem Markt. Künstler wiederum malten immer häufiger ohne konkreten Auftrag. Händler etablierten sich und übernahmen die Vermittlung der Werke; sie erhielten dafür von dem Künstler einen Anteil vom Verkaufspreis.

gerichtet, der Seelenwäger Michael legt ihre Seelen in die Waagschale. Dieses Bild im Bild könnte auf eine weitere Bedeutungsebene der Darstellung verweisen, wie sie in Vermeers Gemälden oft naheliegen.

Klassizismus und Romantik (1750–1850)
Das 18. Jahrhundert war in Europa von der Aufklärung gekennzeichnet, die, von England und Frankreich ausgehend, Geistesleben und Kulturschaffen prägte. Ihre Grundlage bildet die These, dass die menschliche Vernunft die Basis für Freiheit und Gleichheit der Menschen ist. Die Aufklärung verhalf nicht nur den Wissenschaften zum Aufschwung, sie führte auch zu einer Stärkung der bürgerlichen Gesellschaft gegenüber der höfischen des Barockzeitalters. Mit der Französischen Revolution war der Absolutismus schließlich überwunden.

Die Kunststile der Jahrzehnte um 1800, Klassizismus und Romantik, sind durchaus parallele Erscheinungen. Dabei bedarf insbesondere der Begriff Klassizismus einer differenzierten Betrachtung; so bezeichnet in Frankreich *classicisme* die Malerei und Architektur des Barock. Dort setzt zeitgleich zum deutschen Klassizismus des späten 18. und 19. Jahrhunderts bereits ein Neoklassizismus ein. Die Nachahmung und Weiterentwicklung von Elementen aus der antiken Kultur steht im Gegensatz zur Romantik mit ihrer Forderung nach

Kunst und Wissenschaft
Im späten 18. und frühen 19. Jahrhundert begann eine Verwissenschaftlichung der Kunst: »Erst im Jahrhundert der Aufklärung (...), begannen Künstler und Kunstschriftsteller sich dafür einzusetzen, dass historische Kunstwerke erhalten wurden, wofür dann ausgerechnet die französischen Revolutionsmuseen vorbildhaft werden sollten« (Walter Grasskamp). Nach der Französischen Revolution wurde 1794 der Louvre als erstes staatliches Museum für das Volk geöffnet. In Paris fand ab 1737 alljährlich die offizielle Gemäldeausstellung, der Salon, statt. Ab 1768 wurden auch von der Londoner Royal Academy regelmäßig Ausstellungen veranstaltet. Museen und Kunstvereine wurden gegründet, ein Kunstmarkt und eine professionelle Kunstkritik entwickelten sich, Kunstwissenschaftler und Denkmalpfleger widmeten sich Erhalt, Erforschung und Präsentation von künstlerischen Zeugnissen.

Subjektivität wie ihrem Rückgriff auf vor allem mittelalterliche Traditionen. Im Unterschied zum Klassizismus verbindet man mit dem Historismus des 19. Jahrhunderts Rückgriffe auf das Formen- und Typenvokabular unterschiedlicher Epochen und Kulturkreise, keineswegs nur mehr der klassischen Antike.

England zwischen Barock und Palladianismus

Der Barockstil fand in England wenig Nachhall. Religiöse Kunst war in einem protestantischen Land ohnehin keine große Aufgabe. Nach der Abschaffung der Monarchie 1649 war England ein Jahrzehnt lang Republik, es folgte eine Zeit der Restauration. König Karl II. orientierte sich ab 1660 am absolutistischen französischen Hof, Einflüsse des Rokoko zeigten sich in der englischen Kunst. Doch diese Phase war von kurzer Dauer, nach der Glorious Revolution 1688 wurde England von einem Monarchen regiert, der seine Macht mit der Volksvertretung teilte. Das emanzipierte Bürgertum bildete einen fruchtbaren Boden für das aufklärerische Gedankengut. Die für Aristokraten üblichen Bildungsreisen auf den Kontinent, insbesondere nach Italien, hinterließen ihre Spuren in großen Sammlungen alter wie zeitgenössischer Kunst. Die Architektur des italienischen Renaissancebaumeisters Andrea Palladio wurde bestimmend für die englische Baukunst, deren Stil im 17. und 18. Jahrhundert deshalb weniger als Barock denn als Palladianismus bezeichnet wird.

Sir Christopher Wren (1632–1723), St. Paul's Cathedral, London 1675–1710. Einem großen Brand in London 1666 waren auch die meisten Kirchen der Stadt zum Opfer gefallen. Mit ihrem Wiederaufbau wurde der Autodidakt Wren beauftragt, der so das Gesicht der Stadt mitprägte.

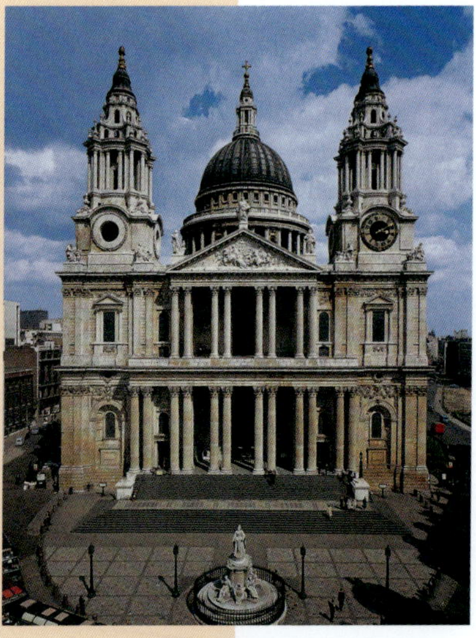

Nach dem verheerenden Brand in London 1666 nahm man den Wiederaufbau zügig in Angriff. Der Autodidakt Christopher

Wren, eigentlich Professor für Astronomie in Oxford, wurde mit über 50 Kirchenbauten und -restaurierungen betraut. Im Jahr 1677 befanden sich fast 30 seiner Entwürfe gleichzeitig im Bau, darunter die Saint Paul's Cathedral in London. Für die zwischen 1675 und 1710 errichtete Kirche wählte Wren barocke wie palladianische Architekturelemente. Zwischen die Zweiturmfassade ist eine zweigeschossige Vorhalle gesetzt, die von Säulen getragen und von einem Giebel bekrönt wird. Hinter diesem an eine antike Tempelfront erinnernden Portal, einem palladianischen Motiv, erhebt sich die Vierungskuppel. Im Inneren öffnet sich auf kreuzförmigem Grundriss eine Hallenkirche, ein protestantisches Gotteshaus mit schlichter Ausstattung. Im Innenraum fallen die Renaissanceformen und ihre Unbewegtheit ebenfalls stärker ins Gewicht als die barocken Elemente, wie etwa die von Wren eingesetzten Scheinarchitekturen.

Auch in der profanen Architektur zeigt sich der Palladianismus im England des 18. Jahrhunderts als der vorherrschende Stil. Große Bauaufgabe der Zeit war die Gestaltung von Landsitzen, auf die sich Adlige nach dem Vorbild der Renaissance zurückzogen. Palladios Villen fanden zahlreiche Nachfolger, etwa in der Landvilla Chiswick House bei London, erbaut von Lord Burlington und William Kent um 1725. Dem Barockstil, wie er auf dem Festland blühte, entgegengesetzt waren auch die Gartenanlagen, die rund um die Landvillen angelegt wurden. Im französischen Garten hatte die Beherrschung der Natur Ausdruck gefunden in Anlagen, die wie Versailles den Regeln der Symmetrie und Geometrie folgten. Im englischen Garten hingegen

Pantheon in Stourhead, 1744–80. Englische Gartenarchitektur im Stil Palladios.

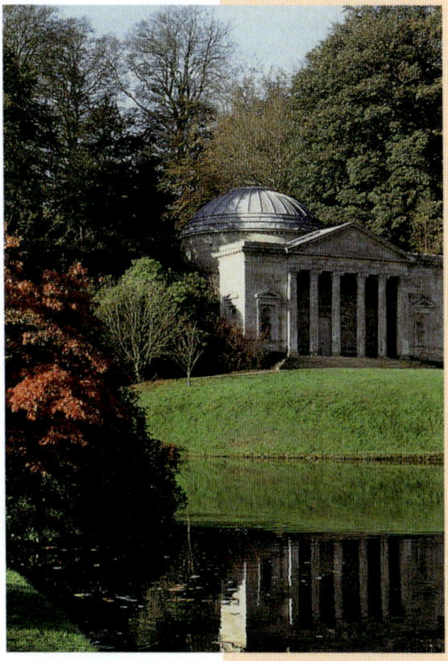

war die Natur selbst das gestalterische Vorbild. Die Gartenanlagen sollten nicht geordnet aussehen, sondern so, als hätte die Natur selbst sie gestaltet. Die Planung und Ordnung englischer Gärten war indes nicht weniger kunstvoll: Auf sanften Hügeln stehen scheinbar natürlich gewachsene Baumgruppen und Einzelbäume, deren unterschiedliche Grüntöne Kontraste schaffen, wie zufällig öffnen sich überraschende Sichtachsen mit Blickfängen. So beschreibt der englische Autor Henry Fielding in seinem 1749 erschienenen Roman *Tom Jones* eine solche Gartenanlage, das um ein neogotisches Wohnhaus angelegte Anwesen des Mr. Allworthy: »Die Szenerie zur Linken bot sich dar als der Anblick eines sehr schönen Parks von ungleicher Bodenhöhe, mit der reizenden Abwechslung von Hügeln, Rasen, Wald und Wasser, in der Anlage von höchstem Geschmack, aber doch mehr der Natur als der Kunst verpflichtet.« Gartenarchitekturen waren beliebte Blickfänge. Sie entstanden vor allem im palladianischen, aber auch im neogotischen Stil. Der Übergang vom gestalteten Park zur freien Landschaft vollzog sich in den englischen Gärten nicht so abrupt wie in den französischen. Die großflächigen Anlagen wurden ebenso landwirtschaftlich genutzt.

Die Malerei in England prägte in der ersten Hälfte des 17. Jahrhunderts maßgeblich ein Schüler des Flamen Peter Paul Rubens, der Antwerpener Maler Anthonis van Dyck. 1632 wurde er Hofmaler Karls I. und schuf zahlreiche Bildnisse der englischen Aristokratie. Unter seinem Einfluss führten Maler wie Thomas Gainsborough und Joshua Reynolds die englische Porträtmalerei in ihre Blütezeit. Joshua Reynolds war erster Präsident der 1768 gegründeten Royal Academy. Wesentlich später als auf dem Kontinent, wo in Italien und Frankreich bereits im 16. und 17. Jahrhundert Ausbildungsstätten für Künstler existierten, wurde in England eine Kunstakademie aufgebaut. Auch dort galt die Historienmalerei als höchste aller Gattungen, größer war jedoch die Nachfrage nach Bildnissen, sodass viele Künstler mit der Porträtmalerei ihren Lebensunterhalt bestritten. Seltener als in den absolutistischen Staaten Europas galt es in England, Herrscher und Fürsten zu porträtieren, Bildnisse gaben vor allem Bürgerliche in Auftrag.

Unverzichtbar war im 18. Jahrhundert für englische Adlige die Grand Tour, die Bildungsreise nach Italien, vor allem nach Venedig, Rom und Florenz. Man reiste und kaufte als Souvenirs italienische Kunst, gerne Veduten, gemalte oder gedruckte Ansichten von Städten, wie sie unter anderen der Venezianer Canaletto schuf. Viele seiner Werke gelangten in englische Sammlungen. Doch nicht nur die italienische Kunst fand in England Anhänger, auch Einflüsse des französischen Rokoko zeigten sich deutlich. Sie durchziehen das Schaffen von Reynolds' größtem Konkurrenten um Porträtaufträge: Thomas Gainsborough. Er richtete sein Hauptaugenmerk zunehmend auf die Landschaft. Immer größere Ausschnitte aus der englischen Natur nahm Gainsborough in seine Porträts als Hintergründe mit auf. In dem Bild *Der Morgenspaziergang* promeniert das junge Ehepaar Hallet mitsamt Hund durch eine Parklandschaft. Mit solchen Werken wurde der Maler zum Begründer eines neuen Bildtyps, des Landschaftsporträts. Paare, Familien oder Freundesgruppen bildete der Maler in Gärten oder Parks ab. Die Naturausschnitte in seinen Bildnissen waren dabei meist im Atelier komponiert und nicht in freier Natur

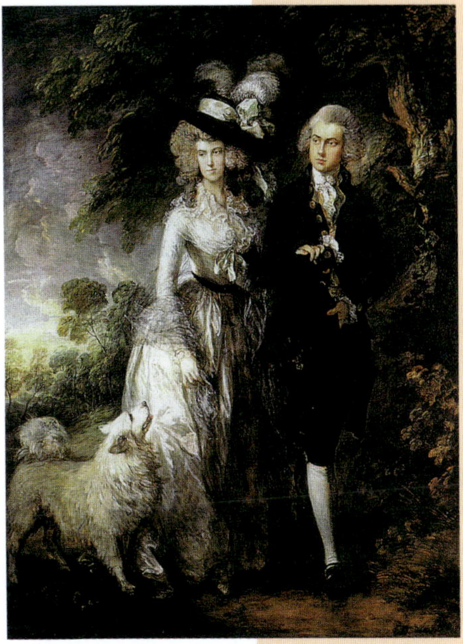

Thomas Gainsborough (1727–1788), *Der Morgenspaziergang,* um 1785, Öl auf Leinwand, 236,5 x 179,1 cm. Der Maler Joshua Reynolds beschrieb die Arbeitsweise seines Rivalen Gainsborough 1797 so: »Von den Feldern brachte er Baumstümpfe, Unkraut und Tiere verschiedenster Art mit und zeichnete sie … Er rahmte sogar ein kleines Modell für Landschaften auf seinem Tisch, (das) aus gebrochenen Steinen, getrockneten Pflanzen und Stücken von Spiegelglas bestand, welche er vergrößerte und zu Steinen, Bäumen und Wasser vervollkommnete.«

entstanden. Während im *Morgenspaziergang* Figuren und Landschaft etwa gleich viel Platz einnehmen, gab Gainsborough in anderen Porträts der Naturdarstellung den Vorrang. Seine Neuerungen trafen den Geschmack der königlichen Familie, 1780 wurde Gainsborough ihr offizieller Porträtist.

Der Klassizismus in Frankreich und Deutschland
Mit der Aufklärung und der Französischen Revolution ging die soziale Emanzipation des Bürgertums einher. Das Interesse an den bekannten Darstellungsformeln für religiöse Kunstwerke in Europa schwand. Der englische Palladianismus hatte bereits den Rückgriff auf antike Bauformen vollzogen, wenn auch mit dem Umweg über die Architektur der Renaissance. In Frankreich geriet die griechische Antike mit ihrer demokratischen Verfassung etwa in den 1760er-Jahren ins Visier der Revolutionäre. Sie leiteten daraus ihre Legitimation ab, nachdem die Revolution das Ende des absolutistischen Zeitalters eingeläutet hatte. Die Popularisierung antiker Kultur war nicht auf Frankreich beschränkt, sondern eine weltweite Bewegung. Entsprechend unterschiedlich sind die Ausprägungen des Klassizismus, der vor allem in England, Deutschland und den Vereinigten Staaten Spuren hinterließ. Der klassizistische Stil erstreckte sich auf die bildende Kunst ebenso wie auf Literatur und Mode.

Anders als die römische Antike war das Griechenland des Altertums weitgehend in Vergessenheit geraten. In den 1770er-Jahren jedoch wurden im süditalienischen Paestum, einstmals griechische Kolonie, drei gut erhaltene griechische Tempel wiederentdeckt. Expeditionen nach Griechenland fanden statt, die genau dokumentiert wurden, eine Auseinandersetzung mit dem dorischen Stil begann. Das Greek Revival war eingeläutet. In England griff man zu Beginn des 19. Jahrhunderts verstärkt auf die griechische Antike zurück. Ebenso fasste in den noch jungen Vereinigten Staaten von Amerika der neoklassische Stil Fuß: In Washington finden sich viele Gebäude im Stil des Greek Revival, darunter das Kapitol. Mit seinem palladianischen Unterbau, der Renaissancekuppel und der dorischen Säulenordnung stellt es einen Rückgriff auf verschiedene Stilformen der Antike dar. Nicht nur öffentliche Gebäude, sondern auch die nordamerikanische Landhausarchitektur mit ihren Säulen und Giebelfeldern ist klassizistisch geprägt.

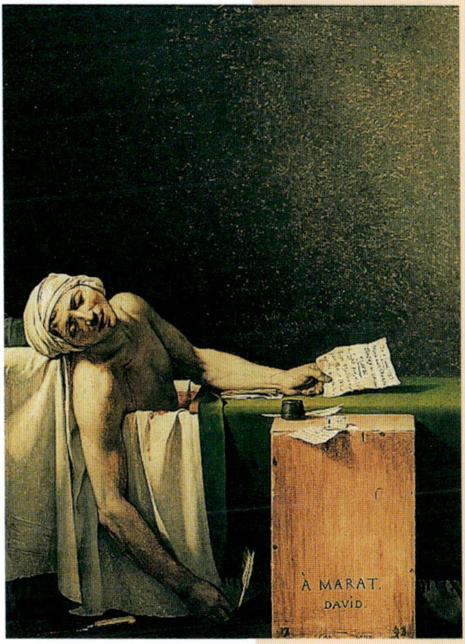

Jacques-Louis David (1748–1825), *Der ermordete Marat,* 1793, Öl auf Leinwand, 165 x 128 cm. Davids Werk sollte zu einer Ikone der Französischen Revolution werden, zunächst jedoch fand es nur für kurze Zeit allgemeine Anerkennung. Schon 1795 wurde das Bild dem Maler zurückgegeben, bis zu dessen Tod blieb es im Atelier – die öffentliche Meinung zu Marats Wirken hatte sich gewandelt. Erst in den 1860er-Jahren fand das Porträt des Revolutionärs mit dem Erstarken republikanischer Kräfte wieder Aufmerksamkeit.

In Frankreich wandte man sich in der zweiten Hälfte des 18. Jahrhunderts von Barock und Rokoko, den Kunststilen des Absolutismus, ab. Auch in der Kunst sollte der Bruch mit der alten Herrschaft der Aristokratie augenfällig werden. Man besann sich auf die Werke des Altertums. Jacques-Louis David und sein Schüler Ingres übernahmen die schlichten Formen der griechischen und römischen Antike in die Malerei. Davids Gemälde *Der ermordete Marat* von 1793 zeigt ein zur damaligen Zeit höchst aktuelles Thema. Eine Anhängerin des Königs, Charlotte Corday, hatte am 13. Juli 1793 den Revolutionär Marat in seiner Badewanne erstochen. Der Nationalkonvent gab daraufhin David den Auftrag, den Mord an Marat in einem Bild zu verewigen. Der Künstler, selbst glühender Anhänger der Revolution, malte viele ihrer Wortführer, schuf jedoch ebenso große Historienbilder, deren mythologische und historische Themen sich auf das zeitgenössische Frankreich beziehen ließen. Kompositorisch bestimmen horizontale und vertikale Linien zahlreiche seiner Werke wie

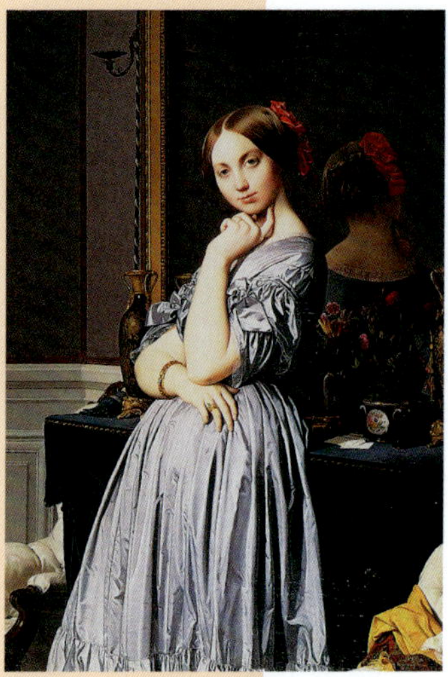

Jean-Auguste-Dominique Ingres (1780–1867), *Die Comtesse d'Haussonville,* 1845, Öl auf Leinwand, 132 x 92 cm.

bei dem Bild des Revolutionärs Marat. Theatralische Posen zeichnen seine deutlich modellierten Figuren aus. Antike Themen, die strenge Komposition und die klar gezeichneten Linien, die Davids neoklassischen Stil kennzeichnen, stehen in scharfem Kontrast zur pudrigen Eleganz der Rokokokunst.

Davids Schüler Jean-Auguste-Dominique Ingres wurde im frühen 19. Jahrhundert der führende Salonmaler. Wie sein Lehrer perfektionierte Ingres seine Zeichentechnik an den Skulpturen der Antike und Renaissance. Seine Wertschätzung der klaren und genauen Kontur bezeugt sein spätes Porträt der *Comtesse d'Haussonville*. Die seit der Renaissance geführte Diskussion, ob Linie oder Farbe in der Malerei der Vorzug zu geben sei, setzte sich im 19. Jahrhundert fort. Als Ingres 1853 Präsident der Ecole des Beaux-Arts wurde, setzte sich seine zeichnerische Auffassung in weiten Kreisen durch. Schließlich lernte ein angehender Künstler im 19. Jahrhundert sein Handwerk – und den offiziell anerkannten Stil – an Ecole und Akademie. Ausgestellt wurde das von einer Jury für passend Befundene im jährlich, meist Anfang Mai, stattfindenden Salon. Ort der unter königlicher Schirmherrschaft stehenden Ausstellung war der Salon d'Apollon im Louvre, daher der Name. Ihre Entscheidungen traf die Jury auf der Grundlage der Hierarchie der Gattungen: An erster Stelle standen die Historienbilder, da sie intellektuelle Anforderungen an die Künstler stellten, schließlich mussten sich Thema und malerische Umsetzung entsprechen. An zweiter Stelle folgte die Genremalerei, den geringsten Ruhm versprachen Porträts und Landschaften.

In Deutschland fasste der Klassizismus Ende des 18. Jahrhunderts Fuß. In Berlin griffen die Baumeister bereits unter Friedrich dem Großen auf Formen der römischen und griechischen Antike zurück, so beim Brandenburger Tor. Carl Gotthard Langhans errichtete das Tor mit dorischer Säulenordnung in Nachahmung der Propyläen auf der Akropolis (griech. *propylon*, Toranlage eines Tempels). Den Relieffries und die Quadriga, die vier nebeneinander gespannten Pferde mit Streitwagen, schuf der Bildhauer Johann Gottfried Schadow in Anlehnung an die Bekrönung römischer Triumphbögen.

In München zog der Klassizismus mit Ludwig I. und dessen Ansätzen zur Stadterweiterung ein. Eines der großen städtebaulichen Ensembles aus der ersten Hälfte des 19. Jahrhunderts ist der Königsplatz, gestaltet von dem Hauptvertreter des Münchner Klassizismus, Leo von Klenze. Er wurde 1816 Leiter der königlichen Hofbau-Intendanz in München unter dem Kronprinzen und späteren König Ludwig von Bayern. Am Königsplatz verwirklichte Klenze zwei seiner Hauptwerke: die Glyptothek und die Propyläen. Beim Bau der Propyläen griff der Architekt auf die Formen der Propyläen der Athener Akropolis aus dem 5. Jahrhundert v. Chr. zurück, die er auf seiner Griechenlandreise 1834 gesehen hatte. Zu diesem Zeitpunkt waren deutsche Archäologen in Athen unter anderem mit Arbeiten zur Erhaltung der Akropolis beschäftigt. Klenzes

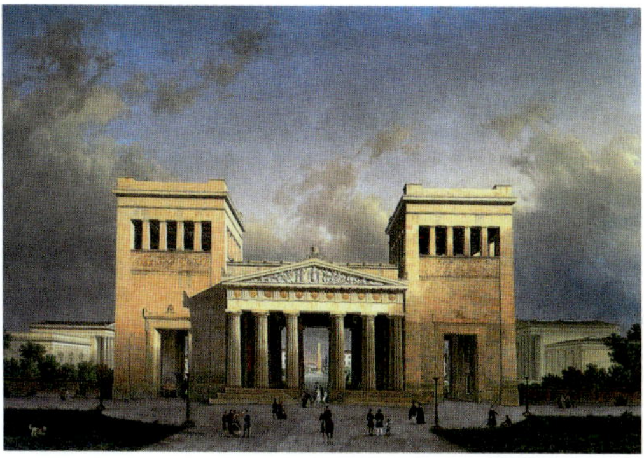

Leo von Klenze (1784–1864), *Die Münchener Propyläen am Königsplatz, von Westen gesehen,* begonnen 1846, Öl auf Leinwand, 1848. Im Rahmen der Stadterweiterung nahmen auch der Königs- und der Wittelsbacherplatz unter Kronprinz Ludwig Gestalt an. Wie die Propyläen wurden auch die übrigen Gebäude, die den Königsplatz einfassten, im Stil der Antike errichtet. An der Nordseite baute Klenze ein Museum für antike Skulptur: die Glyptothek. Im Süden entstand ein Ausstellungsgebäude. Einheitlichkeit war oberstes Gebot Ludwigs an seinen Architekten.

Das Fundament des Klassizismus
Neue Kenntnisse über die römische Antike förderten die spektakulären Ausgrabungen in Herculaneum und Pompeji zutage. Der deutsche Gelehrte Johann Joachim Winckelmann publizierte 1755 seine *Gedanken über die Nachahmung der griechischen Werke in der Malerei und Bildhauerkunst*: »Der einzige Weg für uns, groß, ja, wenn es möglich ist, unnachahmlich zu werden, ist die Nachahmung der Alten, und was jemand vom Homer gesagt, daß derjenige ihn bewundern lernet, der ihn wohl verstehen gelernet, gilt auch von den Kunst-Wercken der Alten, sonderlich der Griechen. Man muß mit ihnen, wie mit seinem Freund, bekannt geworden seyn, um den Laocoon eben so unnachahmlich als den Homer zu finden.« Unmittelbar, nachdem er diese Schrift beendet hatte, begab sich Winckelmann zu Studienzwecken nach Rom und Neapel. Mit seinen Werken, darunter die *Geschichte der Kunst des Altertums*, legte er das theoretische Fundament des Klassizismus.

Propyläen aus den Jahren von 1846 bis 1860 zeigen die dorische Säulenordnung, die das Gebälk und das reliefierte Giebelfeld trägt, der gesamte Bau wirkt ebenso monumental wie streng.

Der Historismus
In der Baukunst wurde der Klassizismus in der ersten Hälfte des 19. Jahrhunderts vom Historismus abgelöst. Nicht mehr nur auf die Antike, sondern auf sämtliche historischen Baustile wurde nun zurückgegriffen, von der Antike bis zum Rokoko. Statt einer tonangebenden Richtung wurden zahlreiche Formen und Richtungen gleichzeitig, zum Teil sogar an einem Bauwerk parallel, verwendet. In England war Horace Walpole, Sohn des englischen Premierministers, einer der ersten, die dem dort vorherrschenden Palladianismus den Rücken kehrten. Für seinen Landsitz Strawberry Hill in Twickenham bei London, erbaut zwischen 1750 und 1775, wählte er gotische Architekturformen.

Im 19. Jahrhundert, der Zeit der Industrialisierung, wuchsen die Städte in Europa aufgrund einer Massenzuwanderung vom Land innerhalb kurzer Zeit. Ferner wurde Nordamerika durch europäische Auswanderer zunehmend besiedelt. Entsprechend viele neue Gebäude wurden gebraucht, einerseits, um Wohnraum zu schaffen, andererseits, um dem Fortschritt Rechnung zu tragen. Insbesondere bei neuen Bauaufgaben fällt die Rückwärtsgewandtheit des Historismus auf: Bahnhöfe wurden im Stil der Renaissance und Antike errichtet, Kaufhäuser und Passagen hingegen mit maurischen und byzantinischen Elementen versehen.

Ludwig II. von Bayern entschied sich beim Bau seines Schlosses Neuschwanstein für die Neoromanik. Der Architekt William Chambers baute in den Londoner Kew Gardens eine chinesische Pagode. Für den Neubau des Londoner Parlaments wählte man den gotischen Stil. Den Neobarock zeigt beispielsweise die unter Napoleon von Charles Garnier errichtete Pariser Oper.

Eisen und Stahl fanden als Werkstoffe im 19. Jahrhundert in großem Umfang Verwendung, so an Bauten wie dem Kristallpalast in London, der heute zerstörten Ausstellungshalle für die erste Weltausstellung 1851, entworfen von Joseph Paxton, oder dem über 300 Meter hohen Eiffelturm in Paris.

Die Romantik

Der Begriff Romantik bezeichnet keinen Stil, sondern eine Bewegung der Geistesgeschichte. Um 1800 machten sich viele deutsche Schriftsteller und Philosophen den Begriff des »Romantischen« zu eigen. Subjektivität und individuelle Wahrnehmung, vor allem der Natur, betrachteten sie als Voraussetzungen ihres Schaffens. Literatur und Kunst waren dabei eng verzahnt. Begriffe wie das Sublime, also das Erhabene, oder das Pittoreske, die der Engländer Edmund Burke prägte, wurden für die bildende Kunst übernommen.

Während in Architektur und Bildhauerei noch klassizistische und historistische Tendenzen bestimmend waren, trat die Malerei als Kunstgattung hervor, in der die Romantik ihre stärkste Ausprägung fand. Dennoch entstand kein einheitlicher romantischer Stil zwischen 1790 und 1850.

Die Kunst sollte Ausdruck der freien Persönlichkeit und des subjektiven Erlebens sein. Im Kontext der wachsenden Naturbegeisterung erlebte die Landschaftsmalerei im 19. Jahrhundert einen enormen Aufschwung. Märchen- und Sagenwelten, Ereignisse aus der mittelalterlichen Geschichte, ebenso der ferne Orient wurden große Themen der romantischen Künstler. Der Rückzug in die Innerlichkeit und in ferne Zeiten und Länder lag auch in der politischen Situation begründet. Europa war in den Jahrzehnten nach der Französischen Revolution von Kriegen erschüttert, Napoleons Feldzüge hinterließen in Italien, Österreich, Preußen und Spanien Verheerungen. Erst 1815 wurde der Kontinent auf dem Wiener Kongress neu geordnet.

Der bedeutendste deutsche Landschaftsmaler der Romantik war Caspar David Friedrich. Immer wieder zeichnete er die Landschaft seiner Heimat Pommern und die wilde Natur auf der Ostseeinsel Rügen. Er fertigte in freier Natur Skizzen an, die er im Atelier zu Landschaften komponierte. Seine Bilder zeigen häufig weite, zerklüftete Gebirge, Landschaften mit gotischen Ruinen und einzelnen, isolierten Figuren. Einsamkeit in

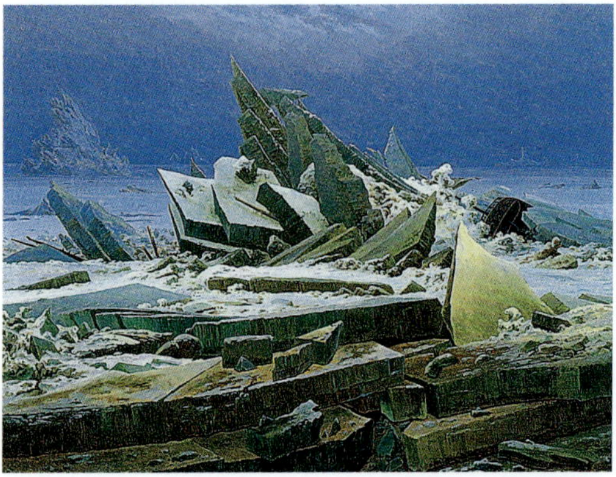

Caspar David Friedrich (1774–1840), *Das Eismeer (Gescheiterte Hoffnung)*, 1823/24, Öl auf Leinwand, 97 x 127 cm. Der Untertitel weist auf die historische Begebenheit hin, auf die Friedrich in dem Bild Bezug nahm: die gescheiterte Expedition des Polarforschers William Edward Parry. Der Brite hatte erfolglos versucht, die Nordwestpassage zu befahren.

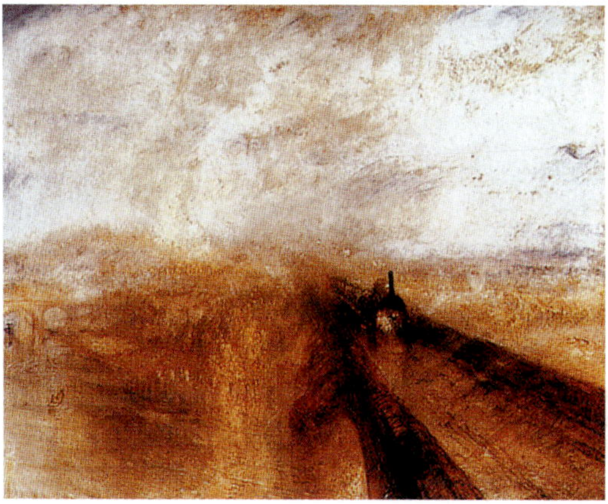

William Turner (1775–1851), *Regen, Dampf und Geschwindigkeit: die Great Western Railway,* vor 1844, Öl auf Leinwand, 91 x 122 cm. Mit dem 19. Jahrhundert war auch das Eisenbahnzeitalter angebrochen. Die Begeisterung für Geschwindigkeit teilten nicht alle, und nur wenige Künstler erhoben sie gleich zum Bildthema. Turner befasste sich hier mit der veränderten Wahrnehmung, die der technische Fortschritt mit sich brachte.

der unendlichen Weite der Natur ist auch das Thema seines Bildes *Das Eismeer (Gescheiterte Hoffnung)*. In den stahlblauen Himmel ragen die spitzen Formationen übereinander geschobener Eisplatten. Sie sind unten und an den Seiten vom Bildrand überschnitten, ein Umstand, der den Eindruck von einer unendlichen Weite verstärkt. Seine Stimmungslandschaften sollten, so Friedrich, eine Ahnung des Göttlichen vermitteln, wie es sich in der Natur zeige. Gleichzeitig begriff er sie als Spiegel der Seele, da ein Maler das wiedergebe, das sich in seinem Inneren abspiele.

Auch in England wuchs die Begeisterung für die Landschaftsmalerei an der Wende vom 18. zum 19. Jahrhundert. William Turner war bereits ein erfolgreicher Akademiekünstler, als er das Thema der Landschaft für sich entdeckte. Eindrücke seiner Reisen auf dem Kontinent spiegeln sich in seinem Werk ebenso wider wie die heimatliche Natur. Turner setzte sich zugleich als Theoretiker mit der Landschaftsmalerei auseinander. Ihm selbst ging es bei ihr immer weniger um topografische Genauigkeit als vielmehr um die Wiedergabe von Wind und Wetter, von Naturgewalten wie Stürmen und Lawinen und Naturphänomenen wie Licht und Dunkelheit. In seinen ab den 1830er-Jahren entstandenen Landschaftsbildern gab er diesem Ansatz deutlich Vorrang vor der Gegenständlichkeit, was auch sein Bild *Regen, Dampf und Geschwindigkeit: die Great Western Railway* zeigt. Die obere Bildhälfte des Querformats ist in Gelb-Weiß-Tönen gehalten, an einigen Stellen schimmern Grau oder Blau durch. Unterhalb dieser Himmelszone kommen kräftigere Farben zum Einsatz. Diagonal aus der Bildmitte in die rechte untere Ecke fährt ein Zug, gemalt in dunklen Tönen mit vereinzelten weißen und roten Farbtupfern, auf einer in Braun und Schwarz dargestellten Brücke. Eine weitere Brücke findet sich am linken Bildrand, unweit von ihr ist ein Boot auszumachen. Wasser, Architektur und Landschaft lassen sich dabei eher erahnen als konkret erkennen. Das Bild entstand in Turners letztem Lebensjahrzehnt, als er zunehmend auf Details verzichtete und versuchte, die Elemente mit neuen Mitteln wiederzugeben. Formen löste er in Farbe und Licht auf und wurde damit zu einem Vorläufer der impressionistischen Maler.

Später als in Deutschland und England setzte sich die Romantik in Frankreich durch. Ihre Protagonisten, Théodore Géricault und Eugène Delacroix, widmeten sich weniger der Landschaftsmalerei als der Historie und waren mit ihren Gemälden auch im Salon präsent. Delacroix' bekanntestes Werk ist sein Bild *Die Freiheit führt das Volk* (28. Juli 1830), entstanden während der Julirevolution 1830. Drei Jahre zuvor war *Der Tod des Sardanapal* entstanden, eine fast 4 x 5 Meter große Leinwand. Delacroix stellte das Werk im Salon von 1827 aus, die Kritik seiner Zeitgenossen war heftig, die meisten lehnten das Bild ab: die perspektivische Darstellung sei unklar, die Zeichnung fehlerhaft. Zu den herrschenden klassizistischen Tendenzen, wie Ingres sie vertrat, nahm Delacroix mit solchen Werken eine Gegenposition ein und wurde – gegen seinen Willen – zum Kopf der romantischen Malerei in Frankreich erklärt. Der Farbwirkung, der Entwicklung kräftiger

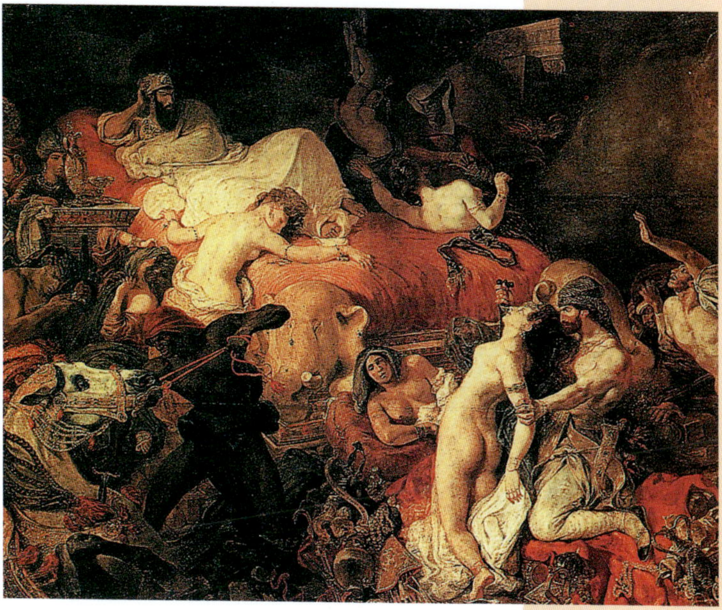

Eugène Delacroix (1798–1863), *Der Tod des Sardanapal,* 1827, Öl auf Leinwand, 392 x 496 cm.

Kontraste, gab er den Vorzug vor der Konturierung und Modellierung der Figuren und Gegenstände. In Delacroix' Werk finden sich zahlreiche literarische Bezüge; *Sardanapalus* heißt ein Drama des englischen Dichters Lord Byron. Darin plant ein orientalischer König, sich umzubringen, um den nahenden Rebellen damit zuvorzukommen. Zuvor lässt er jedoch seinen gesamten Hofstaat, Menschen, Tiere, Hab und Gut, vernichten; ein Anlass für Delacroix, ebenso wilde wie erotische Bewegung, exotische Pracht, Schmuck und schwere Draperien in satten Rot- und Grüntönen miteinander zu verbinden. Delacroix' Begeisterung für die Farbe, aber auch seine Auseinandersetzungen mit den Autoritäten der Zeit in Akademie und Salon, machten ihn zum Vorbild für viele Impressionisten.

Der spanische Künstler Francisco de Goya ist weder als Klassizist, noch als Romantiker oder Realist zu bezeichnen. Einerseits als »Pintor del Rey« in den Diens-

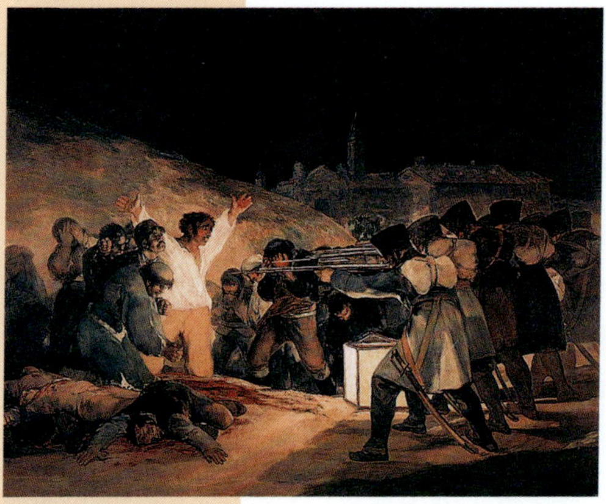

Francisco Goya (1746–1828), *Die Erschießung der Aufständischen am 3. Mai 1808,* 1814, Öl auf Leinwand, 266 x 345 cm.

ten des spanischen Hofs, schuf er andererseits gänzlich unkonventionelle, fantastische Themen, die seiner eigenen Gedankenwelt entsprangen. Goyas Werk umspannt sechs Jahrzehnte, eine stilgeschichtliche Einordnung in die Romantik setzt sich entsprechend über viele Facetten seines Schaffens hinweg und geschieht hier allein aus Gründen der Praktikabilität.

Schon in jungen Jahren beteiligte sich Francisco José de Goya y Lucientes an Malwettbewerben der Madrider Kunstakademie, allerdings ohne Erfolg. Nach einem Italienaufenthalt kehrte der 25-Jährige zunächst in seine Heimatprovinz Aragón zurück, ließ sich aber schließlich in Madrid nieder. Aufträge vom spanischen Hof ließen nicht lange auf sich warten, Goya wurde Direktor der Königlichen Kunstakademie und 1798 Hofmaler König Karls IV. Als solcher schuf er Porträts für die Königsfamilie, Hof und Adel, kirchliche Auftraggeber. Seine ersten Werke in königlichem Auftrag, Entwürfe für Wandteppiche, waren noch dem Stil des Rokoko verhaftet, sowohl in Bezug auf das Thema wie auf die Farbwahl.

Parallel dazu schuf Goya – meist ohne Auftrag – Bilder und Grafiken, in denen er sich mit religiösem Fanatismus, Gewalt, Wahnsinn und Narrheit auseinandersetzte. Seinen Blick auf die Schattenseiten der menschlichen Existenz schärfte ein harter Einschnitt im Winter 1792/93: Goya erkrankte schwer; er erholte sich zwar, blieb jedoch taub. Seine persönlichen (Alb-) Traumwelten, bevölkert von dämonischen Wesen oder gekennzeichnet durch menschliche Laster, zeigen 80 Radierungen, die seine *Caprichos* bilden (span. *capricho*, »Einfall«). Das Blatt *Der Schlaf der Vernunft gebiert Ungeheuer* entstand um 1799. Eine riesige Fledermaus naht sich dem an einem Tisch ruhenden Künstler, der seinen Kopf in die verschränkten Arme gelegt hat. Eulen bevölkern den Hintergrund, ein katzenhaftes Wesen wacht zu Füßen des Schlafenden. Ob er schläft oder träumt, gibt auch der Titel nicht preis, das spanische Wort *sueño* kann beides bedeuten. Eine Lesart des Blattes ist es, den Schlaf der Vernunft im historischen Kontext als die Zeit des Absolutismus zu verstehen, die durch die Aufklärung beendet wurde. Im engeren Sinn, auf Künstler und damit auf sich selbst bezogen, hat Goya das Blatt kommentiert: »Die Fantasie, von der Vernunft verlassen, bringt unmögliche Monster hervor. Vereint mit ihr, ist sie die Mutter der Künste und der Ursprung der Wunder.« Goyas *Caprichos*, wie auch sein Aktbild *Die Nackte Maja*, blieben nicht ohne Folgen: Zwei Mal musste der Maler sich vor einem Gericht der Inquisition verantworten, der kirchlichen Organisation, die gegen Heiden und Ketzer vorging. Das Thema der Inquisition griff Goya wiederum in seinen Bildern auf.

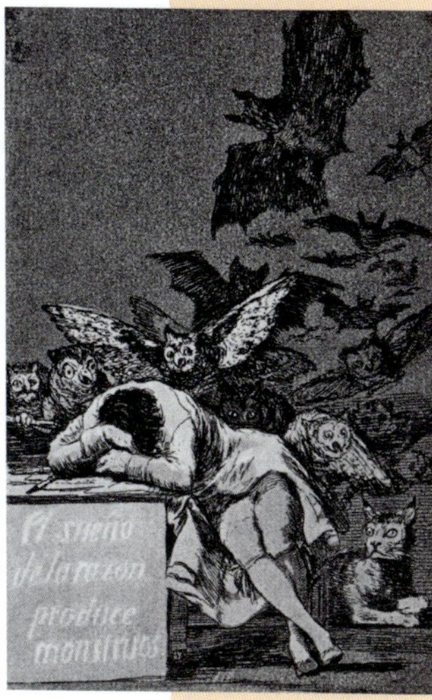

Francisco Goya, Capricho Nr. 43, *Der Schlaf der Vernunft gebiert Ungeheuer,* um 1799, Radierung und Aquatinta, 26,6 x 15,2 cm. Seine Serie von Radierungen, die Caprichos, kündigte Goya 1799 in einer Madrider Tageszeitung an. Er wolle mit diesen Arbeiten auf »Extravaganzen, Torheiten, Betrügereien und Laster« aufmerksam machen – ganz im Geist der Aufklärung.

Die napoleonische Besetzung Spaniens und den folgenden Unabhängigkeitskrieg thematisierte Goya in zahlreichen Werken. Nach dem Ende des Unabhängigkeitskampfes schloss er sich der liberalen Bewegung an, die sich gegen die Wiedereinführung der absolutistischen Monarchie wendete. In zwei großformatigen Gemälden behandelte der Maler einschneidende Ereignisse aus den Tagen des Unabhängigkeitskriegs. Die Bilder entstanden 1814, als König Ferdinand VII. die Regierung wieder übernommen hatte. *Der 2. Mai 1808 in Madrid* zeigt den Kampf spanischer Patrioten gegen die napoleonischen Streitkräfte. Das Pendant dazu, *Die Erschießung der Aufständischen am 3. Mai 1808*, ist eine Szene in tiefschwarzer Nacht, nur von einer Laterne erleuchtet. Die Aufständischen treten vor das Erschießungskommando. Die Soldaten zielen auf die vor einem Erdhügel stehenden Opfer, die ersten sind bereits tot zu Boden gefallen. Aus dem Mittelgrund des Bildes treten weitere Männer heran. Einer kniet, die Arme erhoben, vor der Soldatenreihe, sein weißes Hemd strahlt im Lichtschein der Laterne und hebt ihn von den in düsteren Farben gehaltenen übrigen Figuren ab. Während einige der Spanier deutlich zu erkennen sind, bleiben die Täter gesichtslos, anonym. Die Liberalen setzten sich in Spanien nicht durch, die absolutistischen Kräfte erstarkten wieder. Goya floh nach Frankreich, wo er 1828 starb.

Historische Moderne
(Zweite Hälfte des 19. Jahrhunderts)
Die Kunst der zweiten Hälfte des 19. Jahrhunderts wird als historische Moderne bezeichnet, die verschiedenen Kunststile ab etwa 1890 werden unter dem Begriff Moderne zusammengefasst. Schon in der Mitte des 19. Jahrhunderts etablierten sich die ersten Ismen, die in immer schnellerer Folge, zum Teil sogar gleichzeitig auftraten: Realismus, Impressionismus, Pointillismus, Symbolismus usw. Gemeinsam war den Künstlern all dieser Richtungen das Streben nach Neuem, die Absage an vorgefundene Traditionen – in der künstlerischen Ausbildung ebenso wie in Bezug auf das Ausstellungswesen und den Kunstmarkt. Ihre theoretischen Ansätze hielten die Künstler immer häufiger fest, programmatische Schriften hinterließen die Protagonisten fast aller der zahlreichen Ismen. Mit der Fotografie etablierte sich im 19. Jahrhundert außerdem eine Technik, deren Einfluss auf das Kunstschaffen kaum überschätzt werden kann.

Paris avancierte im 19. Jahrhundert zum Zentrum des Kunstlebens. Den Künstlern aus Akademie und Salon standen bald solche gegenüber, die sich außerhalb der offiziellen Kunst und oft auch außerhalb der Gesellschaft bewegten. Die öffentliche Präsentation der Werke gewann eine immer größere Bedeutung, da sie nur noch selten auf einen Auftrag hin entstanden. Dem trug der rasch wachsende Ausstellungsbetrieb Rechnung. 1848 beispielsweise waren im Salon rund 5000 Gemälde ausgestellt, dennoch wurden immer mehr Einsender abgelehnt. Die von den Salonausstellungen zurückgewiesenen Künstler erhielten 1863 ein eigenes Forum: den Salon des Refusés. Mit den Ausstellungen etablierte sich zugleich die Kunstkritik in den immer größeren Raum einnehmenden Medien, Kunstzeitschriften wurden gegründet. Der Impressionismus war die erste Kunstrichtung, die intensiv in der Presse diskutiert wurde.

Der Realismus

Nach einem Staatsstreich wurde Louis Napoleon, ein Neffe Bonapartes, 1852 als Napoleon III. Kaiser von Frankreich. Während des von ihm eingeleiteten Zweiten Kaiserreichs blieben an der Kunstakademie alte Traditionen vorherrschend. Die künstlerischen Vorgaben von Akademie und Salon erstreckten sich sowohl auf die Bildthemen als auch auf die jeweils passende Technik: Historienbilder galten als hohe Kunst, als adäquate Malweise der neoklassizistische Stil Davids und Ingres'.

Doch existierten Gegenbewegungen zur offiziellen Salonkunst, die vor allem der Repräsentation des Staates diente. In dem kleinen Ort Barbizon, südlich von Paris am Rand des Waldes von Fontainebleau gelegen, fand ab den 1830er-Jahren ein Kreis von Malern zusammen, der andere Motive und Darstellungsweisen favorisierte. Zur »Schule von Barbizon« gehörten Künstler wie Jean-Baptiste Camille Corot und Jean-

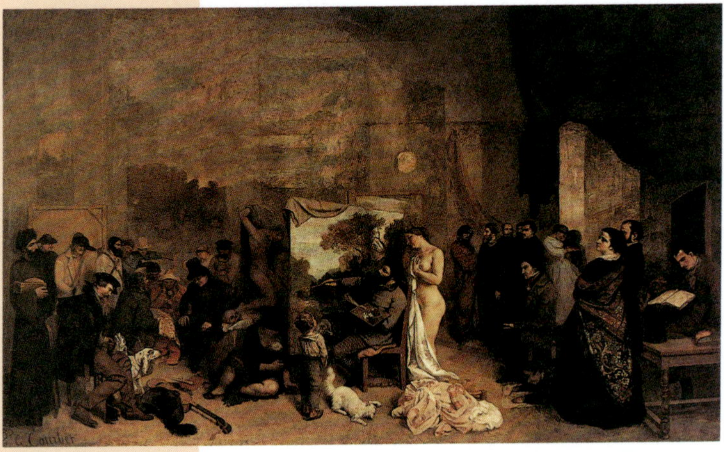

Gustave Courbet (1819–1877), *Das Atelier,* 1855, Öl auf Leinwand, 361 x 598 cm. »Ich halte auch dafür, dass die Malerei ihrem Wesen nach eine konkrete Kunst ist und einzig in der Darstellung der wirklichen und vorhandenen Dinge bestehen kann.« So äußerte sich Courbet in einem Brief 1861 über den Realismus und die von ihm abgelehnte Historienmalerei.

François Millet. Weit entfernt von der industrialisierten Großstadt Paris rückten die Maler dort das Naturstudium ins Zentrum ihres Schaffens. Die Künstler in Barbizon malten nicht nur Wälder und Felder, sie zogen auch oft in die Natur, um im Freien zu malen. Die Landschaftsmalerei erlebte einen Aufschwung. Millet zeigte, völlig ungeschönt, den Alltag der Bauern und verstieß damit gegen Konventionen.

Die sichtbare Wirklichkeit möglichst naturgetreu abzubilden war auch das Ziel Gustave Courbets. Er stammte aus einer ländlichen Gegend in Lothringen und blieb seiner Herkunft thematisch treu. 1839 zog der Künstler nach Paris, wo er auch an Salonausstellungen teilnahm. Zunehmend gerieten seine Werke dort jedoch in die Kritik. Courbet schuf ein Selbstporträt, in dem er hemdsärmelig durch ein Feld marschiert, er zeigte die Dorfbewohner seines Heimatorts Ornans bei einem Begräbnis und bezeichnete das Werk, sich über die etablierten Gattungsgrenzen hinwegsetzend, als Historienbild – wo es allenfalls als Genrebild hätte durchgehen können. Realistisch zu malen galt an der Akademie als schlichtes Abmalen. Der Skandal war vorprogrammiert, umso mehr, als

Courbet gerne auf monumentalen Leinwänden arbeitete. Sein Bild *Die Steinbrecher* etwa maß knapp 2 x 3 Meter, die Arbeiter in ihrer zerrissenen Kleidung waren in Lebensgröße dargestellt. Das Großformat jedoch war Historienbildern vorbehalten.

Als zwei der von ihm für die Weltausstellung vorgesehenen Werke von der Jury abgewiesen wurden, veranstaltete Courbet parallel zum großen Ereignis seine eigene Ausstellung. Unter dem Titel *Le Réalisme* zeigte er in einem Schuppen nahe des Ausstellungsgeländes seine monumentalen Werke, darunter das Gemälde *Das Atelier des Malers*. Dieses Bild versah er mit einem aussagekräftigen Titel: »Das Innere meines Ateliers, eine wirkliche Allegorie, die sieben Jahre meines Lebens als Maler darstellt.« Auf rund 3,5 x 6 Metern sind in einem großen Raum Menschen aus allen gesellschaftlichen Schichten versammelt, in Courbets Worten: »Die Welt, die zu mir kommt, um sich malen zu lassen.« Im Zentrum des Bildes – und der ihn Umgebenden – sitzt der Künstler vor einer großen Leinwand, auf der er eine Landschaft verewigt hat. Nach Courbets Ausstellung setzte sich die Bezeichnung Realismus für die ungeschönte Wiedergabe der Wirklichkeit durch.

Der Impressionismus

»Sie sind Impressionisten in dem Sinn, dass sie nicht eine Landschaft wiedergeben, sondern die von ihr hervorgerufene Sinneswahrnehmung«, schreibt der Kunstkritiker Jules Castagnary am 29. April 1874 in der Zeitung *Le Siècle*. Dabei bezog er sich auf eine Ausstellung der Künstler Camille Pissarro, Claude Monet, Alfred Sisley, Auguste Renoir und Berthe Morisot. Erst zwei Jahre zuvor hatte Monet der künstlerischen Richtung zu ihrem Namen verholfen. Auf einer Ausstellung nach dem Titel eines Werks gefragt, das eine Hafenansicht im Nebel zeigte, antwortete der Maler, es handele sich einfach um eine Impression, einen Eindruck.

Von einem Kritiker wurde das Bild spöttisch als *Impression, Sonnenaufgang* bezeichnet. Nicht nur an dem einfachen Motiv, auch an der Technik und insbesondere an der Skizzenhaftigkeit des Werks störten sich Publikum wie Kritiker. Zusammen mit diesem Bild stellte Monet 1874 den *Boulevard des Capucines* aus, von dem zwei Fassungen existieren. Mit einzelnen Pinselstrichen sind Häuser, Bäume und Menschen auf der belebten Straße festgehalten. Eine eindeutige Perspektive ist nicht erkennbar, ebensowenig sind die dargestellten Figuren und Gegenstände durch Konturen voneinander abgegrenzt. Zwei Herren mit Zylinder, die auf einem Balkon stehen, verschwinden größtenteils im rechten Bildrand. Formen und Bildraum lösen sich nur durch farbliche Kontraste aus der Fläche. Monets Anliegen war es, den flüchtigen Eindruck des Lichts und das Farbenspiel in der Natur zu einer bestimmten Tageszeit wiederzugeben. In kurzen Pinselzügen trug er reine, ungemischte Farben auf die Leinwand auf. Dabei griff er zurück auf wissenschaftliche Erkenntnisse, nach denen der Betrachter in der freien Natur weniger eine einzelne Gegenstandsfarbe ausmacht als ein Gemisch von Farbtönen, die sich erst im Auge zu Flächen formen.

Claude Monet (1840–1926), *Boulevard des Capucines,* 1873, Öl auf Leinwand, 61 x 80 cm. Insbesondere Monets skizzenhafte Darstellung der Menschen auf dem Boulevard rief die Kritiker auf den Plan. Vielen Künstlern, die an der ersten Impressionistenausstellung teilnahmen, wurde zeichnerisches wie auch malerisches Können abgesprochen.

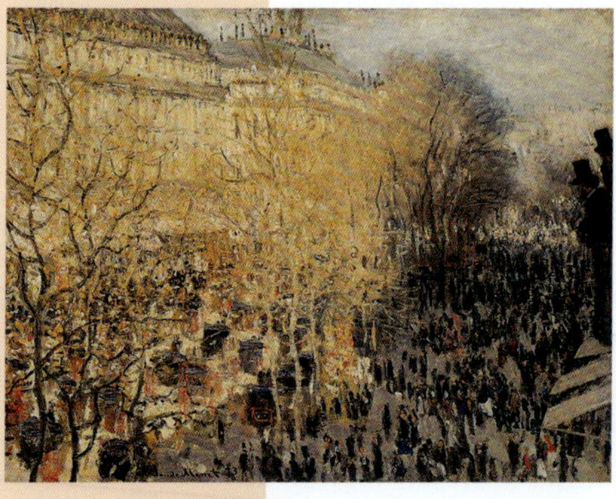

In skizzenhafter Malweise die Stimmung eines kurzen Moments zu zeigen, war nicht nur Monets Anliegen. Schon Mitte der 1860er-Jahre malten Frédéric Bazille, Auguste Renoir und Alfred Sisley mit Monet im Wald von Fontainebleau Landschaften, in denen sie den Wechsel des Lichts festhielten. Die Aufwertung der Landschaftsmalerei trug dazu bei, dass das Malen in freier Natur sich größerer Beliebtheit erfreute. Monet zeigte in seinen Bildserien auch die verschiedenen Stimmungen, die durch die Brechungen des Lichts entstanden. Seine Motive waren vielfältig: die Kathedrale von Rouen, Seerosen oder ein einfacher Heuschober. Einige Bilder von Monets Künstlerkollegen zeigen ihn beim Malen im Freien, etwa in seinem Garten in Giverny, wo auch die Seerosen-Bilder entstanden.

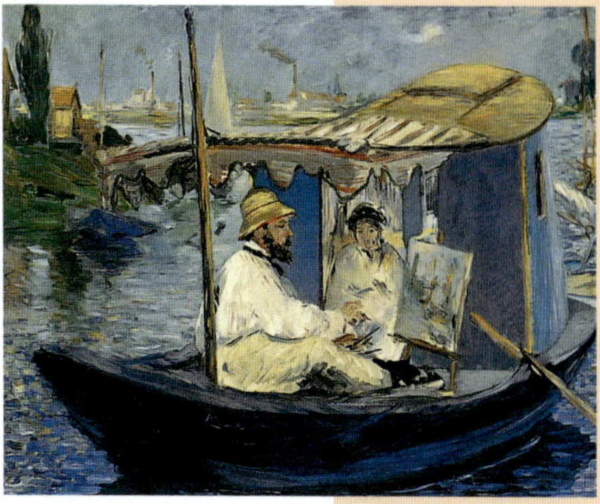

Edouard Manet (1832–1883), *Die Barke,* 1874, Öl auf Leinwand, 82,7 x 105 cm.

Die impressionistischen Künstler haben jedoch nicht ausschließlich im Freien gemalt. Diese Möglichkeit der Ölmalerei unter freiem Himmel (frz. *en plein air*) bot sich überhaupt erst aufgrund einer technischen Neuerung: Ab der Jahrhundertmitte konnten Künstler Ölfarben in Tuben kaufen und waren so nicht mehr auf das umständliche Mischen von Pigmenten und Bindemitteln angewiesen.

Von seinem Boot aus malte Monet Flusslandschaften, die er häufig im Atelier überarbeitete. Der Pariser Maler Edouard Manet hielt 1874 *Die Barke* auf Leinwand fest. Manet malte im Sommer 1874 zusammen mit Monet und Auguste Renoir im südlich von Paris an der Seine gelegenen Argenteuil. Unter dem Einfluss des acht Jahre jüngeren Monet nahm Manet die impressionistische Malweise auf. Er verzichtete auf die Modellierung seiner Figuren mit Licht und Schatten und wandte sich starken Farbkontrasten zu. Auch der Maler vor seiner Leinwand ist nur durch die hellen Farben seiner Kleidung abgegrenzt. Die Darstellung von Figuren im Freien erforderte eine schnelle Arbeitsweise, da sich Lichtverhältnisse draußen im Gegensatz zum Atelier rasch verändern. Mit seinem skizzenhaften

Farbauftrag gelang es Manet, die Wirkung des Lichts festzuhalten. Der Fluss etwa ist aus breiten Pinselstrichen in Blau, Weiß- und Gelbtönen zusammengesetzt, die die Brechung des Lichts darin zeigen.

Der Ausspruch »Ich male, was ich sehe, und nicht, was andere zu sehen belieben«, wurde Manet vielleicht nur in den Mund gelegt. Seine Herkunft aus dem Großbürgertum gestattete ihm jedoch tatsächlich größere Freiheiten. Er nahm an keiner der insgesamt acht Impressionistenausstellungen zwischen 1874 und 1886 teil, sondern reichte im Gegenteil viele seiner Bilder zu den Salonausstellungen ein. Sein Bild von Monet im Atelier-Boot stellt einen Wendepunkt in seinem Schaffen dar, denn ab dieser Zeit malte auch Manet des Öfteren im Freien.

Der Versuch, das wiederzugeben, was man sieht, nicht, das, was man weiß, erstreckte sich nicht nur auf die freie Natur. Paris mit seinen Boulevards und Plätzen, Cafés und Varietés voller Menschen, mit Parks, Bahnhöfen und Pferderennbahnen bot ebenso zahlreiche Motive. Auch die Wiedergabe von Bewegung faszinierte viele Impressionisten – nicht nur in Frankreich. In den deutschen Kunstzentren Berlin und München malten Max Liebermann, Max Slevogt und Lovis Corinth im impressionistischen Stil. Der amerikanische Maler James Abbott McNeill Whistler studierte in Paris und verfolgte, nachdem er sich in London niedergelassen hatte, die impressionistische Malweise weiter.

Die grundlegende Beschäftigung mit den Phänomenen des Sehens hatte im 19. Jahrhundert zu neuen Erkenntnissen in der Optik geführt. Auf ihnen bauten schon die Impressionisten auf. Ihnen folgend, setzte sich auch der Maler Georges Seurat mit der Wahrnehmung von Farben durch das menschliche Gehirn auseinander. In seinen Gemälden setzte er unzählige Farbpunkte in den Grund- und Komplementärfarben nebeneinander. Erst das Gehirn ist in der Lage, aus

Japanische Vorbilder

Neben der Begeisterung für Landschaftsmalerei teilten viele Impressionisten das Interesse für den japanischen Farbholzschnitt. Werke japanischer Künstler, allen voran von Hokusai und Kitagawa Utamaro, gelangten ab der Jahrhundertmitte zunächst als Verpackungspapier für asiatische Waren nach Europa. Nachdem japanische Grafiken und Kunstgewerbe auf der Weltausstellung 1867 zu sehen waren, setzte eine Asienmode ein, getragen von Galeristen und Sammlern. Justus Brinckmann, Mitbegründer des Hamburger Museums für Kunst und Gewerbe, beschreibt die Rolle der japanischen Kunst 1889 so: »Drohte dem Abendlande in Folge des Raubbaus, welchen es mit zunehmender Hast auf seinem kunstgewerblichen Acker betrieb, eine Auszehrung seines historischen Nährbodens, so öffnete sich ihm durch die japanische Kunst ein Blick in eine neue Welt, welche noch nicht verlernt hatte, aus dem ewigen Jungbrunnen aller Kunst, der Natur zu schöpfen.« Holzschnitte, illustrierte Bücher und bemalte Fächer fanden zum einen als Motive Eingang in die Bilder der Impressionisten und Jugendstilkünstler. Zum anderen inspirierten die kompositionellen Unterschiede zur europäischen Malerei viele Künstler. Zu seiner Serie *36 Ansichten des Berges Fuji* (1829–33) gehört der Holzschnitt *Auf einem Tempelbalkon*. Der den Japanern heilige Fuji ist in den Hintergrund gerückt. Alle Bildelemente sind in der Fläche verankert und ohne eine perspektivische Darstellung auf ein Bildzentrum hin konzentriert. Damit waren die meisten Traditionen der akademischen Malerei außer Kraft gesetzt. Edgar Degas, der für seine Bilder von Tänzerinnen berühmt wurde, begeisterte sich für die japanischen Farbholzschnitte. Seine ausgefallenen Perspektiven – oft zeigte er seine Motive in starker Auf- oder Untersicht – und von den Bildrändern überschnittenen Figuren belegen den Einfluss der japanischen Kunst ebenso wie den der Fotografie mit ihrem Schnappschusseffekt. Auch Vincent van Gogh war ein großer Sammler japanischer Holzschnitte.

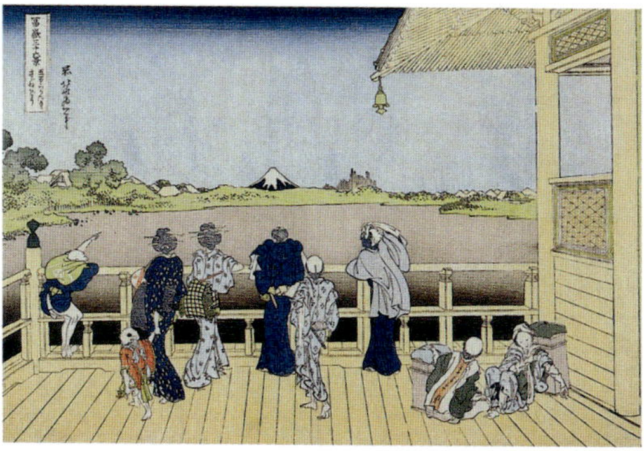

Katsushika Hokusai (1760–1849), *Auf einem Tempelbalkon,* aus der Serie *36 Ansichten des Berges Fuji,* 1829–33, Farbholzschnitt, 24 x 35 cm. Für den Wandel des Kunstverständnisses im späten 19. Jahrhundert waren die Werke der Impressionisten von großer Bedeutung, ebenso die Holzdrucke, die aus Japan nach Europa gelangten. Künstler wie Hokusai führten große Farbflächen mit kräftigen Konturen ein, verzichteten dabei auf Modellierung wie auf Schatten und wählten für europäische Augen ganz unkonventionelle Kompositionen.

diesen *points*, den Farbpunkten, bei der Betrachtung durch optische Mischung Gegenstände auszumachen. Seurats pointillistische Bilder begeisterten viele Künstler, unter ihnen Vincent van Gogh. Weil er seine Motive in Farbpunkte zerlegte, wurde Seurats Maltechnik auch als Divisionismus bezeichnet.

Lange standen die Impressionisten im Visier der Kritik. Der Kunstkritiker Louis Leroy spottete noch 1877, die Bilder der Impressionisten bestünden aus Vanille-, Johannisbeer- und Pistazieneis und seien sogar essbar. In den 1880er-Jahren jedoch trat ein Wandel im Kunstgeschmack und in der Beurteilung ein. Heute gehört der Impressionismus zu den beliebtesten Kunstrichtungen.

Der Spätimpressionismus

Den impressionistischen Künstlern und ihrer Auseinandersetzung mit Licht und Farbe folgend, experimentierten viele Maler im ausgehenden 19. Jahrhundert mit neuen Möglichkeiten der Darstellung. Vincent van Gogh malte nach vielen gescheiterten Berufsplänen zunächst in düsteren Farben seine holländische Heimat. Als er Mitte der 1880er-Jahre in Paris bei seinem Bruder Theo, einem Kunsthändler, eintraf, lernte er viele der Impressionisten kennen, darunter Paul Signac, Alfred Sisley und Camille Pissarro. Ihre Werke beeinflussten seine Malweise und Farbwahl. Auch van Gogh wendete sich der skizzenhaften Darstellung mit kurzen Pinselstrichen zu und tauschte die Erdfarben gegen kräftige, kontrastreich eingesetzte Töne. Insbesondere in seiner Farbwahl war der Künstler von japanischen Holzschnitten beeinflusst, die sich als Motive in einigen

Vincent van Gogh (1853–1990), *Die Ebene bei Auvers,* 1890, Öl auf Leinwand, 73,5 x 92 cm.

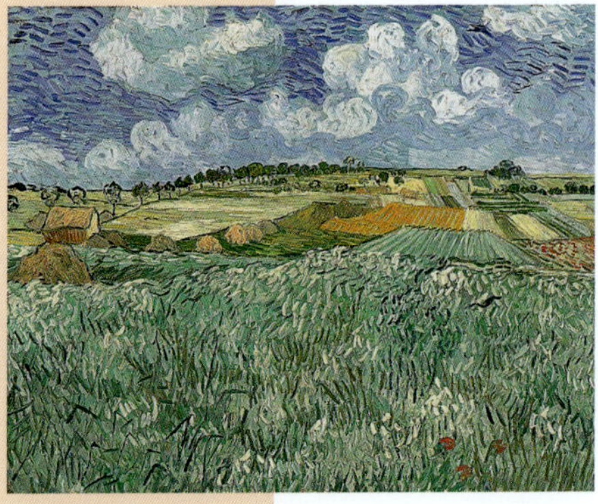

seiner Werke finden lassen. Die Gegend des Montmartre ließ der Künstler Anfang 1888 hinter sich und zog ins südfranzösische Arles. Dort malte und zeichnete er die Obstgärten, Felder, Sonnenblumen und Weingärten, aber auch Porträts von Menschen der einheimischen Bevölkerung. Das Ölbild *Die Ebene bei Auvers* stammt aus seinem letzten Lebensjahr, 1890. Aus Wirbeln blauer und weißer Farbe ballen sich am Himmel Wolken zusammen, in breiten senkrechten Strichen ist das Feld wiedergegeben. Van Goghs späte Werke, in denen er reine Farben gleich aus der Tube auf die Leinwand brachte, wurden zu Beginn des 20. Jahrhunderts von den Künstlern des Expressionismus begeistert aufgenommen.

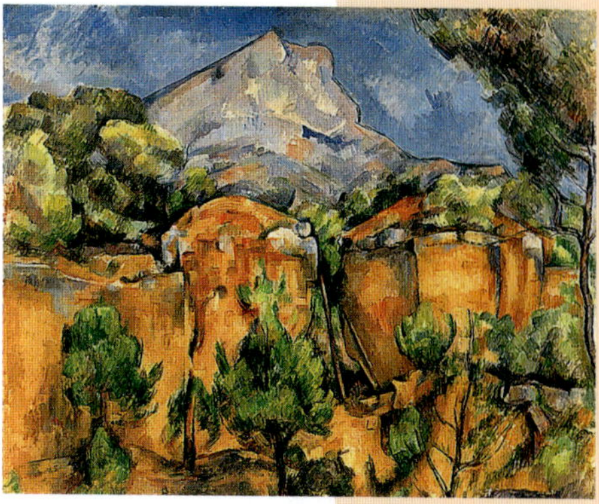

Paul Cézanne (1839–1906), *La Montagne Sainte-Victoire,* 1898–1900, Öl auf Leinwand, 65 x 81 cm. »Beim Maler gibt es zwei Dinge: das Auge und das Gehirn. Beide müssen sich gegenseitig helfen; man muss an ihrer wechselseitigen Entwicklung arbeiten, aber als Maler: am Auge durch die Anschauung vor der Natur, am Gehirn durch die Logik der geordneten Sinnesempfindungen, welche die Ausdrucksmittel ergibt.«

Ebenso wenig wie van Gogh ging es Paul Cézanne um Naturnachahmung und korrekte Zeichnung. Und wie dieser kehrte auch Cézanne der Stadt den Rücken und zog sich immer wieder in ländliche Abgeschiedenheit zurück. Der Provenzale hatte zunächst ebenfalls in Paris mit den Impressionisten Kontakt aufgenommen, sich auch an ihren Ausstellungen 1874 und 1877 beteiligt. Seine Beschäftigung mit der Wiedergabe von Licht und Form führte ihn jedoch zu anderen Ergebnissen. Die Vorstellung, ein gemaltes Bild müsse die Dreidimensionalität der Wirklichkeit nachahmen, behielt Cézanne nicht lange bei. Er setzte sich vielmehr damit auseinander, die Wirklichkeit in die zwei Dimensionen der Leinwand zu übertragen. Über Jahre befasste er sich in rund 60 Gemälden, Zeichnungen und Aquarellen mit der Wiedergabe eines Bergs seiner Heimat, des Mont Sainte-Victoire (1898–1900). Das kleinformatige Ölbild lässt seine Herangehensweise erkennen. Auf eine perspektivische wie zeichnerisch korrekte Wiedergabe verzichtete Cézanne, ebenso auf scharfe Konturen. Formen entstehen aus den unterschiedlichen Richtungen der Pinselstriche, zu erkennen etwa an den Bäumen im Bildvordergrund, und aus den verschiedenen warmen und kalten Farbtönen. Die Farbflächen sind wiederum zu Gegenständen zusammengesetzt. Auch in Stillleben und Porträts erprobte Cézanne seine künstlerischen Vorstellungen. Seine methodischen Ansätze begeisterten viele nachfolgende Künstler. Cézannes Zerlegung der Bildgegenstände in Flächen sollte schließlich zum Kubismus führen – und ihm den Titel »Vater der Moderne« eintragen.

Im Rahmen der Erkenntnisse in der Optik und der daraus folgenden künstlerischen Auseinandersetzung mit der menschlichen Sehweise war von Bildhauerei seltener die Rede. Formen in Farbe aufzulösen ließ sich bildhauerisch kaum bewerkstelligen. Dennoch standen einige Bildhauer dem Impressionismus nahe, oder, wie der Künstler Edgar Degas, schufen Maler auch plastische Werke.

Auguste Rodin war *der* Bildhauer des späten 19. Jahrhunderts. Wenige Jahre nach seinem Aufenthalt in Italien, wo Rodin der Kunst der Renaissance und insbesondere den Werken Michelangelos begegnet war, begann der Pariser in seiner Heimatstadt mit der Arbeit am *Höllentor*. Inspiriert vom Inferno, einem Teil der *Göttlichen Komödie* des italienischen Dichters Dante, schuf Rodin einen monumentalen Eingang zur Hölle. Die über 200 Figuren sollten den Künstler bis zu seinem Tod 1917 beschäftigen, nicht zuletzt, weil Rodin stets noch mit weiteren Aufträgen befasst war. Die Skulpturengruppe *Die Bürger von Calais* bestellte 1884 die nordfranzösische Stadt Calais. Dargestellt ist eine Begebenheit aus der Stadtgeschichte. 1347 belagerte der englische König Edward III. Calais. Er bot an, von der Einnahme der Stadt abzusehen, wenn sich ihm sechs Patrizier ergeben würden. Rodins Darstellung

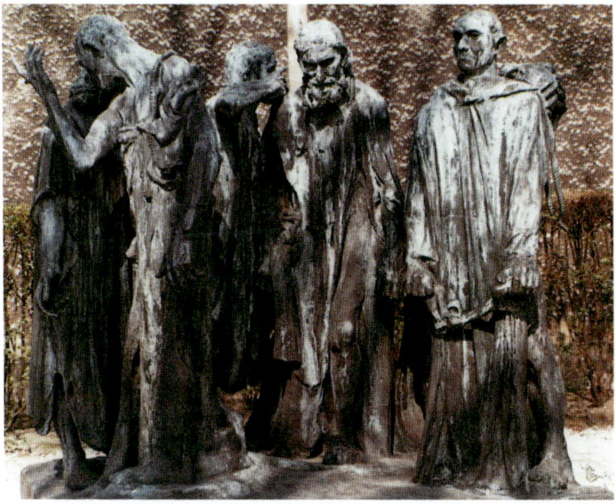

Auguste Rodin (1840–1917), *Die Bürger von Calais,* 1886/87, Bronze, 210 x 190 x 140 cm. Nicht nur auf eine Schauseite hin konzipierte Rodin seine Figurengruppe. Vielmehr sind die Männer um eine Hauptfigur arrangiert: Eustache de Saint-Pierre. Um ihn dreht sich die Komposition. Die Figuren bewegen sich um diesen Mittelpunkt herum, und der Betrachter muss, will er sie alle wahrnehmen, die Bronze umschreiten.

der Männer geht wohl auf eine zeitgenössische Quelle zurück: »Barhäuptig und nackten Fußes, den Henkersstrick um den Hals und die Schlüssel von Stadt und Kastell in den Händen«, seien die Sechs dem König entgegengetreten. Rodins Bronze hat keine Hauptansicht, vor allem aber verzichtete der Bildhauer darauf, seine Werke auf einen Sockel zu stellen. Die Aufstellung auf Augenhöhe der Betrachter, die aufgefordert waren, die Plastik zu umrunden, war bereits revolutionär. Rodins Figuren widersprachen darüber hinaus zudem den neoklassizistischen Idealen. Beteiligt an der Entstehung der Gruppe *Die Bürger von Calais* war Rodins Schülerin, Geliebte und Gehilfin Camille Claudel. Die Bildhauerin formte Füße und Hände mehrerer Figuren.

Der Symbolismus

Während sich Realisten und Impressionisten mit der sichtbaren, erfassbaren Wirklichkeit auseinandersetzten, bildete sich in den 1880er-Jahren eine gänzlich anders orientierte Richtung heraus. Jenseits der Errungenschaften der Moderne wendeten Literaten und Künstler in Europa sich zeichenhaften Bildsprachen zu. Schlüsseltext des Symbolismus wurde Charles Baudelaires Gedichtzyklus *Die Blumen des Bösen*, erschienen 1857. Gekennzeichnet von Fortschrittspessimismus und Melancholie, entwarf der Dichter darin sein Bild des modernen Menschen. Auch Sigmund Freuds Beiträge zur Erforschung der menschlichen Psyche hatten großen Einfluss auf die Kunstschaffenden des ausgehenden 19. Jahrhunderts. Die Darstellung von Ideen, von Unterbewusstem und Verdrängtem war das Ziel vieler Künstler. Dabei galt es nicht mehr, die Wirklichkeit möglichst realistisch abzubilden, sondern sich mittels symbolischer Bildsprache eine tiefere Bedeutungsebene zu erschließen.

In der Malerei brachte diese Herangehensweise keinen einheitlichen Stil hervor, als gemeinsame Kriterien können jedoch der Verzicht auf perspektivische Darstellung sowie der Vorrang der Subjektivität und des Dekorativen festgehalten werden, wie der Schriftsteller Jean Moréas in seinem *Symbolistischen Manifest* 1886 darlegte. In Holzschnitten und Leinwandbildern, Allegorien und Landschaften stellten die symbolistischen Künstler die Konflikte ihrer eigenen Existenz, ihre Ängste und Verunsicherung in den Mittelpunkt ihrer Werke.

Edvard Munch (1863-1944), *Der Schrei,* 1893, Tempera und Pastell auf Karton, 91 x 74 cm. »Mein ganzes Leben lang bin ich am Rande eines bodenlosen Abgrundes entlanggegangen (...). Manchmal versuchte ich, meinen schmalen Pfad zu verlassen und mich in den wirbelnden Strom des richtigen Lebens zu werfen, aber ich werde immer wieder unerbittlich zum Rande des Abgrundes gezogen«, so Munch zu seinem Dasein.

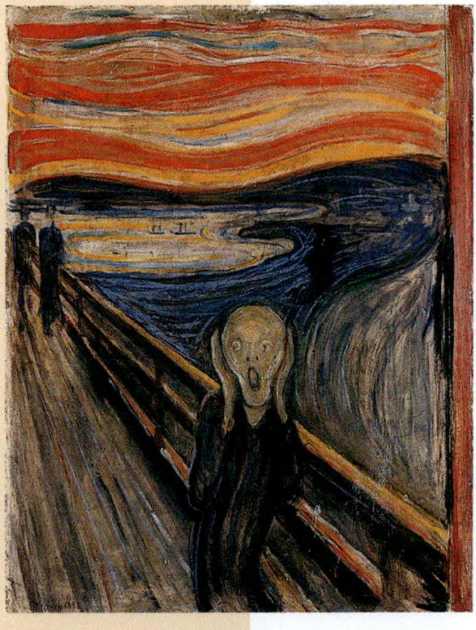

Der norwegische Maler Edvard Munch thematisierte in seinen Bildern das individuell erfahrene Leid. Als Kind erlebte er den Tod seiner Mutter, in späteren Jahrzehnten den Verlust vieler weiterer Familienmitglieder, ein psychischer Zusammenbruch folgte. Sein Bild *Der Schrei* von 1893 stellt eine Erfahrung des Malers dar, als er einen Sonnenuntergang am Meer sah: »Die Sonne ging unter – die Wolken färbten sich rot, wie Blut. Ich empfand das alles wie einen Schrei. Ich glaubte, einen Schrei zu hören. (...) Die Farben schrien.« Auf einer hölzernen Brücke, die diagonal in die Bildfläche stößt, steht eine Figur, das Gesicht zu einer schreienden Totenkopffratze verzerrt. Die Luft scheint den Schrei bis in den blutroten Himmel zu transportieren. Munch betrachtete seine Werke eher als Skizzen denn als vollendete Bilder, im Vordergrund stand für ihn der erzielte Ausdruck.

Der Jugendstil

Eine andere Reaktion auf Industrialisierung und Verstädterung entstand mit dem europäischen Jugendstil. Die Zeit der Jahrhundertwende war geprägt von bürgerlichem Wohlstand einerseits und Proletarisierung der Arbeiterschaft andererseits. So war beispielsweise fast die Hälfte der Wiener Bevölkerung um 1900 in der Industrie tätig. Bahnhöfe, Fabriken und Hochhäuser wurden allerorten gebraucht. Für diese neuen Bauaufgaben ließen sich die Architekten von verschiedenen historischen Stilen inspirieren. Bei der industriellen Produktion von Massenware schließlich waren künstlerische Qualitäten überhaupt nicht mehr gefragt. In England, wo die Industrialisierung ihren Anfang genommen hatte, begannen Künstler nach der Jahrhundertmitte jedoch, sich auf alte Handwerkstraditionen zu besinnen. Ob Schreiner oder Kunstschmiede, ob Keramiken oder Glasarbeiten, Buchkunst oder Architektur – hervorgehoben wurde der Gegensatz zur industriellen, mechanischen Produktion. Der Ansatz dieser Arts-and-Crafts-Bewegung rund um John Ruskin und William Morris blieb nicht folgenlos, auch wenn die billige Massenware sich schließlich durchsetzte.

Von England breitete sich das Gedankengut der Reformbewegung in Europa aus. Die neue Kunst nahm in den einzelnen Ländern unterschiedliche Ausprägungen an. In Frankreich nannte man sie *art nouveau*, »neue Kunst«. Die deutsche Bezeichnung Jugendstil geht auf die avantgardistische Münchner Zeitschrift

Jugend zurück. In Wien schlossen sich 1897 bildende Künstler zusammen, die sich als Abspaltung (lat. *secessio*) von der akademischen Kunsttradition betrachteten. Die Wiener Secessionisten um Gustav Klimt finanzierten sich aus privaten Mitteln und stellten somit eine unanhängige Kunstszene dar. In den Wiener Werkstätten wurde Kunsthandwerk statt industrieller Massenproduktion geschaffen, auf alle Lebensbereiche erstreckte sich das Angebot, »von der Architektur bis zu den Hausschuhen«. In Katalonien veränderte der Architekt Antoni Gaudí die Baukunst, indem er aus Gebäuden asymmetrische, bunte Organismen machte. Keramik als Baumaterial führten die Architekten des spanischen Jugendstils, des *modernismo*, in die von ihnen entworfenen Wohnhäuser und öffentlichen Gebäude ein.

Auch der belgische Architekt Victor Horta verwendete für seine Entwürfe asymmetrische Dekorationsformen. Beeinflusst vom japanischen Kunstgewerbe, gab er der geschwungenen Linie den Vorrang vor der geraden. Horta bediente sich neuer Werkstoffe, schuf aus ihnen verschlungene pflanzliche Ornamente, brachte Eisen in schwungvollen Linien an und löste Fassaden durch Glas auf. Horta gestaltete zahlreiche Wohn- und Geschäftshäuser in Brüssel, darunter das Haus van Eetvelde.

Victor Horta (1861–1947), Halle des Hauses van Eetvelde, Brüssel, 1897–1900.

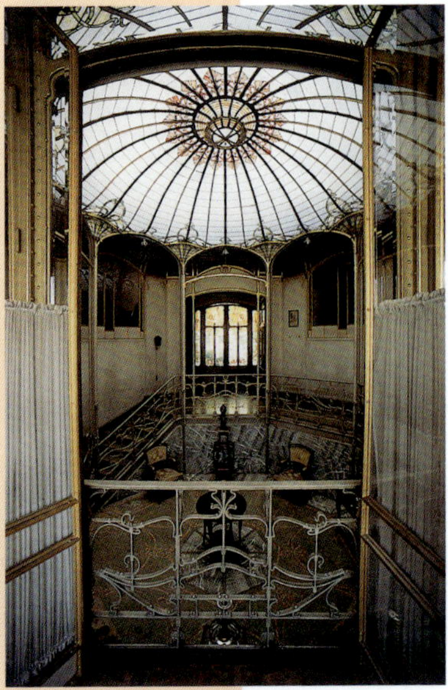

Beeinflusst von den Bauten Hortas war der französische Architekt Hector Guimard. Die von ihm entworfenen Pariser Métro-Eingänge zeigen ebenfalls geschwungene Formen und Ornamente aus Eisen. Nach Guimards Entwürfen wird der französische Jugendstil auch Style Métro genannt.

Aufgrund verbesserter Drucktechniken entwickelte sich das Plakat in den letzten Jahrzehnten des 19. Jahrhunderts zu einer eigenständigen Kunstform. Die Technik der Lithografie, des Steindrucks, war bereits Ende des 18. Jahrhunderts aufgekommen. Die Zeichnung wird dabei mit fetthaltiger Tinte oder Kreide auf einer feinkörnigen Steinplatte angelegt. Durch das Einlegen der Platte in ein Säurebad haftet die aufgetragene Druckerschwärze nur an den fettigen Linien der Zeichnung, der Rest bleibt ohne Farbe. Ende des 19. Jahrhunderts wurden die Steine nicht mehr nur mit der Hand-, sondern in einer Dampfpresse auf das Papier gedrückt, was den Druck von größeren Steinen erleichterte, wie sie für Plakatentwürfe nötig waren. In den 1890er-Jahren bildete sich eine Händler- und Sammlerszene für Werbeplakate, die auch in Ausstellungen gezeigt wurden.

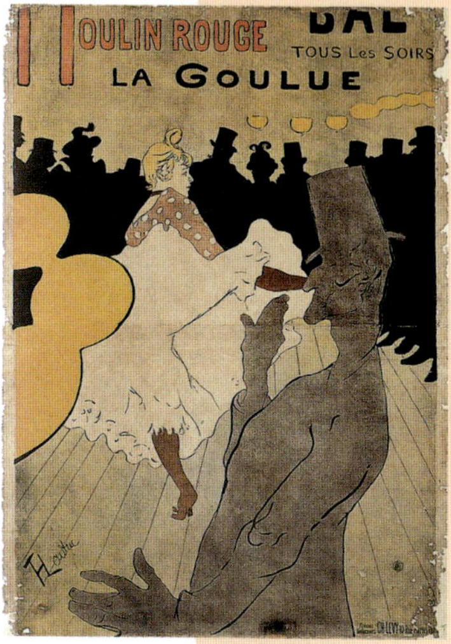

Henri de Toulouse-Lautrec (1864–1901), *Moulin Rouge, La Goulue,* 1892, Farblithografie. Der Erfolg der Plakatkunst spornte nicht nur Künstler an, auch Autoren widmeten sich der aufblühenden Kunstgattung. So hielt Ernest Maindron 1886 fest: »Die Anziehungskraft der Plakate verleiht der Kühle unserer Mauern (...) ein lebendiges Gesicht. Und wer die Beteiligung bekannter Künstler erkennt, bemerkt auch, wie sich diese Mauern in ein Museum verwandeln.«

Ein Meister der Plakatkunst war Henri de Toulouse-Lautrec, der sich 1882 in Paris niederließ und seine Motive fortan in den Cabarets und Bars, Cafés und Bordellen auf dem Montmartre fand. Sein erstes Plakat entwarf er 1891 für den Auftritt der Künstlerin La Goulue, Louise Weber, im Moulin Rouge. Besonders der japanische Farbholzschnitt beeinflusste Toulouse-Lautrec in seiner Plakatgestaltung: Kräftige Konturen rahmen große Farbflächen, die kontrastreich nebeneinander stehen, die Schrift ist in Rot und Schwarz eingesetzt. Von dem nur als Schatten zu erkennenden Publikum hebt die Tänzerin sich ab, deren Rock sich schwungvoll um sie ausbreitet. Auch auf Karikaturen verstand sich Toulouse-Lautrec, wie der in Grau wiedergegebene Mann im Vordergrund erkennen lässt, der vom unteren Bildrand überschnitten wird.

Fotografie im 19. Jahrhundert

Toulouse-Lautrecs und auch Degas' gewagte, an Momentaufnahmen erinnernde Kompositionen weisen, abgesehen von der japanischen Grafik, noch auf ein weiteres Vorbild hin: die zeitgenössische Fotografie. 1859 wurden Fotografien erstmals im Salon ausgestellt. Fotografen, Künstler und Publikum waren von den neuen technischen Möglichkeiten begeistert. Die Sehgewohnheiten änderten sich mit dem Aufkommen der Fotografie, neue Motive etablierten sich mit dem Bekanntwerden optischer Phänomene. Bahnbrechend waren die Bewegungsstudien, die dem englischen Fotografen Eadweard Muybridge gelangen. Als in Pferdesportkreisen darüber diskutiert wurde, ob ein Pferd beim Traben alle vier Hufe vom Boden abhebe, erhielt Muybridge den offiziellen Auftrag, das Phänomen zu untersuchen. Aus diesem Anlass entstanden 1887 auch die Aufnahmen für die Tafel *Pferd in Bewegung*, Teil seines Werks *Animal Locomotion*. Um das Pferd im Trab festzuhalten, benutzte der Fotograf zwölf Kameras, die er automatisch auslöste.

Die Unschärfe, die eine Bewegung verursacht, oder das Anschneiden von Figuren und Gegenständen, die nur zum Teil von der Linse erfasst sind, wurden zunehmend leinwandwürdig. Insbesondere die impressionistischen Künstler nutzten das neue Medium. Claude Monet verwendete für seine Serie der Kathedrale von Rouen Fotografien als Alternative zu gezeichneten Skizzen. Edgar Degas stellte sein fotografisches Werk im Atelier des Pariser Fotografen Nadar am Boulevard des Capucines aus.

In ihren Anfängen war die Fotografie der Malerei durchaus vergleichbar, zumindest was die aufwendige und langwierige Vorbereitung im Atelier anging. Die Geräte wurden im Laufe des 19. Jahrhunderts zunehmend handlicher, die Belichtungszeiten kürzer, und schließlich ließen sich auch recht spontan Schnappschüsse aufnehmen.

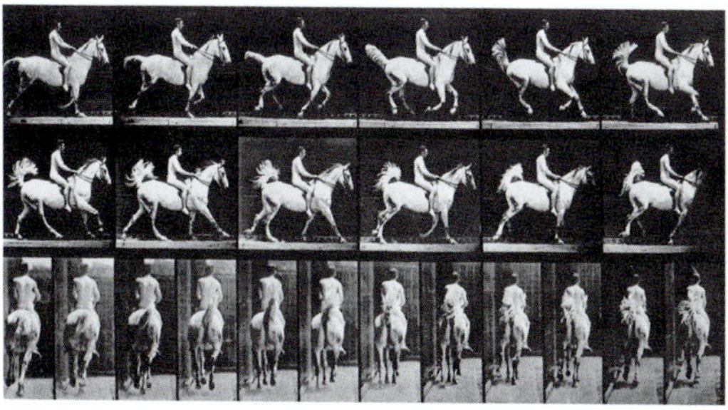

Eadweard Muybridge (1830–1904), *Pferd in Bewegung,* Tafel aus *Animal Locomotion,* Philadelphia 1887.

Als eigenständige Kunstgattung etablierte sich die Fotografie erst in den 1970er-Jahren. Sammler und Händler entdeckten sie, in wissenschaftlichen Aufsätzen setzte man sich mit ihr auseinander.

Der Einfluss der neuen technischen Errungenschaft mit der Fotografie auf die Kunst war groß: Weniger, weil Künstler Fotografien zu Studienzwecken nutzten, sondern vielmehr, weil ihnen damit auf dem Gebiet der naturgetreuen Darstellung Konkurrenz erwachsen war. Auch vor diesem Hintergrund sind die Entwicklungen auf dem Gebiet der Malerei im ausgehenden 19. Jahrhundert zu betrachten.

Das 20. Jahrhundert

In der Rückschau erscheinen die großen Epochen als recht einheitliche Zeiträume, das Kunstschaffen des 20. und vor allem des 21. Jahrhunderts wirkt im Vergleich dazu extrem heterogen. Es scheint schwerer, Tendenzen oder Stilrichtungen auszumachen. Dabei gab es auch in früheren Epochen keinen einheitlichen Stil: Dass es eher so scheint, liegt daran, dass nur eine begrenzte Zahl von Kunstwerken erhalten ist. Seit dem 20. Jahrhundert hingegen stehen wir einer Fülle von Zeugnissen gegenüber. Und diese entstehen in einem wesentlich weiteren Kontext. Denn neben den traditionellen Kunstgattungen gehören seit den 1960er-Jahren auch Happening und Performance, Objekt und Video und inzwischen auch digitale Medien zur Kunst.

Die Kunst der ersten Jahrhunderthälfte bis 1945 bzw. bis zur Machtergreifung der Nationalsozialisten 1933 wird als Klassische Moderne bezeichnet. An sie wurde nach 1945 durchaus noch angeknüpft, in vielerlei Hinsicht erteilte man ihrem Kunstbegriff in der zweiten Jahrhunderthälfte jedoch eine Absage. Für die Kunst der 1950er- und 1960er-Jahre hat sich die Bezeichnung Neoavantgarde etabliert. Auf sie folgt die Postmoderne, wohl einer der meistdiskutierten Epochenbegriffe. Das Wort »modern« bedeutet »zeitgemäß« oder »neu«, eine historische Komponente ist ihm eher fremd, zumal im Hinblick auf die Postmoderne, wie Walter Grasskamp 2002 festhält: »Seit Jahrzehnten muss man nun schon mit der Ungewissheit leben, nicht mehr genau sagen zu können, in welcher Epoche man sich eigentlich befindet. In der Postmoderne? In der Zweiten Moderne? Oder nach wie vor in ihrer Erstausgabe? Ist diese Unsicherheit das besondere Aroma der Postmoderne, oder war die Moderne nie eine ordentliche Epoche? Wie konnte es zu diesem Dilemma kommen? Was sind das für Zeiten, in denen man nicht einmal mehr weiß, in welchen Zeiten man lebt?«

Die Avantgarde
Der Begriff Avantgarde entstammt dem französischen Militärvokabular und bedeutet »Vorhut«. In der Kunstgeschichte wird er auf die künstlerischen Strömungen bezogen, die sich in den ersten Jahrzehnten des 20. Jahrhunderts gegen das etablierte Kunstschaffen auflehnten. Neben den Expressionisten, Kubisten und Futuristen werden auch die Dadaisten und Surrealisten als Vertreter historischer Avantgarden betrachtet, ebenso die der Abstrakten Kunst. In der Wahl ihrer Mittel waren diese Bewegungen so verschieden wie in ihrem Selbstverständnis, was sie jedoch eint, ist die Ablehnung traditioneller Kunstvorstellungen, die sie als überholt ansehen.

Die Klassische Moderne

Kubismus und Futurismus

»Alles in der Natur formt sich nach Kugel, Kegel und Zylinder«, hatte Paul Cézanne konstatiert. Pablo Picasso schien das bei seinem großformatigen Werk *Les Demoiselles d'Avignon* 1907 ähnlich zu sehen. Die

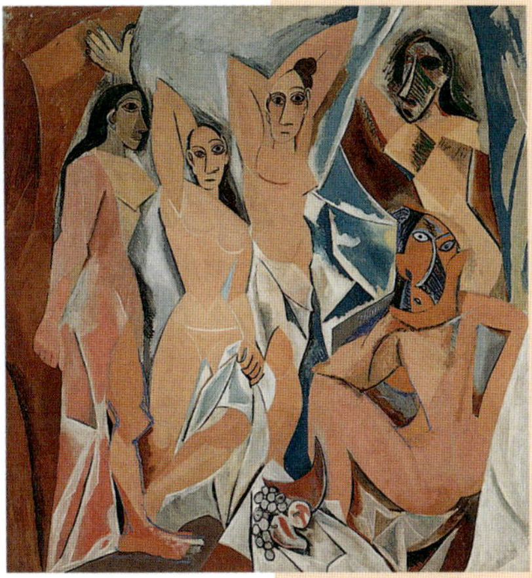

Pablo Picasso (1881–1973), *Les Demoiselles d'Avignon,* 1907, Öl auf Leinwand, 244 x 234 cm.

Frauen mit ihren maskenhaften Köpfen und verzerrten Körpern sind nicht weniger fragmentarisch angegeben als der gesamte Bildraum. Er ist tatsächlich eine Fläche, denn auf die perspektivische Wiedergabe von Dreidimensionalität verzichtete Picasso. Im Hinblick auf die Figuren bleibt der Eindruck von zerstückelten, »mit der Axt behauenen Körper(n)«, wie ein Freund des Malers es beschrieb, vorherrschend. Mit der Zerlegung von Volumina in geometrische Formen hat Picasso in den *Demoiselles d'Avignon* eine folgenreiche Richtung begründet. Zusammen mit dem französischen Maler Georges Braque entwickelte der 1904 nach Paris gezogene Spanier den Kubismus. Der Begriff ist vom französischen Wort für Würfel, *cube*, abgeleitet und verweist auf eine Grundform, in die die Kubisten ihre Motive zerlegten. Zunächst wählten sie vor allem Stillleben für ihre Malexperimente und lösten Musikinstrumente, Krüge, Flaschen, Gläser und Bücher in quadratische, dreieckige oder runde Formen auf. Dabei zeigten sie gleichzeitig verschiedene Ansichten eines Motivs. Die Farbgebung war auf Braun- und Grautöne reduziert, wodurch die Fläche noch stärkere Betonung erhielt.

Aufgrund dieser Dekonstruktion der Wirklichkeit wird die frühe Phase des Kubismus als »analytische« bezeichnet. Im folgenden »synthetischen« Kubismus wendeten die Künstler sich neuen Materialien zu und setzten Collagen aus Zeitungsausschnitten, Papierfetzen und kleinen Fundstücken ganz verschiedener Herkunft zusammen. Juan Gris, Fernand Léger, für kurze Zeit auch Marcel Duchamp, gehörten ebenfalls zum Kreis der Kubisten.

Die scheinbare Auflösung und Zerlegung von Gegenständen findet sich auch in den Werken der Futuristen, die sich parallel zum Kubismus in Italien formierten. Die leidenschaftliche Befürwortung des technischen Fortschritts war das Fundament ihres Anliegens, Bewegung wiederzugeben. Alle Augenblicke der Bewegung sollten gleichzeitig und dynamisch festgehalten, die Geschwindigkeit auf die Leinwand gebracht werden. Anders als die Kubisten bemühten sich die Futuristen um eine theoretische Verankerung ihres Ansatzes: »... ein Rennautomobil, ein aufheulendes Auto«, so der Begründer des Futurismus, der Schriftsteller Filippo Tommaso Marinetti 1909 in seinem *Futuristischen Manifest*, sei »schöner als die Nike von Samothrake« – immerhin der Inbegriff antiker Schönheit. Künstler wie Umberto Boccioni, Giacomo Balla und Gino Severini zählten zu den Hauptvertretern des Futurismus, der mit dem Ersten Weltkrieg an Bedeutung verlor.

Expressionismus und Abstraktion

Während die Futuristen die umwälzenden Entwicklungen der Jahrhundertwende euphorisch begrüßten, beschäftigte andere Künstler eher die Kehrseite des Fortschritts. Die verschiedenen Richtungen einte die Tendenz zur Abstraktion.

Expression, Ausdruck, wollten die expressionistischen Künstler erzielen – nicht zuletzt im Gegensatz zu den Impressionisten, denen es um die Wiedergabe des Eindrucks gegangen war. »Mit dem Glauben an Entwicklung, an eine neue Generation der Schaffenden wie der Genießenden rufen wir alle Jugend zusammen, und als Jugend, die die Zukunft trägt, wollen wir uns Arm- und Lebensfreiheit verschaffen gegenüber den wohlangesehenen älteren Kräften. Jeder gehört zu uns, der unmittelbar und unverfälscht das wiedergibt, was ihn zum Schaffen drängt.« Als der 25-jährige Ernst Ludwig Kirchner 1905 ihr Gründungsmanifest verfasste, gehörten Fritz Bleyl, Erich Heckel und Karl

Schmidt-Rottluff zur Dresdener Künstlergruppierung Die Brücke. Bis zu ihrer Auflösung 1913 waren zeitweise auch Otto Müller, Max Pechstein und Emil Nolde Mitglieder der Vereinigung. Der Bruch mit allen Traditionen, ein radikaler Neubeginn war ihr erklärtes Ziel – künstlerisch jenseits der Akademien, gesellschaftlich außerhalb des Bürgertums. Einen ausdrucksstarken Gegenentwurf zur europäischen Zivilisation fanden die Brücke-Künstler in der Kunst Afrikas und Polynesiens. Einfache Bildsprache, perspektivisch verzerrte Darstellung, bisweilen auch Deformierung, lösten die naturalistische Darstellung ab. Den Holzschnitt schätzten die Brücke-Künstler als Medium, das zum einen in den einfachen Mitteln dem Ausdruck den Vorrang ließ, zum anderen ihrem Anspruch nachkam, Kunst zu schaffen, die sich jeder leisten konnte. Wie Kirchners *Selbstporträt mit Modell* von 1907 zeigt, übernahmen die Brücke-Künstler die im Holzschnitt gegebenen Zwänge zur Vereinfachung in Linie und Farbe auch in die Malerei. In späteren Werken trat die schwarze Konturlinie noch stärker hervor.

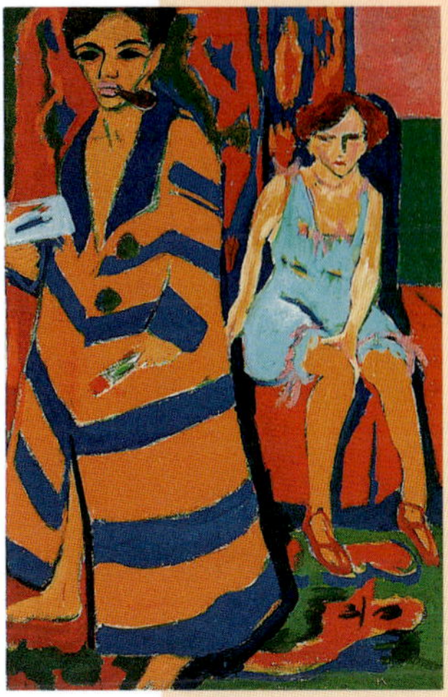

Ernst Ludwig Kirchner (1880–1938), *Selbstporträt mit Modell,* 1907, Öl auf Leinwand, 150 x 100 cm.

Abstrakte Kunst

Abstand von der Wiedergabe der gegenständlichen Welt nahmen Künstler zunehmend ab dem Beginn des 20. Jahrhunderts. Bereits Cézanne hatte in vielen seiner Werke stark abstrahierte Darstellungen von Gegenständen geschaffen. Das erste abstrakte Aquarell von Kandinsky bedeutete 1910 den entscheidenden Schritt in Richtung der gegenstandslosen Malerei, denn seine schwarzen Linien und Farbflächen verwiesen nicht mehr auf Gegenständliches. Dem Begriff der Abstrakten Kunst klare Konturen zu verleihen, versuchten bereits die Künstler des frühen 20. Jahrhunderts. So plädierte Theo van Doesburg für den Terminus Konkrete Malerei, da die dargestellten Formen und Farben ausschließlich auf sich selbst verweisen würden und nicht mehr auf außerhalb des Bildes liegende Gesetzmäßigkeiten.

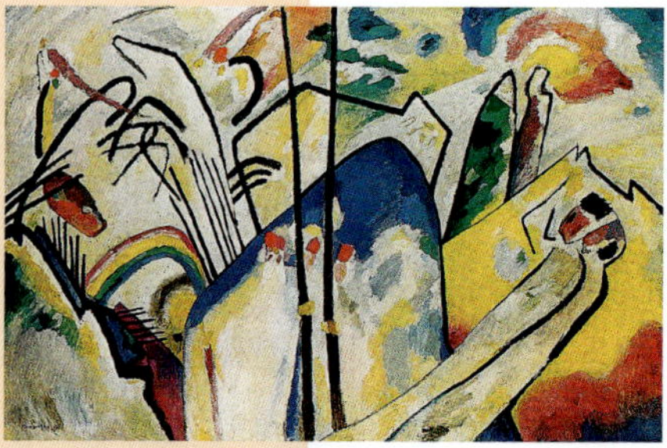

Wassily Kandinsky (1866–1944), *Komposition 4,* 1911, Öl auf Leinwand, 159,5 x 250,5 cm.

Schon in seinem großformatigen Selbstbildnis bediente sich Kirchner starker Kontraste, wodurch die Farben sich gegenseitig in ihrer Ausdruckskraft steigerten. Zur Themenpalette der Expressionisten zählten ebenso städtische Szenen wie Akte und Landschaften.

Die Gegenüberstellung eigener Werke mit ethnografischen Objekten und Volkskunst war der Ansatz von Wassily Kandinsky, Franz Marc, Gabriele Münter und Paul Klee. Sie schlossen sich 1911 unter dem Namen Der Blaue Reiter zusammen und organisierten ihre eigenen Ausstellungen. Ihre Werke sollten, wie Klee es ausdrückte, »nicht mehr das Sichtbare wiedergeben, sondern sichtbar machen.«

Der gebürtige Moskauer Kandinsky verglich die Wirkung der Farben in der Malerei mit der von Instrumenten in der Musik und forderte eine Kunst, die, wie die Musik, ohne Anspielungen und Worte auskommt. 1910 malte er sein erstes abstraktes Aquarell. Seine monumentale *Komposition 4* entstand ein Jahr später. Kandinskys Vorstellung von einer freien Entfaltung der Formen und Farben jenseits der Gegenständlichkeit

Kunst der Naturvölker

Die Begeisterung für Plastiken aus dem afrikanischen und pazifischen Raum sowie für vorgeschichtliche Kunst teilten die Expressionisten mit vielen Avantgarden zu Beginn des 20. Jahrhunderts. Skulpturen und Masken mit ihren klaren Formen, intensivem Ausdruck jenseits von Naturwahrheit wie von Idealisierung, hergestellt mittels einfacher Techniken, faszinierten auch Constantin Brancusi und Amedeo Modigliani. Die mexikanische Malerin Frida Kahlo, ebenso der russische Künstler Marc Chagall, befassten sich mit Volkskunst und ihren einfachen Formen. Pablo Picasso legte eine große Sammlung außereuropäischer Kunst an.

hatte maßgeblichen Einfluss auf die Entwicklung der abstrakten Kunst.

Dada

Noch während des Ersten Weltkriegs veranstalteten Künstler in Zürich, Berlin und New York provozierende Aktionen. In Köln gründete Max Ernst eine Dada-Künstlergruppe, in Hannover war Kurt Schwitters aktiv. Lesungen von Laut- und Simultangedichten, absurde Textvorträge von wild kostümierten Akteuren, Ausstellungen und Tanz stellten die Alltagswelt des Durchschnittsbürgers genauso auf den Kopf wie die verbreitete Vorstellung von Kunst. All das schien den an Dada beteiligten Künstlern im Ersten Weltkrieg fragwürdig geworden. Nationalismus, Rationalismus, Autoritäten stellten sie infrage und setzten ihnen Zufall, Absurdität, die Bruchstücke der Wirklichkeit entgegen. Mit ihren Bühnenspektakeln wiesen die Dadaisten schon auf die Happenings der 1960er-Jahre voraus. Die aus Alltagsabfällen gestaltete Collage war das wichtigste Ausdrucksmittel des Dada-Künstlers Kurt Schwitters. Aus einer Zeitungsanzeige der Kommerz- und Privatbank schnitt Schwitters den Wortfetzen »merz« heraus und entwickelte unter diesem Namen seine eigene, schließlich sogar begehbare Welt: Aus Fundstücken, Plastiken und Collagen, Bildern, Säulen aus Gips und Holz baute er sein Merz-Haus voller Grotten und Höhlen. Mit seinen skulpturalen Architekturen wurde Schwitters zum Vorläufer der Installationskunst oder der Environments, wie dreidimensionale Arbeiten später bezeichnet wurden.

Zwar gilt die Gründung des Cabaret Voltaire in Zürich 1916 als Geburtsstunde der Dada-Bewegung, was sie umfasst, ist allerdings kaum zu definieren. Auch die Erklärungen für den Namen Dada sind zahlreich, doch »Was Dada ist, wissen nicht einmal die Dadaisten, sondern nur der Oberdada, und der sagt es niemandem«, so der selbst ernannte Oberdada

Johannes Baader. Oder, wie der Dadaist Francis Picabia wissen lässt: »Der Kopf ist rund, damit das Denken die Richtung wechseln kann.«

Nicht gegen die Antikunst der Dadaisten, sondern vor allem gegen den emotionsgeladenen Expressionismus richteten sich die Maler der Neuen Sachlichkeit. Die Bezeichnung für diesen Malstil der 1920er-Jahre stammt von einer gleichnamigen Ausstellung in Mannheim 1925. Künstler wie Otto Dix, George Grosz und Max Beckmann thematisierten kritisch die Gesellschaft der Weimarer Republik, den Ersten Weltkrieg und den beginnenden Nationalsozialismus. Dabei gaben sie die dingliche Welt bis ins kleinste Detail getreu wieder, karikierten aber auch durch Überzeichnung. In den USA fand eine ähnliche Hinwendung zu realitätskritischen Themen statt. Der Darstellung von Menschen in der Großstadt, ihrer Einsamkeit und Anonymität widmete der amerikanische Maler Edward Hopper einen Großteil seines Schaffens.

Surrealismus

Eine andere Reaktion auf den Dadaismus entstand mit dem Surrealismus in Paris. Auch die Künstler um den Dichter André Breton wollten nicht die sichtbare Welt abbilden. Ihnen ging es darum, eine Über-Wirklichkeit (frz. *sur*, »über«) sichtbar zu machen. Diese sahen sie im Blick nach innen, in der Welt der Träume. Von Freuds Psychoanalyse angeregt, erkannten sie im Unbewussten das eigentliche Seelenleben, das sich vor allem im Traum zeigt. Bilder sollten aus dieser Tiefe des Unbewussten heranwachsen, der Schaffensprozess vom Willen unabhängig stattfinden. So finden in den Bildern der Surrealisten unzusammenhängende, widersinnige Dinge zueinander. Das zeigt ein Blick auf ein Gemälde des katalanischen Künstlers Salvador Dalí, *Die brennende Giraffe*: Im Vordergrund steht eine verdrehte Frauengestalt, aus deren Brust und Bein aufgezogene Schubladen ragen und aus deren Rücken schlauchähnliche Gebilde wachsen, die auf Krücken ruhen. Einer zweiten Frauenfigur rechts im Bild wachsen Äste auf dem Kopf, während die titelgebende Giraffe am linken Bildrand völlig ruhig dasteht, obwohl ihr Rücken brennt.

Der Erforschung des Unbewussten hatte sich sich eine gesamteuropäische Bewegung verschrieben, künstlerisch, politisch und literarisch. Entsprechend vielfältig waren die Gesichter des Surrealismus: Salvador Dalí und René Magritte malten ihre Traumvisionen in fotografischer Genauigkeit, Max Ernst erfand die Technik der Frottage und schuf so abstrakte Strukturen. Joan Miró malte frei schwebende organische Formen, der Bildhauer Hans Arp erfand durchbrochene Skulpturen. Dalí entdeckte das Medium Film für die Kunst und realisierte zusammen mit dem spanischen Regisseur Luis Buñuel den Experimentalstummfilm *Ein andalusischer Hund*, dabei ganz den Gesetzen des Traums folgend.

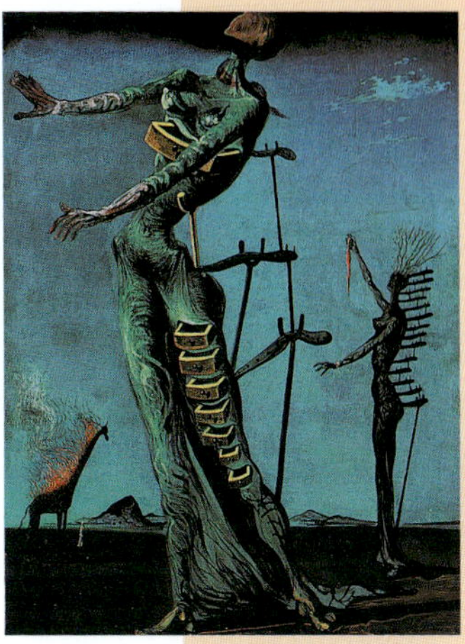

Salvador Dalí (1904–1989), *Die brennende Giraffe,* um 1936/37, Öl auf Holz, 35 x 27 cm. André Breton, Literat, verfasste die theoretische Basis des Surrealismus, das *Manifeste du Surréalisme*, 1924. Darin heißt es: »Ich glaube an die künftige Auflösung der beiden scheinbar so gegensätzlichen Zustände von Traum und Wirklichkeit, in einer Art absoluten – wenn man so will – Überwirklichkeit.«

Das Bauhaus

Neue Baumaterialien wie Beton, Stahl und Glas wurden schon im 19. Jahrhundert verwendet, auch für die neue Aufgabe Industriearchitektur wurden Lösungen gefunden. Im 20. Jahrhundert jedoch vollzog sich in der Baukunst mit der Abkehr von historisierenden Stilen ein radikaler Wandel. In Nordamerika verzichtete der Architekt Frank Lloyd Wright auf die Ausgestaltung der Fassade, wichtiger waren ihm Funktion und Anordnung der Räume. Der Zweck des Gebäudes stand im Vordergrund, ästhetische Fragen traten zurück. Diesen gestalterischen Ansatz brachte der US-amerikanische Architekt Louis Henri Sullivan in einem Artikel auf die prägnante Formel »form follows function«: Folge die Form der Funktion, ergebe sich für Architektur und Design die zeitgemäße Schönheit. In der Architektur

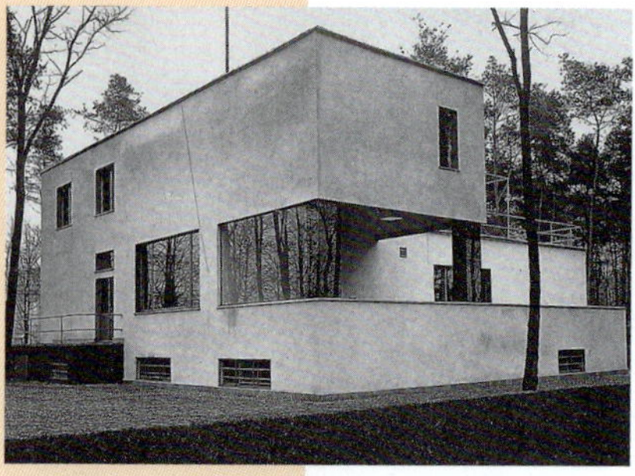

Le Corbusier (1887–1965) und Pierre Jeanneret (1896–1967), Doppelhaus 14/15 der Weißenhof-Siedlung in Stuttgart, 1927. Auch in puncto Möblierung hatte Le Corbusier klare Vorstellungen: »Das Bett, die Tische, die Stühle behalten ihre Funktionen prinzipiell. Aber der Kram von vergoldeten Konsolen, Kredenzen, Büffets, Vitrinen usw., was fangen wir heute damit an? Wir geben höchstens dafür viel Geld aus, sie versperren uns die Zimmer.«

bedeutete das auch, die Funktionen des Baus außen sichtbar zu machen.

Nach dem Ersten Weltkrieg wurden die Prinzipien des Funktionalismus am Bauhaus weiterentwickelt, dem eine wichtige Rolle in der Entwicklung der modernen Architektur zukam. 1919 wurde Walter Gropius damit beauftragt, eine Reorganisation der Weimarer Kunstgewerbeschule durchzuführen, die von da an Bauhaus genannt wurde. Alle Bereiche der bildenden Kunst wurden dort gepflegt, außerdem die Gestaltung von Alltagsgegenständen und Industrieprodukten. Technik und Kunst sollten dabei Hand in Hand gehen, Sachlichkeit und Zweckmäßigkeit der Form beschäftigten Künstler, Handwerker und ab 1926 auch Architekten. An der Kunstschule lehrten unter anderen Wassily Kandinsky, Paul Klee und Ludwig Mies van der Rohe. Unter dessen Leitung entstanden von 1925 bis 1927 die 21 Häuser der Weißenhof-Siedlung in Stuttgart. Für dieses Projekt bestand keine programmatische Bindung, die Bauten sollten jedoch modernen Standards entsprechen. Beteiligte Architekten waren unter anderen Edouard Jeanneret, genannt Le Corbusier, und sein Vetter Pierre, die zwei Häuser realisierten, darunter das Doppelhaus 14/15. Von historistischen Bezügen oder ornamentaler Gestaltung wie bei Bauten des Jugendstils keine Spur: Glatte weiße Wandflächen, ein Flachdach und asymmetrisch eingesetzte Fenster bestimmen das Äußere der Häuser.

Unter dem Druck der Nationalsozialisten musste das inzwischen nach Dessau umgezogene Bauhaus 1933 schließen. Erst in der Zeit des Wiederaufbaus nach dem Zweiten Weltkrieg besann man sich erneut auf die Prinzipien des Neuen Bauens.

Konstruktivismus

Während in Architektur und Design der Funktionalismus seine Kreise zog, brach sich mit der Abstraktion auch in der Malerei ein neuer Gedanke Bahn. Der russische Künstler Kasimir Malewitsch konzentrierte sich auf die Darstellung geometrischer Formen. Schon 1914/15 malte er mit dem *Schwarzen Quadrat auf weißem Grund* das erste gegenstandslose Bild. In seinem *Suprematistischen Manifest* hielt er 1915 seine Vorstellungen von der absoluten Herrschaft (Suprematie) des bildnerischen Ausdrucks über jeden Gegenstand fest. Grundlage für alle anderen Formen schien ihm das Quadrat zu sein, den verschiedenen Farben wies er philosophische Inhalte zu. Wie Malewitsch reduzierten viele russische Künstler des Suprematismus ihr formales Vokabular, darunter El Lissitzky, Naum Gabo und Alexander Rodtschenko. Der Bildhauer Wladimir Tatlin wählte den Namen Konstruktivismus für diese auf Mathematik und Technik gründende Vorgehensweise.

Die Kunst der russischen Konstruktivisten war wegweisend für den Maler Piet Mondrian und die holländische Gruppe De Stijl. Sie war nach der Zeitschrift benannt, die Theo van Doesburg 1917 gründete, und die eine Erneuerung der Künste jenseits der Naturnachahmung, eine »Synthese von Kunst und Leben« forderte. In Mondrians *Komposition*, entstanden um 1922, unterteilen unterschiedlich breite schwarze Linien die Bildfläche in Rechtecke. Drei der verschieden großen Vierecke sind in den Primärfarben Gelb, Rot und Blau gemalt, die übrigen sind weiß. In solchen einfachen geometrischen Formen, reinen Farben und geraden Linien sah Mondrian Harmonie und Ruhe. Van Doesburg formulierte die Prinzipien ungegenständlicher Malerei 1930 unter dem Stichwort Konkrete Kunst:

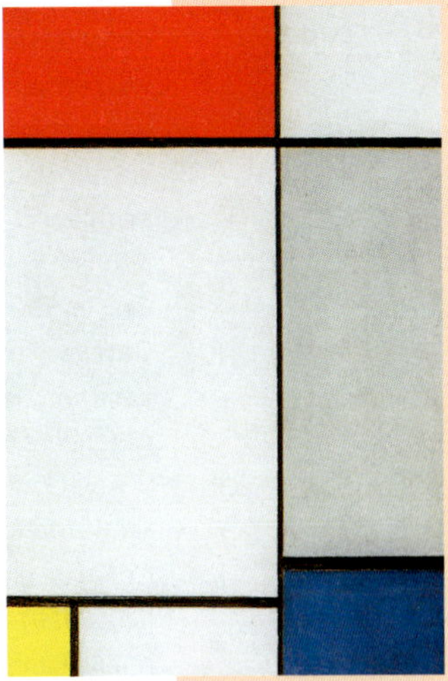

Piet Mondrian (1872–1944), *Komposition,* um 1922, Öl auf Leinwand, 75,5 x 52,5 cm. 1914 hielt Mondrian in seinem Notizbuch Gedanken zu Kunst und Leben fest: »Die Kunst steht über jeder Beziehung zur Wirklichkeit. (...) Um dem Geistigen in der Kunst näherzukommen, wird man so wenig wie möglich von der Realität Gebrauch machen, weil die Realität dem Geistigen entgegengesetzt ist. So erklärt sich folgerichtig die Verwendung von elementaren Formen. Da diese Formen abstrakt sind, stehen wir vor einer abstrakten Kunst.« Später bezeichnet Mondrian seine Kunst als »Neoplastizismus«.

»Konkrete Malerei, nicht abstrakte, weil nichts konkreter, nichts wirklicher ist als eine Linie, eine Farbe, eine Fläche.«

Der amerikanische Bildhauer Alexander Calder war beeindruckt von Mondrians Werken, die er 1930 in Paris sah. In seinen beweglichen Drahtkonstruktionen, den Mobiles, deren einzelne Glieder sich bewegen, balancierte er ebenfalls verschiedene Formen und Farben aus.

»Entartete Kunst«

Mit Hitlers Machtergreifung in Deutschland 1933 begann ein schonungsloser Kampf gegen die künstlerische Moderne. Die Kunst der Expressionisten, die abstrakte Malerei, dadaistische Werke, ebenso Otto Dix' kriegskritische Gemälde galten den Nationalsozialisten als »entartet«. Die Künstler wurden mit Arbeits- und Ausstellungsverbot belegt, manchen gelang es, das Land zu verlassen. In der Münchener Ausstellung *Entartete Kunst 1937* hingen die Bilder der Brücke-Künstler, aber ebenso Werke von Cézanne, Chagall, de Chirico und Kandinsky, Klee und Max Ernst. Während der Naziherrschaft erfolgte eine staatlich organisierte Kunstzerstörung: Tausende Werke moderner Kunst wurden von den Nationalsozialisten beschlagnahmt und vernichtet, teils auch verkauft. Die offizielle Kunst war ein verherrlichender Realismus, geprägt von Rassentheorie und Blut- und Boden-Ideologie. In der Sowjetunion wurde der Sozialistische Realismus gefördert, dessen Themen die Verherrlichung von Arbeit und Gesellschaft waren. Auch dort wurden die Werke nicht konformer Künstler beschlagnahmt und Berufsverbote gegen ihre Urheber ausgesprochen.

Auch Picasso zählten die Nationalsozialisten zu den »entarteten Künstlern«. Sein berühmtes Antikriegsbild *Guernica* entstand in demselben Jahr, als die Ausstellung *Entartete Kunst* in München gezeigt wurde. Die republikanische spanische Exilregierung hatte Picasso

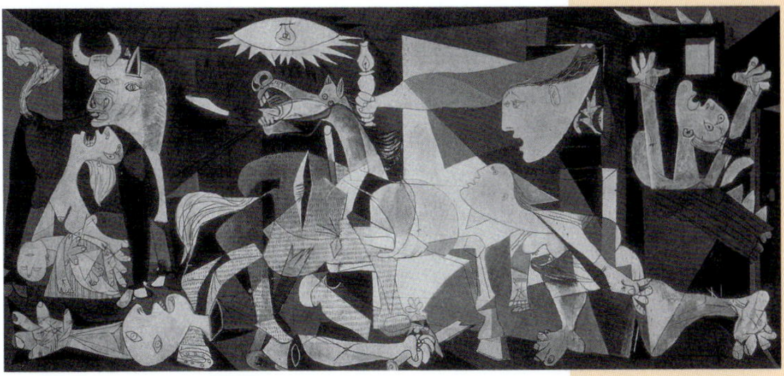

Pablo Picasso (1881–1973), *Guernica,* 1937, Öl auf Leinwand, 351 x 782 cm. Picasso legte sich weder auf einen Stil fest noch auf eine künstlerische Disziplin. Er malte kubistische Stillleben und figürliche Darstellungen, zeichnete und radierte, schuf Plastiken aus Ton und aus Fundstücken, arbeitete mit Keramik. Mit *Guernica* schuf er ein Historienbild, in dem er sich mit dem gegenwärtigen Geschehen des Spanischen Bürgerkrieges befasste.

beauftragt, ein Werk für ihren Pavillon auf der Pariser Weltausstellung 1937 zu schaffen. Als am 26. April des Jahres deutsche Kampfflugzeuge im Auftrag des spanischen Diktators Franco die baskische Küstenstadt Guernica bombardierten und innerhalb kürzester Zeit komplett zerstörten, stand Picassos Thema fest. Mit seinem riesigen Ölbild von rund 3,5 x 8 Metern reagierte der Künstler auf das Geschehen. Die dominierenden Töne sind Schwarz, Weiß und bläuliches Grau. Vor einem Pferd im Todeskampf liegt die zerbrochene Statue eines Kriegers. Ein Stier erscheint neben einer um ihr totes Kind weinenden Frau, Entsetzen macht sich auch bei den weiblichen Gestalten rechts im Bild breit - eine leidenschaftliche Anklage gegen die Zerstörung der baskischen Stadt.

Kunst nach 1945

Wie in allen anderen Epochen gibt es auch in der Moderne keinen Endpunkt. Doch stehen einige künstlerische Strömungen, die in den 60er-Jahren aufkommen, für einen Übergang: Dazu gehören die Aktionskunst, die Minimal Art, die die Skulptur ohne Podest präsentierte, und die Pop Art, die Objekte aus dem Alltag für kunstwürdig befand - und deren maschinelle Vervielfältigung gleich mit dazu. Kunst konnte auf einmal vieles sein: ein Alltagsgegenstand, eine Performance oder auch nur eine bloße Idee, etwa in der Konzeptkunst. In den Vordergrund rückte dabei oft der Prozess des Schaffens, das eigentliche Objekt verlor an Bedeutung. Damit war auch die Malerei nicht länger das beherrschende künstlerische Medium. In der Kunst nach 1945 lebten viele Stile und Gruppierungen wieder auf, wurden Ideen und Formen zitiert und miteinander kombiniert.

Abstrakter Expressionismus

Der Zweite Weltkrieg und die Verdammung der modernen Kunst durch die Nationalsozialisten hatten zu einer Immigrationswelle europäischer Avantgardekünstler in die Vereinigten Staaten geführt, darunter Piet Mondrian, Max Ernst, Marc Chagall, die Bauhausarchitekten Walter Gropius und Ludwig Mies van der Rohe. New York, wo die meisten Zuwanderer sich niederließen, bot einen fruchtbaren Boden für die Kunst. Nach dem Zweiten Weltkrieg löste New York Paris als Kunstmetropole der Welt ab. In den 1950er-Jahren entwickelte sich dort der Abstrakte Expressionismus. Er umfasst die Farbfeldmalerei und das Action Painting, beiden gemeinsam sind die Gegenstandslosigkeit und oft monumentale Formate. Der Begriff New York School bezeichnet die innovative, abstrakte Malerei mit New York als Zentrum, doch handelt es sich bei Künstlern wie Willem de Kooning, Franz Kline, Robert Motherwell und Clyfford Still nicht um eine homogene

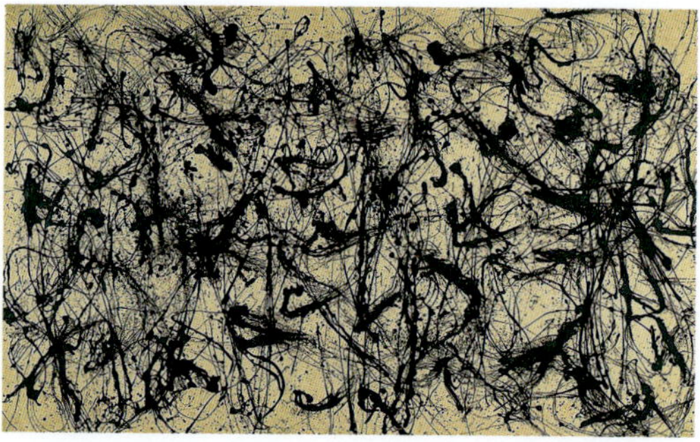

Jackson Pollock (1912–1956), *Nummer 32,* 1950, Lackfarbe auf Leinwand, 269 x 457 cm. Dem Unbewussten in ihren Werken Raum zu geben, es in den Schaffensprozess einzubinden, war eine Forderung der Action Painter. Pollock näherte sich ihr mit seinen Drippings. Der Künstler Donald Judd befand in einem Radiogespräch mit Bruce Glaser 1964, Pollock repräsentiere den tatsächlichen Zufall.

Gruppe. Der Farb-feldmaler Barnett Newman arbeitete mit monochromen Flächen, durchtrennt von schmalen Linien. Mark Rothko setzte große Flächen einzelner Farben aneinander; dabei konnten zwei oder mehr Farbtöne ineinander übergehen. Ad Reinhardt malte von 1954 bis 1967 fast schwarze Bilder. »Ich mache gerade die letzten Bilder, die man überhaupt machen kann«, kommentierte der Künstler seine *Black* oder *Ultimate Paintings*.

Als Pionier des Action Painting gilt der amerikanische Maler Jackson Pollock. Er setzte dem Malen an der Staffelei seine eigene Technik entgegen, tropfte und schleuderte Farbe auf riesige Leinwände, die er dazu auf den Boden legte. Die großen Formate erforderten es, dass der Künstler sich über die Leinwand bewegte. In seinen Drip Paintings ließ er dem Unbewussten und der Spontaneität im Malprozess Raum.

Eine europäische Variante der Abstrakten Malerei nach dem Zweiten Weltkrieg war die Informelle Kunst, auch Informel genannt, vertreten durch Künstler wie den Deutsch-Franzosen Wols (eigentlich Alfred Otto Wolfgang Schulze).

Pop-Art

Auch als Reaktion auf die Malerei der Abstrakten Expressionisten zu sehen sind die Werke der Pop-Art-Künstler. »Pop« bedeutet zweierlei: zum einen heißt es aus dem Englischen übersetzt »knallen« oder »platzen«, zum anderen ist es eine Kurzform von »populär«. Alltagsgegenstände hatten schon in den Werken von Robert Rauschenberg und Jasper Johns Einzug in die Kunst gehalten. Johns' gemalte USA-Flaggen verwischten die Grenze zwischen Bild und Gegenstand, Rauschenberg schuf Assemblagen aus Fundstücken. Sein *Bed* etwa besteht aus Bettgestell inklusive Decken und Kissen und ist mit Farbe überschüttet. Massenmedien und Konsumgüter sowie die Kritik an ihnen standen im Zentrum des Schaffens der Pop-Art-Künstler. Während

Andy Warhol Suppendosen, Warenverpackungen und Schlagzeilen aller Art als Vorlagen auswählte, vergrößerte Roy Lichtenstein Ausschnitte aus Comic Strips und bannte sie grob gerastert auf Leinwand, Claes Oldenburg fertigte überdimensionale Alltagsobjekte wie meterhohe Wasserhähne oder Eistüten. Ihren Ursprung hatte die Bewegung in London, in den USA verhalf der New Yorker Galerist Leo Castelli zahlreichen jungen Pop-Art-Künstlern wie Warhol, Rauschenberg und Jasper Johns zum Durchbruch.

Andy Warhol, Protagonist der Pop Art, definierte sie schlicht so: »Pop Art is liking things.« Er hatte zunächst erfolgreich eine Laufbahn als Werbegrafiker eingeschlagen, ehe er sich der freien Kunst zuwandte. Seine ersten Werke zeigen Comicfiguren, bald nutzte Warhol die Tagespresse als Motivfundus und machte erste Siebdrucke mit Pressefotos von Hollywoodstars oder von Unfällen. Ein Siebdruck auf Leinwand ist Warhols *Marilyn-Diptychon* von 1962. Mit seiner neuen Technik übertrug Warhol die Fotografie in die Malerei, stellte den Begriff des Originals jedoch noch weiter infrage, indem er die serielle Produktion seiner Arbeiten zahlreichen Mitarbeitern seiner Werkstatt, der Factory, überließ.

Objekt, Konzept, Aktion

In den 1960er-Jahren hatten Objekte und Materialensembles die herkömmliche Skulptur weitgehend ersetzt. Als Begründer der Objektkunst gilt Marcel Duchamp, dessen erstes Objekt von 1914 ein Flaschentrockner war. Duchamps vielleicht einflussreichste Arbeit ist *Fountain* (Brunnen) von 1917, die erst 1951, als Replik ausgestellt, einem größeren Publikum bekannt wurde. Es handelt sich dabei um ein Urinal, ein industriell gefertigtes Stück, das zum Kunstwerk wird, indem der Künstler es auswählt, betitelt und signiert. Schon 1912 hatte Duchamp mit seinem kubistischen Gemälde *Akt, eine Treppe herabsteigend*

Aufsehen erregt, in dem er Bewegung simultan darstellte. In den folgenden Jahren wendete der Franzose sich der abstrakten Kunst zu. Er beeinflusste die Künstler in New York, sein Name ist aber auch mit der Dada-Bewegung und dem Surrealismus verbunden.

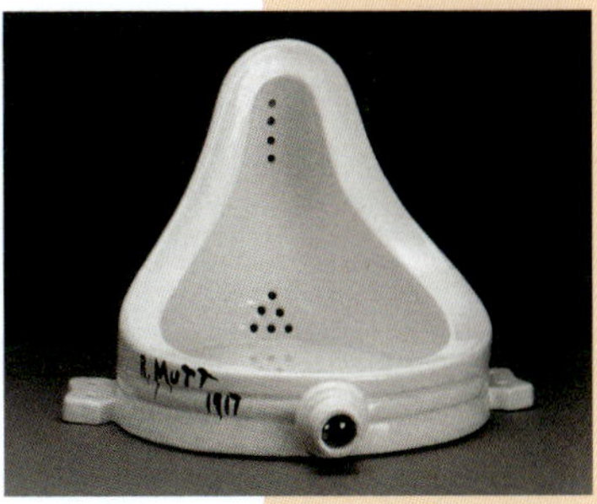

Marcel Duchamp (1887–1968), *Fountain* (Brunnen), 1917, Keramik, 35,5 x 48 x 61 cm.

Bei der Objektkunst steht die Idee oder Strategie des Künstlers im Vordergrund, das Werk selbst ist zweitrangig. Einen Schritt weiter gingen die Konzeptkünstler in den späten 1960er-Jahren. Für sie zählte die Idee des Künstlers, unabhängig davon, ob er das später aus ihr entstandene Werk eigenhändig geschaffen hatte und auch unabhängig davon, wo es entstand. Entsprechend bestehen viele Zeugnisse der Konzeptkunst aus schriftlichen Anweisungen. Der Amerikaner Joseph Kosuth arbeitete mit den Medien Sprache, Bild und Objekt. Seine Arbeit *One and Three Chairs* von 1965 besteht aus einem Stuhl, dem Foto dieses Stuhls in Originalgröße sowie der vergrößerten Kopie eines Lexikonartikels mit einer schriftlichen Definition des Stuhls.

Nach dem Ende der 1950er-Jahre trafen sich in New York ebenso wie in den europäischen Metropolen Künstler zu Aktionen. Ihr Ziel war es, die Grenzen zwischen den Medien, zwischen Künstler und Publikum sowie zwischen künstlerischem Bereich und Wirklichkeit zu durchbrechen. Einer der Hauptvertreter, George Maciunas, prägte das Wort Fluxus, es bedeutet so viel wie Fließen, steht also für eine andauernde Veränderung. Der Komponist John Cage, einer der bekanntesten Fluxus-Künstler, kreierte ein 4,33 Minuten dauerndes Stück, bei dem der Pianist keine einzige Taste anschlägt. Vollkommene Stille bzw. die Laute, die das Publikum von sich gibt, zeichnen sein Stück *4'33"* aus. Die Fluxus-Künstler erweiterten den Kunstbegriff erheblich durch ihr freies Experimentieren.

Das erste Happening organisierte der amerikanische Künstler Allan Kaprow, der den Begriff definierte als »etwas, das passiert«. Er forderte, die Grenze zwischen Happening und täglichem Leben solle so fließend wie möglich sein. Wolf Vostell brachte es auf die Formel »Kunst ist Leben – Leben ist Kunst«. Keine fortlaufende Handlung, sondern freies Improvisieren stand im Vordergrund.

Auch die französische Malergruppe der Nouveau Réalistes um Yves Klein setzte sich mit dem Happening als Antwort auf die abstrakte Kunst auseinander. Sie ließen den Alltag in ihre Bilder und Objekte einfließen: Für ihre Schießbilder verwendete Niki de Saint Phalle Fundstücke vom Flohmarkt, Jean Tinguely schuf aus Schrott von Müllhalden Skulpturen, Daniel Spoerri nutzte Lebensmittel, Geschirr und Besteck für seine Fallenbilder. Yves Klein sprengte die Grenze zwischen Malerei und Skulptur und war ein Vorreiter der Aktions- und Konzeptkunst.

Joseph Beuys (1921–1986), *Fettstuhl,* 1964. »Jeder Mensch ein Künstler«, das war Beuys' Überzeugung. Sein eigenes Werk ist umfangreich, der Fettstuhl ist nur eines von rund 250 Objekten des Beuys-Blocks im Darmstädter Landesmuseum. Diesen weltweit größten zusammenhängenden Werkkomplex hat der Künstler eigenhändig installiert.

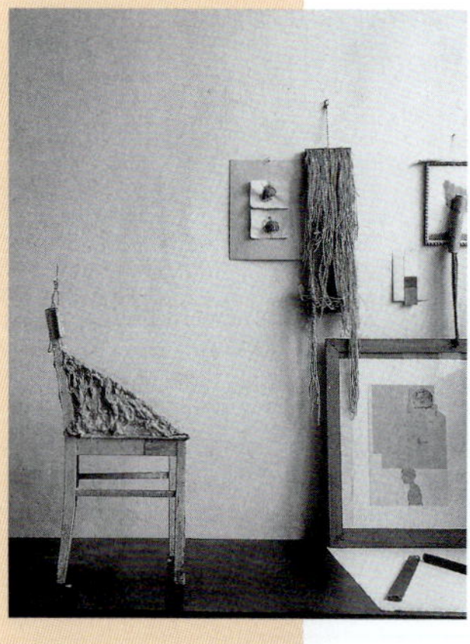

Der deutsche Objektkünstler und Zeichner Joseph Beuys war stark von der Fluxus-Bewegung beeinflusst worden und machte sich deren erweiterten Kunstbegriff zueigen. Seine Skulpturen aus Materialien wie Honig, Fett und Filz führte er ab Anfang der 1960er-Jahre mitunter in Aktionen vor. Seine Überzeugung, dass Kunst sich auf alle Lebensbereiche übertragen lässt, schlug sich auch in seinen Aktionen nieder: Auf die Naturzerstörung wies seine Aktion *7000 Eichen* hin, andere wie die Gründung des *Büros für direkte Demokratie*, hatten politischen Charakter.

Intensiv mit elektronischer Musik befasste sich der koreanische Künstler Nam June Paik, der sich an der Fluxus-Bewegung beteiligte und eigene Performances veranstaltete. Fernsehgeräte, Klangobjekte und präparierte Klaviere gehörten zu seinen experimentellen Arbeiten. Ab Mitte der 1970er-Jahre entstanden Videoinstallationen wie der *TV Buddha*, eines von zahlreichen Werken, in denen Paik seine Kritik am Massenmedium Fernsehen formulierte.

Aktion, Happening, Performance
Aktionen und Happenings sind an den Moment ihrer Entstehung geknüpft. Wie experimentelle Theater- oder Musikaufführungen sind sie vergänglich und stehen damit im Gegensatz zu Malerei und Skulptur. Während der Betrachter bei Happening und Performance in das Geschehen einbezogen wird, kann eine Aktion auch ohne Publikum stattfinden und erst später durch Fotografien oder Videos dokumentiert bekannt werden.

Minimal Art
Eine Reaktion auf den Abstrakten Expressionismus und die Pop-Art war die Kunst der Minimalisten. Den Begriff prägte 1965 der Philosoph Richard Wollheim, erst später wurde er im Hinblick auf die formale Reduktion der bildnerischen Mittel angewendet. Die Minimal Art ist eine amerikanische Kunstrichtung, zu der sich in Europa kein Pendant bildete. Ihre Protagonisten waren Richard Serra, Donald Judd, Sol LeWitt,

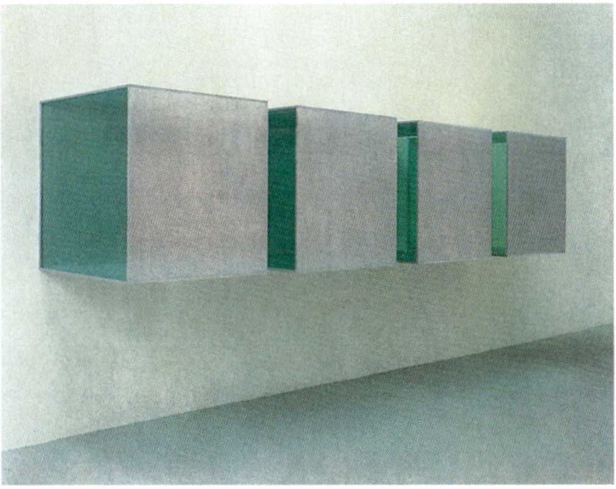

Donald Judd (1928–1994), *Ohne Titel,* 1965, Aluminiumplatten mit Drahtglas, vier Elemente, 86,4 x 410,2 cm. Judd beschrieb seinen Ansatz so: »Wir wollen die Sachen loswerden, von denen andere früher dachten, dass sie das Wesentliche der Kunst sind. (...) Wenn meine Arbeiten reduktionistisch sind, dann deswegen, weil sie nicht die Elemente enthalten, die sie nach Ansicht der Leute enthalten sollten. Aber sie haben andere Elemente, die mir gefallen.«

Carl Andre und Dan Flavin, der mit seinen Installationen aus Neon-Leuchtstoffröhren zugleich ein Pionier der Lichtkunst war.

Die Minimal-Art-Künstler stellten plastische Objekte ohne jedes Ornament her, die durch ihren räumlichen Bezug bestimmt waren. Für ihre Arbeiten verwendeten sie oft Industriematerialien wie Stahl und Plexiglas, die auf elementare geometrische Formen reduziert waren. Das zeigt etwa Donald Judds Arbeit von 1965: Vier Elemente aus Aluminiumplatten mit Drahtglas sind in gleichen Abständen an der Wand installiert. Beeinflusst von der Malerei der Abstrakten Expressionisten, erteilte Judd dem Illusionismus des Tafelbildes eine Absage. In den 1960ern wandte er sich der Schaffung von Objekten zu, die er auch theoretisch begründete. Seine quadratischen Kästen in verschiedensten Materialien und Größen treiben den Purismus auf die Spitze, bieten, verstärkt durch den Verzicht auf Titel, keine inhaltlichen Anhaltspunkte. Ihr Dasein als »specific objects« erklärt sich aus ihrem Verhältnis zum Raum.

In den Bereich der Materialkunst gehört ebenso die Arte Povera: Jannis Kounellis, Mario Merz und andere befassten sich mit »armen«, da nicht industriellen oder organischen, Materialien wie Sand, Filz oder Stein und stellten sie oft ohne große Bearbeitung aus.

Land Art

Kunst in der Landschaft entstand ebenfalls in den 1960er-Jahren. Ihr künstlerisches Material bezogen die Land-Art-Künstler aus der Natur, in die sie, meist vorübergehend, eingriffen. Ihre Werke waren dem Verfall durch Umwelteinflüsse ausgesetzt oder wurden wieder abgebaut. Zeichnungen, Fotos und filmische Aufzeichnungen belegen die vergänglichen Resultate. Der Amerikaner Robert Smithson legte 1970 einen spiralförmigen Damm aus Geröllsteinen in den Großen Salzsee im US-Bundesstaat Utah. Seine *Spiral Jetty* ist durch Fotografien und einen Film dokumentiert. Weitere bedeutende amerikanische Vertreter der Land Art waren Robert Morris und Dennis Oppenheim. Der Engländer Walter de Maria zeichnete Kilometer lange parallele Linien in die Wüste, Christo und Jeanne-Claude errichteten einen 39 Kilometer langen Zaun aus wehendem Nylonstoff, der die natürlichen Wechsel des Sonnenlichts spiegeln sollte. Das Künstlerpaar, das unter anderem 1995 den Berliner Reichstag verpackte, beobachtet die Veränderung der Wahrnehmung durch das Prinzip der Verhüllung.

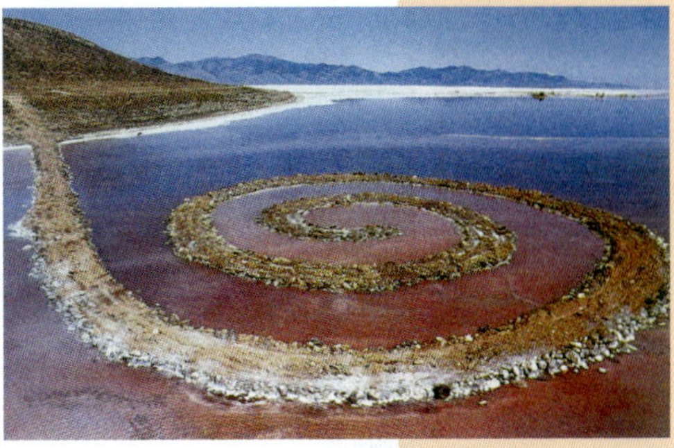

Robert Smithson (1938–1973), *Spiral Jetty,* Great Salt Lake, Utah, April 1970. Die Auswahl des Ortes ist für Smithson von entscheidender Bedeutung: »Nach meinen Erfahrungen sind die besten Orte für Erdkunst (earth art) solche, die von Eingriffen der Industrie, der rücksichtslosen Ausbreitung der Städte oder den zerstörerischen Kräften der Natur selbst geprägt sind. So liegt beispielsweise Spiral Jetty in einem toten See.«

Die Architektur

Vielfalt kennzeichnet auch die Entwicklung in der Architektur der zweiten Jahrhunderthälfte. In den 1950er-Jahren wurden Rohbeton und andere Baumaterialen oft sichtbar belassen. Für diese Bauweise, die das Spätwerk von Le Corbusier kennzeichnet, wurde der Begriff Brutalismus geprägt (von *beton brut*, Sichtbeton). Der Architekt Frank Lloyd Wright schuf mit dem New Yorker Solomon R. Guggenheim Museum (1956–59) in Spiralform einen skulpturalen Bau.

Den Bruch mit der ersten Jahrhunderthälfte, vor allem mit dem Funktionalismus und seiner reduzierten Formensprache, vollzogen die Architekten der Postmoderne ab Beginn der 1970er-Jahre. Den viel diskutierten Begriff führte der Architekt Charles Jencks 1975 in die Diskussion ein: Als *post modern*, nach-modern, beurteilte er die 1970er-Jahre deshalb, weil die gesellschaftlichen Rahmenbedingungen der Klassischen Moderne nicht mehr gegeben waren. In Literatur und Film fand der Begriff seinen Niederschlag ebenso wie in der Architektur. Zahlreiche Rückgriffe auf die Bauge-

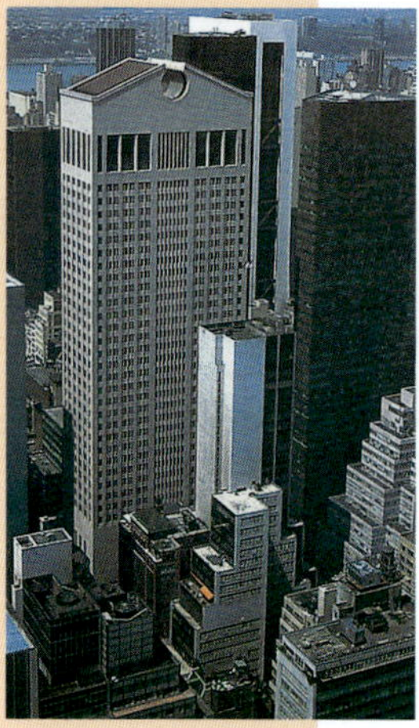

Philip C. Johnson (1906–2005) mit John Burgee u. a., AT&T Building, New York, 1978–83. Der 195 Meter hohe Wolkenkratzer des Architektenteams wurde nicht nur mit Begeisterung aufgenommen, insbesondere bei der Dachkonstruktion bemängelten viele Kritiker die Bezugnahme auf antike Elemente. Inzwischen gilt das New Yorker Hochhaus als Ikone der postmodernen Architektur.

schichte machten von sich reden, selbst Ornament und Farbe wurden wiederentdeckt. Das AT&T Building der Architekten Philip C. Johnson und John Burgee wurde als Ikone des modernen Klassizismus gefeiert. Der Wolkenkratzer, den die beiden von 1978 bis 1983 für die American Telephone and Telegraph Corporate Headquarters in New York errichteten, sprüht nur so vor Zitaten aus der Baugeschichte. Gegliedert ist der Bau in Basis, Mittelteil und Dach. Der Eingangsbereich erstreckt sich über mehrere Stockwerke wie ein Triumphbogen. Der gesprengte Giebel erinnert an klassische Dachkonstruktionen und verstärkt zusammen mit den flach profilierten Pfeilern, Bögen und Simsen der Fassade die tempelartige Wirkung.

Seit den 1980er-Jahren entstehen zahlreiche Museumsneubauten: Sie sind Prestigebauten und Tourismusmagneten und bieten dabei oft Raum für spektakuläre architektonische Lösungen. Frank Gehry ist mit Bauten wie dem Guggenheim Museum in Bilbao einer der Protagonisten des Dekonstruktivismus. Dabei wird die logische Struktur und Balance der Gebäude infrage gestellt und der Bauprozess sichtbar gemacht. Auch das Designmuseum der Firma Vitra im oberrheinischen Weil am Rhein stellt mit seinen asymmetrisch ineinander geschachtelten Formen ein Meisterwerk des Dekonstruktivismus dar. Errichtet in den Jahren von 1987 bis 1989, spiegelt der Bau die Devise »form follows phantasy« (Bernhard Tschumi).

Kunst der Gegenwart

Der Kunstbegriff hat im Laufe des 20. Jahrhunderts eine starke Erweiterung erfahren, die bis heute vorangetrieben wird. Das bezieht sich nicht nur auf den eigentlichen Inhalt eines Kunstwerks, vielmehr kommt inzwischen jedwedes Material für die künstlerische Arbeit infrage, alle denkbaren Medien und Techniken

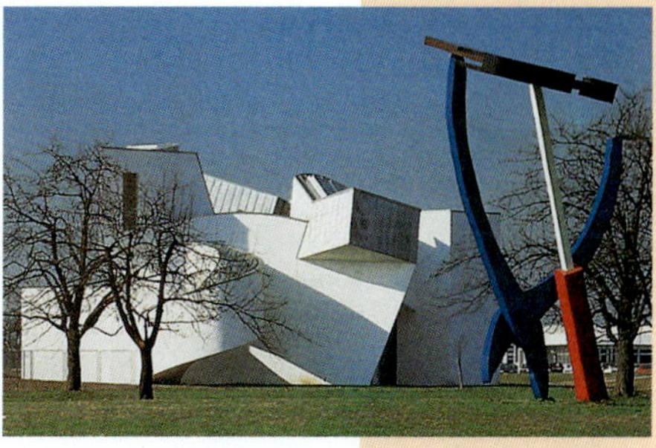

Frank Gehry (* 1929), Vitra Design Museum, Weil am Rhein, 1987–89

kommen dazu, auch digitale. Die Frage, was Kunst ist, hat sich in den letzten Jahrzehnten ein weites Feld von Antworten eröffnet. Dazu gehören Bilder, aber genauso Performances. Künstler, die mit Video arbeiten, spielen eine prominente Rolle. Die Skulptur hat sich zu immer raumgreifenderen Installationen entwickelt, während die Fotografie längst ein eigenständiges künstlerisches Bildmedium ist.

Was sich ebenfalls öffnet, sind die geografischen Grenzen: Seit etwa einem Vierteljahrhundert wächst die lange von Europa und Nordamerika dominierte Kunstszene um andere Weltregionen. Rückblickend wird deutlich, dass die Moderne viele parallele Entwicklungen umfasst, die nun nach und nach sichtbar werden. Dazu gehört Kunst aus Afrika oder Lateinamerika, die nicht zuletzt die Kunstausstellung Documenta11 2002 zeigte. Mit dem Ende des Kommunismus rückten die Länder des ehemaligen Ostblocks in den Fokus. Auch die zeitgenössische Kunst aus China stößt auf großes Interesse. Kunst, die außerhalb der westlichen Kultur entstanden ist und entsteht, dabei mitunter auf sie Bezug nimmt, wird weltweit gezeigt.

Global ist im letzten Vierteljahrhundert auch der Austausch geworden – von Waren ebenso wie von Dienstleistungen und Ideen. Der Prozess der Globalisierung umfasst nicht nur Wirtschaft und Politik, sondern auch Kultur, Medien oder Wissenschaft. Für die bildende Kunst hat die globalisierte Welt ebenfalls viele Veränderungen mit sich gebracht: Große Ausstellungen ziehen um die halbe Welt, Kunstzentren entstehen an deren vermeintlichen Rändern, Künstler sind weltweit vernetzt. Markt- und Medienerfolg scheinen im heutigen Kunstschaffen eine größere Rolle zu spie-

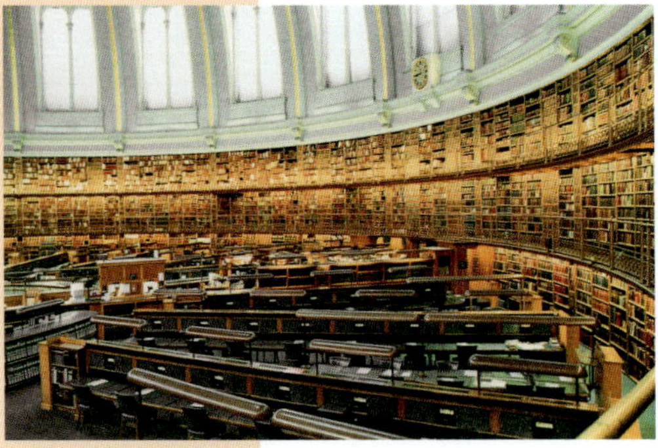

Candida Höfer (* 1944), *British Library, London,* 1994, C-Print, 51,2 x 40,8 cm. Seit 1992 widmet die Fotografin sich immer wieder menschenleeren Lesesälen und randvollen Bücherregalen.

len – nicht zuletzt ist auch der Kunstmarkt global. Kunst entsteht in einem internationalen Kontext und wird darin wahrgenommen. Sie steckt voller Dynamik, ist so vielfältig wie offen und lädt ein, den Horizont zu erweitern. Einige Beispiele aus der Kunst der 1990er-Jahre und vom Beginn des 21. Jahrhunderts sollen diese Offenheit verdeutlichen. Sie zeigen auch, dass die Arbeit von Künstlerinnen inzwischen große Aufmerksamkeit erlangt.

Mit den Begriffen Zitat, Original und Kopie setzt sich Sherrie Levine auseinander, die ganze Werkreihen nach bekannten Vorbildern schuf. Sie malte Gemälde von Miró oder Kandinsky, fotografierte Fotografien von Walker Evans oder schuf Readymades nach Duchamp – Levine zitiert von Gattung zu Gattung, nutzt als Vorlagen jedoch nicht die Originale, sondern Reproduktionen. Dieses Verfahren wird als Appropriation Art bezeichnet (engl., »Aneignung«). Die von einem Künstler erwartete originäre Schöpfung und die Vorstellung von Autorschaft stellen die Künstler dieser Richtung durch ihr Zitieren infrage. Alltagsdinge und Kunstgeschichte stehen dabei als Fundus gleichberechtigt nebeneinander.

Während die Malerei in den 1980er-Jahren wiederauflebte, haben inzwischen die Medien Video, Fotografie und Installationen ein stärkeres Gewicht erlangt. Die Fotografie ist nicht nur ein großes Sammlergebiet geworden, die Verwendung von Fotos hat sich auch für die Malerei etabliert. Gerhard Richter etwa benutzte Zeitungsausschnitte und Fotos, vergrößerte sie und übertrug sie auf Leinwand.

Die Fotografie der 1990er-Jahre zeigt viele Facetten. Candida Höfer, Schülerin der Fotografen Bernd und Hilla Becher, die sich vor allem der Aufnahme von Industriegebäuden widmeten, fotografiert seit über 20 Jahren in Serien öffentliche Räume: Universitäten, Museen, Bibliotheken, Opernhäuser. Die hier abgebildete Aufnahme der British Library in London zeigt ihre Faszination für die Ordnung der Dinge und die Proportionen der Architektur. Festgehalten hat Höfer die Räumlichkeiten außerhalb der Öffnungszeiten – die Innenräume sind menschenleer. Die Fotografin verzichtet im Übrigen, anders als viele ihrer Kollegen, auf eine digitale Nachbearbeitung ihrer Aufnahmen.

Das bewegte Bild nimmt in der bildenden Kunst seit den 1960er-Jahren großen Raum ein. Videos wurden zunächst vor allem zur Dokumentation eingesetzt, etwa von Performances oder vergänglichen Werken der Land Art. Inzwischen hat sich die Videokunst als eigenständige Gattung etabliert. Vor der Erfindung des Videobeamers wurden Installationen auf kleinen Monitoren gezeigt, heute werden sie oft an die Wand projiziert, dabei in Endlosschleifen (Loops) wiederholt oder auf mehreren Monitoren gleichzeitig vorgeführt. In seiner Arbeit *The Quintet of the Astonished* projiziert Bill Viola fünf lebensgroße Figuren an die Wand. Vor schwarzem Hintergrund scheinen sie zunächst unbewegt, verändern jedoch in extremer Zeitlupe Mimik und Gestik. Trauer und Entsetzen werden sichtbar, die sich auf ein Geschehen außerhalb des Bildraums beziehen, das für den Betrachter des Videos somit nicht nachvollziehbar ist. Durch die Zeitlupe erhält jeder kurze Moment eine neue Bedeutung.

Bill Viola (* 1951), *The Quintet of the Astonished,* 2000, Videoinstallation. Abgedunkelter Raum mit farbiger Rückprojektion auf in die Wand eingelassene Projektionsfläche. Projektionsfläche: 140 x 240 cm, Raummaße: 3,6 x 5,5 x 7,3 Meter. 15 Min. 20 Sek. Darsteller: John Malpede, Weba Garretson, Tom Fitzpatrick, John Fleck, Dan Gerrity

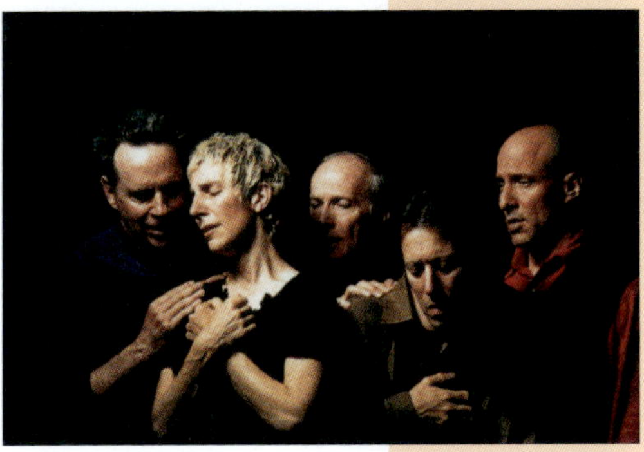

Epochenübergreifende Werke

Gombrich, Ernst H.: Eine Geschichte der Kunst, London 1995
Kemp, Martin (Hrsg.): Dumont Geschichte der Kunst, Köln 2003
Pevsner, Nikolaus: Funktion und Form. Die Geschichte der Bauwerke des Westens, Hamburg 1998
Klotz, Heinrich: Geschichte der Architektur. Von der Urhütte zum Wolkenkratzer, München 1995
Schulz, Gerhard/Sabine Doering: Klassik. Geschichte und Begriff, München 2003
Poeschel, Sabine: Handbuch der Ikonographie, Darmstadt 2005

Antike

Schuchhardt, Walter Herwig: Die griechische Antike, in: Belser Stilgeschichte, Band 1, Stuttgart 1999
Giuliani, Luca: Meisterwerke der antiken Kunst, München 2005
Die griechische Klassik. Idee oder Wirklichkeit, Ausst.-Kat. Martin-Gropius-Bau, Berlin/Kunst und Ausstellungshalle der BRD, Bonn 2002
Hesberg, Henner von: Römische Baukunst, München 2005
Eder, Walter (Hrsg.): Staat und Staatlichkeit in der frühen römischen Republik, Wiesbaden 1990
Höcker, Christoph: Antikes Rom, Köln 2005
Mazzoleni, Donatella/Umberto Pappalardo: Pompejanische Wandmalerei, München 2005
Hutter, Irmgard: Byzanz im Frühen Mittelalter; Das byzantinische Mittelalter, in: Belser Stilgeschichte, Band 2, Stuttgart 1999
Talbot Rice, David: Byzantinische Kunst, München 1964

Mittelalter

Harthan, John: The history of the illustrated book, London 1981
Pächt, Otto: Buchmalerei des Mittelalters, München 1984
Imhof, Michael/Christoph Winterer: Karl der Große. Leben und Wirkung, Kunst und Architektur, Petersberg 2005
Kunst und Kultur der Karolingerzeit, Ausst.-Kat., Paderborn 1999, 2 Bände
Beuckers, Klaus Gereon/Johannes Kramer/Michael Imhof (Hrsg.): Die Ottonen. Kunst, Architektur, Geschichte, Petersberg 2002
Toman, Rolf (Hrsg.): Die Kunst der Romanik. Architektur, Skulptur, Malerei, Köln 1996
Barral i Altet, Xavier: Romanik. Städte, Klöster und Kathedralen, Köln 1998
Görgens, Manfred: Romanik, Köln 2006
Binding, Günther: Als die Kathedralen in den Himmel wuchsen. Bauen im Mittelalter, Darmstadt 2006
Kimpel, Dieter/Robert Suckale: Die gotische Architektur in Frankreich 1130–1270, München 1985
Gebrannte Größe. Wege zur Backsteingotik, Ausst.-Kat., Rostock 2002, Band 3: Die Sprache der Steine
Dupont, Jacques/Cesare Gnudi: Gotische Malerei, Genf 1954
Hoag, John: Islamische Architektur, Stuttgart 1976

Neuzeit

Stützer, Herbert Alexander: Die Italienische Renaissance, Köln 1977
Gros, Pierre: Palladio e l'Antico, Venedig 2006
Seymour, Charles: Sculpture in Italy, 1400–1600, in: Pelican History of Art, London 1966
Zuffi, Stefano/Francesca Castria: Italienische Malerei, Köln 1998
Vasari, Giorgio: Das Leben des Parmigianino, kommentiert und herausgegeben von Matteo Burioni, Berlin 2004
Belting, Hans: Hieronymus Bosch. Garten der Lüste, München 2002
Freund, Winfried: Abenteuer Barock. Kultur im Zeitalter der Entdeckungen, Darmstadt 2004
Hoppe, Stephan: Was ist Barock?, Darmstadt 2003
Karsten, Arne: Bernini. Der Schöpfer des barocken Rom, München 2006
Dempsey, Charles: Annibale Carracci and the beginnings of baroque style, Fiesole 2000
Sgarbi, Vittorio: Caravaggio, Mailand 2005
Lohse Belkin, Kristin: Rubens, London 1998
Liess, Reinhard: Im Spiegel der »Meninas«. Velázquez über sich und Rubens, Göttingen 2003
Habersatter, Thomas: Sehnsucht Süden. Französische Barock und Rokokomaler in Italien, Ausst.-Kat. Residenzgalerie, Salzburg 2002
Gockel, Bettina: Kunst und Politik der Farbe. Gains-

boroughs Portraitmalerei, Berlin 1999
Wolf, Norbert: Kunst-Epochen, Band 9: Klassizismus und Romantik, Stuttgart 2002
Pfotenhauer, Helmut u. a. (Hrsg.): Frühklassizismus, Frankfurt am Main 1995
Schuster, PeterKlaus/Wilfried Seipel (Hrsg.): Goya. Prophet der Moderne, Ausst.-Kat. Nationalgalerie, Berlin 2005
Symmons, Sarah: Goya, London 1998
Rubin, James H.: Courbet, London 1997
Herding, Klaus: Realismus als Widerspruch. Die Wirklichkeit in Courbets Malerei, Frankfurt am Main 1978
Smith, Paul: Impressionismus, Köln 1995
Koja, Stephan: Monet, Ausst.-Kat. Österreichische Galerie Belvedere, Wien 1996
Cugini, Carla: »Er sieht einen Fleck, er malt einen Fleck.« Physiologische Optik, Impressionismus und Kunstkritik, Basel 2006
Hayes Tucker, Paul: The Impressionists at Argenteuil, Ausst.-Kat. National Gallery of Art, Washington 2000
Impressionismus und Postimpressionismus, Ausst.-Kat. Sammlung Thyssen-Bornemisza, Lugano 1990
Europäischer Jugendstil, Ausst.-Kat. Museum für Kunst und Gewerbe Hamburg im Nationalmuseum Krakau 1991
Affichomanie - Plakatwahn. Toulouse-Lautrec und die französische Plakatkunst um 1900, Ausst.-Kat. Graphikmuseum Pablo Picasso, Münster 2003
Partsch, Susanna: Kunst-Epochen, Band 11: 20. Jahrhundert I, Stuttgart 2002
Read, Herbert: A concise history of Modern Sculpture, Toledo 1983
Bonnet, Anne-Marie: Kunst der Moderne. Kunst der Gegenwart, Köln 2004
Grasskamp, Walter: Ist die Moderne ein Epoche? Kunst als Modell, München 2002
Rewald, John: Von van Gogh bis Gauguin. Die Geschichte des Nachimpressionismus, Köln 1987
Hulsker, Jan: The New Complete Van Gogh. Paintings, Drawings, Sketches, Amsterdam/Philadelphia 1996
Adriani, Götz: Paul Cézanne. Gemälde, Köln 1993
Elger, Dietmar: Der Merzbau, Köln 1984
Sabin, Stefana: Andy Warhol, Reinbek bei Hamburg 1992
Ursprung, Philip: Grenzen der Kunst, München 2003
Stemmrich, Gregor (Hrsg.): Minimal Art, eine kritische Retrospektive, Dresden/Basel 1995
Trescher, Stephan: Kunst der Gegenwart, Köln 2009
Römer, Stefan: Künstlerische Strategien des Fake. Kritik von Original und Fälschung, Köln 2001
Candida Höfer. Bibliotheken, München 2005
Bering, Kunibert / Fleck, Robert (Hrsg.), WeltBilder. Kunst und Globalisierung, Oberhausen 2013
Ursprung, Philip, Die Kunst der Gegenwart, München 2013

akg-images, Berlin 43 (Hilbich), 47 (Erich Lessing), 49, 57 (Schuetze/Rodemann), 72 (Stefan Drechsel), 74 + 104 (Erich Lessing)
Bleuel/Gnamm/ARTOTHEK 95, 103, 124, 159, 162
The Baltimore Museum of Art 163 (The Cone Collection, formed by Dr. Caribel Cone and Miss Etta Cone of Baltimore, Maryland, BMA 1950.196)
Bayerische Schlösserverwaltung 129
Bayerische Staatsbibliothek, München 44
Bednorz Images, Köln 63
Raffaello Bencini 89
Benedittine di Priscilla/ Pontifica Commissione di Archaeologica Sacra 28
L. Bérenger, Cerciat-Estades 62
© Bill Viola Studio, Foto: Kira Perov 195
bpk 16 (Antikensammlung, SMB), 26 (Antikensammlung, SMB/ Jürgen Liepe), 106 (Gemäldegalerie, SMB/Jörg P. Anders), 176 (Kunstsammlung Nordrhein-Westfalen, Düsseldorf/ Achim Kukulies/erworben 1965 aus einer Spende des Westdeutschen Rundfunks), 184 (Kunstsammlung Nordrhein-Westfalen, Düsseldorf/ Walter Klein/erworben 1964 aus einer Spende des Westdeutschen Rundfunks)
Bridgeman Images, Berlin 69, 77, 131, 148
Peter Brimacombe 139
British Library, London 36
Caisse nationale des Monuments Hitoriques et des Sites, Paris 64 (© Bernard Acloque)
Canali Photobank, Capriolo 24
Michael Cavangh/Kevin Montague 187
Deutsches Archäologisches Institut, Rom 12
dpa picture-alliance, Frankfurt a. M. 22
Frick Collection, New York 144
Rainer Hackenberg, Köln 10
Hamburger Kunsthalle (Elke Walford) 113
Hessisches Landesmuseum, Darmstadt 188
Markus Hilbich, Berlin 116, 168
Huber Images, Garmisch 51
A. F. Kersting, London 138
Kunsthistorisches Museum, Wien 73, 108
Löbl-Schreyer, Bad Tölz-Ellbach 19
Ludwig Forum für Internationale Kunst, Aachen 191 (Anne Gold)
Paul R. Maeyert 92
Mauritshuis, Den Haag 135
Bildarchiv Monheim, Krefeld 39
Monumenti, Musei e Galerie Pontificie, Vatikanstadt 17, 29, 119
Musée de la Tapisserie de la Reine Mathilde, Bayeux 58
Musée d'Orsay, Paris 156
Musée du Château, Versailles 125
Musée Rodin, Paris 165
Musées Royaux des Beaux-Arts de Belgique, Brüssel 143
Museo Nacional Centro de Arte Reina Sofía, Madrid 183
Museo del Prado, Madrid 7, 122, 152
Museum Folkwang, Essen 181
The Museum of Modern Art, New York 173
Nasjonalgalleriet, Oslo (J. Lathion) 166
National Gallery, London 105, 134, 141, 149
Nationalmuseum, Athen 11
Nippon Television Network Corporation 97
Öffentliche Kunstsammlung Basel 179 (Martin P. Bühler)
Puschkin Museum, Moskau 158
Antonio Quattrone, Studio Fotografico, Florenz 85
Marco Rabatti/Serge Domingie 112
Réunion des Musées Nationaux, Paris 9, 94, 96, 151
Inge und Arwed von der Ropp 79, 80
Royal Collection, Windsor Castle, © Her Majesty Queen Elizabeth II. 71
Sammlung Ackermans 194
Scala Archives, Florenz 33, 75, 76, 86, 87, 99, 100, 121
Marco Schneiders, Lindau 130
Sotheby's, London 189
Henri Stierlin 31
Stift Melk, Baumgartner 128
Tate Gallery, London 185
Victoria & Albert Museum, London 40
Vitra Design Museum, Weil am Rhein 193
Fulvio Zanettini 23, 25

Die Rechte für alle nicht aufgeführten Abbildungen liegen bei der Autorin, beim Verlag oder konnten nicht ausfindig gemacht werden.